KB042424

FOURTH INDUSTRIAL REVOLUTION AND MANAGEMENT

4차 산업혁명과 경영

김영두 저

박영사

이 저서는 한세대학교 교내학술연구비 지원에 의하여 연구되었음

머리말

본서는 4차 산업혁명이 기업 경영에 미칠 영향을 고찰해 보고, 그 안에서 기업의 이해관계자들이 모두 win-win 할 수 있는 해법이 무엇인지를 살펴보는데 목적을 두고 있다.

본서를 저술하게 된 동기는 기업의 이해관계자, 조금 더 폭을 좁혀서 보면 기업 경영자 및 종업원은 4차 산업혁명을 어떻게 바라보고 대처하는 것이 바람직할 것인가에 대한 물음에서 출발하였다.

본서를 집필하면서 더욱더 갖게 된 생각은 기업 경영자들은 기업 경영에서 변해야 할 것과 변하지 말아야 할 것에 대해 기업의 내부 및 외부 환경과 연계하여 정확한 통찰력을 가지고 있어야 한다는 점이다. (희망하기로는 기업 경영자 뿐 아니라 종업원, 기업 경영의 이해관계자 그리고 우리 모두가 우리의 삶에서 변해야 할 것과 변하지 말아야 할 것에 대해 자신을 둘러싸고 있는 내부 및 외부 환경과 연계하여 정확한 통찰력을 가지고 있기를 바란다.) 그리고 이러한 통찰력에는 환경변화에 유연하게 대응할 수 있는 역량이 포함되어야 한다는 점이다.

기업은 지금까지 경험해 보지 못한 환경 변화에 직면할 가능성이 높으며, 기업에 속한 사람들, 즉 경영자, 종업원으로서의 사람이 감내해야 할 미래에 대한 불확실성이 높아진 것도 사실인 것으로 보인다. 4차 산업혁명에 대한 설문조사에서 기대와 우려가 교차하는 것은 바로 이러한 이유 때문일 것이다. 기계가 사람을 능가하지 못할 것이라는 사람들의 희망 섞인 미래 전망이 알파고의 등장으로 인하여 기계에 의해 사람이 소외될지도 모른다는 막연한 불안감으로 바뀐 것은 그리 오래된 일이 아니다. 그럼에도 불구하고 지금까지 그래 왔듯이 이런 불확실성을 슬기롭게 개척해 나가는 지혜는 사람들의 몫인 것으로 보인다.

4차 산업혁명과 관련된 서적들이 다수 나왔으나 4차 산업혁명이 기업 경영에 미치는 영향과 이에 대한 대응을 전반적으로 아우르는 서적은 그리 많지 않아 보이며, 특히 인문학적 가치에 바탕을 두고 4차 산업혁명 시대를 슬기롭게 개척해 나가기 위한 방향을 제시한 서적은 그리 많지 않아 보인다. 본서가 4차 산업혁명 시대를 살아가는 경영자 그리고 기업의 이해관계자들에게 기업 경영에 있어서 통찰력을 제공해 줄 수 있기를 기대해 본다.

본서는 다음의 독자들이 본서를 읽어 주기를 바라는 마음으로 저술되었다.

첫째, 4차 산업혁명에 대해 들어보기는 했으나 실질적으로 피부에 느끼지 못하고 있던 사람들이 독자가 되기를 바란다. 설문 조사에 의하면 우리나라 사람들은 4차 산업혁명에 대한 인지도는 높지만 체감도는 인지도에 비해 상당히 낮은 것으로 나타났다. 이와 같이 아직도 4차 산업혁명이 나와는 관련이 없는 것으로 지각하는 사람들은 본서의 독자가 될 필요가 있다.

둘째, 4차 산업혁명은 최근 기업, 사회문화 그리고 정책적 관점에서 가장 이슈가 된 주제이다. 4차 산업혁명은 그 용어에 관계없이 4차 산업혁명에서 말하고자하는 트렌드는 앞으로 지속될 가능성이 높다. 이러한 측면에서 직장인 혹은 일반인들이 미래 트렌드와 사회문화 트렌드를 이해하는 데 본 저서가 활용될 수 있을 것이다.

셋째, 미래 사회의 인재로 성장할 대학생들이 이 책을 읽어주기를 바란다. 이러한 면에서 본 저서는 대학교의 교양교육과 전공기초과목의 교재로도 활용될 수 있을 것이다. 직무능력이 중요시 되고 있는 현재의 대학교육 상황에서 사회변화가 가져오는 교육과 관련된 수요 측면에서 보면 4차 산업혁명에 대한 이해는 대학생들의 전공분야와 관계없이 이해해야 할 필요성이 있는 주제이며, 4차 산업혁명 시대에 적합한 직무능력이 무엇인지에 대한 정보를 제공해 준다는 점에서 본 저서는 대학교의 교양 혹은 전공기초 성격의 과목에서 교재로 사용되기에 충분한 내용을 담고 있다.

본서를 집필하는데 여러 사람들로부터 도움을 받았다. 먼저 본서의 출판을 흔쾌히 허락해 주신 박영사의 안종만 회장님께 감사하다는 말씀을 드린다. 또한 박영사의 김한유 대리께서는 본서의 원고가 나오는 데까지 오랜 시간이 경과하였음에도 불구하고 잘 기다려 주었다. 전채린 과장께서는 독자 입장에서 본서의 가독성을 높이는 데 기여를 하였다. 박영사에서 도움을 주신 모든 분들께 이 지면을 활용하여 고마운 마음을 전달하고자 한다.

본서를 집필할 수 있도록 기회를 주신 한세대학교 김성혜 총장님께도 감사드립니다. 아들이 존경받는 좋은 스승이 되도록 기도를 쉬지 않으시는 어머님과 가족들 그리고 천국에서 아들의 자랑스러운 모습을 보고 계실 아버님께 이 책을 바칩니다.

2019년 6월
새의 노래 소리가 들리는 로뎀관에서
김영두

차례

Chapter 01
4차 산업혁명 개요

4차 산업혁명과 관련된 연관 검색어를 검색해 보면 인공지능, 빅데이터, 사물인터넷, 로봇, 3D프린팅, 증강현실, 가상현실, 블록체인, 핀테크, 자율주행차, 드론, 기계학습 등 매우 다양한 용어들이 검색된다.

그런데 여기서 주목해 보아야 할 것은 이들이 서로 다른 것 같지만 서로 연계되어 움직인다는 점이며, 시너지 효과를 내기 위해서는 어느 하나의 기술적 요인 보다는 과학기술과 사람 그리고 제도 및 정책이 유기적으로 움직이는 생태계가 구축되어 있어야 한다는 점이다.

스마트 공장을 구축하기 위해서는 사물인터넷 기술이 필요하지만 데이터가 없으면 스마트 공장의 효율성이 떨어지고, 데이터가 있더라도 제대로 예측할 수 있는 시스템이 갖추어져 있지 않다면 데이터는 성과를 내는 데에는 기여를 하지 못한 채 자원으로 쌓이거나 비용을 발생시키는 역할 밖에 수행하지 못하게 될 것이다. 따라서 각각의 과학기술 요소들이 비즈니스와 어떻게 연동되어야 하는지에 대한 명확한 비전을 갖추는 것이 필요하다.

1.1 4차 산업혁명을 올바르게 알아야 하는 이유

평창올림픽 개막식에서 드론을 이용한 올림픽 마크의 표현은 세계적으로 화제가 된 바 있으며, 인공지능(Artificial Intelligence: AI)의 알고리즘을 접목한 알파고(Alpha Go)는 세계 바둑의 고수로 인정받고 있는 이세돌 및 커제와의 바둑 대결에서 승리를 거둔 바 있다.

구글(Google)에서는 빅데이터를 활용하여 이전에는 경험하지 못했던 예측 정확성(예컨대 독감에 대한 예측, 선거에서의 승리자에 대한 예측 등)을 보여주었고 인터넷 검색 및 광고가 주 수익원인 기업임에도 불구하고 자율주행차를 개발하고 있다.

또한 아마존, 애플 등은 음성인식과 인공지능을 활용한 가상개인비서를 출시한 바 있다. 이상에서 언급된 것들을 하나로 묶는 핵심 키워드 중 하나는 4차 산업혁명이다.

4차 산업혁명(서진영, 2017; 클라우스 슈밥, 2016; Schwab, 2017; World Economic Forum, 2016)에서는 일반적으로 정보통신기술(Information and Communication Technology: ICT)을 포함하여 과학기술이 개인, 가정, 가계, 기업, 산업, 정부, 국가 그리고 전인류에게 가져올 것으로 예상되는 미래의 변화상에 대해 주로 언급하고 있다.

4차 산업혁명은 사람들의 미래의 일상생활 뿐 아니라 미래의 산업구조(예컨대 산업구분, 산업 경쟁력, 기업, 노동 시장)에도 큰 영향을 미칠(송영조와 최남희, 2017; 이웅규와 김용완, 2017; 이은미, 2016; 장종윤, 2017; 정혁, 2017; Porter & Heppelmann, 2014) 중요한 변화 트렌드로 주목받고 있다.

4차 산업혁명이 기업, 가계, 정부 등 주요 경제 주체들에 영향을 미칠 뿐만 아니라 한 국가의 경쟁력(Porter & Heppelmann, 2014)에도 영향을 미칠 수 있는 주요 사안이라는 인식에 따라 주요 선진국들은 이미 이러한 변화에 능동적으로 대처하여 산업의 체질을 변화시키려는 노력을 기울이고 있는 것으로 보인다.

미국, 독일, 영국, 프랑스 등은 4차 산업혁명 이라는 용어를 사용하지는 않았으나 4차 산업혁명에서 주로 언급되는 환경변화에 대처하는 계획(plan)을 4차 산업혁명이라는 용어가 나오기 이전부터 수립하고 있었던 것으로 보인다. 중국, 일본, 싱가포르 역시 4차 산업혁명이 가져올 변화에 능동적으로 대응하기 위한 계획을 수립한 바 있다.

특히 우리나라의 경우 '4차 산업혁명'이라는 용어를 직접적으로 사용하면서 정부 차원 및 민관 협동 차원에서 '4차 산업혁명' 시대를 능동적으로 선도해 나가기 위해 관련 역량을 집중하는 것으로 보인다.

4차 산업혁명 시대에는 민관이 힘을 결집하여 역량을 극대화해야만 하는 이유는 4차 산업혁명이 그 이전의 산업혁명과는 다른 성격을 가지고 있으며, 그 진행 방향도 이전의 산업혁명과는 상당히 다를 것으로 예상되기 때문이다. 즉, 4차 산업혁명에서 언급되는 기술들은 토대기술(foundational technology)의 성격을 가지고 있어서 하나의 과학기술이 하나의 산업에만 영향을 미치는 성격을 가지고 있기보다는 하나의 과학기술의 출현이 각 산업에 경중의 차이는 있으나 골고루 영향을 미친다는 성격을 가지고 있다.

또한 4차 산업혁명 시대 과학기술이 가지고 있는 특징 중 하나는 과학기술이 여러 기술 간의 융합에 의해 새로운 기술로 발전한다는 성격을 지니고 있다는 점이다.

그리고 4차 산업혁명은 이미 진행 중에 있으며(Hofmann & Rüsch, 2017; Kiao, 2017), 4차 산업혁명은 지속가능발전(sustainable development)에서 언급하는 있는 바와 같이 현세대의 필요와 미래세대의 필요에 모두 영향을 미치는 중요한 요인이므로 현시점에서 지속가능발전에 관한 틀을 모색하는 데에 반드시 포함되어야 할 환경요인으로 4차 산업혁명을 지적하기도 한다.

한편 4차 산업혁명은 사회, 산업, 기업, 직업 및 일자리 등에 크게 영향을 미칠 것으로 보고 있다. 이에 따라서 우리나라에서도 이에 능동적으로 대응하고자 4차 산업혁명이 사회에 미치는 영향, 산업에 미치는 영향, 기업에 미치는 영향, 직업 및 일자리에 미치는 영향 등 다양한 분야에서 연구 결과들이 생산되고 있다.

1.2 4차 산업혁명에 대한 국가별 추진 사항

4차 산업혁명과 유사한 'Industry 4.0'이라는 용어를 처음으로 사용한 국가는 독일이다. 독일에서 2011년 하노버 박람회에서 등장한 'Industry 4.0'은 4차 산업혁명과 상당히 유사한 내용을 포함하고 있다(Drath & Horch, 2014; Mittermair, 2015). 'Industry 4.0'은 가상물리시스템(Cyber – Physical System: CPS), 사물인터넷(Internet of Things: IoT), 서비스인터넷(Internet of Services: IoS)을 핵심 축으로 하는 하이테크 전략으로서 기업들에게는 전통

적인 비즈니스 모델에서 디지털 비즈니스 모델로 비즈니스 모델을 변환하
도록 하는 원동력이 되었다(Jerman & Dominici, 2018).

그리고 2012년 독일 정부는 최첨단기술 개발을 위한 'High-Tech
Strategy 2020'실행 계획을 통과시켰는데(Liao et al., 2017), 이것은 독일이 4
차 산업혁명이라는 말이 나오기 이전부터 이미 4차 산업혁명 시대를 준비
하고 있었음을 보여주고 있는 것이다.

독일 이외에도 세계 여러 나라에서는 4차 산업혁명 이라는 명칭을 사
용하지 않았더라도 제조업 혹은 산업 경쟁력 강화 차원에서 4차 산업혁명
에서 언급하는 것과 유사한 내용으로 4차 산업혁명 시대를 대비하고 있었
던 것으로 보인다. 독일 이외의 각 국가에서 4차 산업혁명 시대를 준비한
내용을 정리해 보면 다음과 같다(Liao et al., 2017).

먼저 미국에서는 제조 분야에서 다음 세대를 주도하기 위한 준비로서
정부와 학계에서 주도한 'Advanced Manufacturing Partnership'(AMP)가
2011년에 등장하였고, 2013년에는 정부 및 학계 이외에도 연구소와 산업계
가 함께 참여하는 'National Network for Manufacturing Innovation'
(NNMI) 프로그램이 시작되었고, 2014년에는 NNMI 프로그램의 공식명칭이
'Manufacturing   USA'로   정해져   지금까지   진행되어오고   있다.
'Manufacturing USA'는 14개의 제조 기관들이 제조 혁신, 교육, 협업을 통
해 미국의 미래를 확고하게 하려는 공동의 목표를 지향하지만 각 기관들은
서로 상이한 첨단 제조 기술에 초점을 맞추어 독특한 민간-공공 파트너십
을 형성(www.manufacturingusa.com)하고 있으며, 'Manufacturing USA'와 관련된
활동 및 정보는 관련 사이트(www.manufacturing.gov)에서 찾아볼 수 있다.

영국에서는 2050년까지 영국 제조업의 성장과 활력을 지원하기 위한 'Future of Manufacturing'을 2013년에 제시한 바 있다. 프랑스는 프랑스 산업정책의 우선순위를 담고 있는 'La Nouvelle France Industrielle'를 2013년에 주창하였다.

중국에서는 'Made in China 2025'와 2015년에 'Internet Plus'를 발표하였는데, 이것은 중국에서 정보화와 산업화를 촉진하기 위해서 제조 분야에서 우선순위가 높은 10개의 영역을 선정한 내용을 포함하고 있다.

일본은 'Connected Industry', 'Super Smart Society', 싱가포르는 'RIE (Research, Innovation and Engineering) 2020 Plan'을 발표한 바 있다.

1.3 대한민국의 4차 산업혁명 관련 추진 사항

우리나라에서는 '4차 산업혁명'이라는 용어를 직접적으로 사용하고 있다. 우리나라는 대통령 직속으로 '4차 산업혁명 위원회'(4차산업혁명위원회, www.4th-ir.go.kr)가 있다. '4차 산업혁명 위원회'는 「4차산업혁명위원회의 설치 및 운영에 관한 규정」(국가법령정보센터, www.law.go.kr)에 의해서 설립되었는데, '4차 산업혁명 위원회'에서는 "① 4차 산업혁명에 대한 종합적인 국가전략, ② 4차 산업혁명 관련 각 부처별 실행계획과 주요 정책, ③ 4차 산업혁명근간이 되는 과학기술 발전지원, 인공지능·ICT 등 핵심기술 확보 및 기술혁신형 연구개발 성과창출 강화에 관한 사항, ④ 전산업의 지능화 추진을 통한 신산업·신서비스 육성에 관한 사항 등"을 심의·조정(4차산업혁명위원회, www.4th−ir.go.kr)하는 역할을 수행하는 것으로 되어있다.

우리나라에서도 4차 산업혁명이라는 용어가 등장하기 이전부터 4차 산업혁명과 유사한 환경 변화에 대응하기 위해 여러 가지 정책을 실행한 것으로 판단된다. 2014년 6월26일에는 민관 공동 '제조업 혁신 3.0 전략'을 발표(산업통상자원부, 2014.06.27)하였다. '제조업 혁신 3.0 전략'에서는 우리 나라 제조업의 경쟁우위 확보를 위한 제조업 혁신 패러다임을 제시하였는 데, 부가가치를 창출하는 방안으로는 IT·SW 융합에 의한 '융합 신산업'을 제시하였고, 추진 전략으로는 '선도형 전략'을 제시한 바 있다.

그림 1-1 한국 제조업의 혁신 패러다임 변화

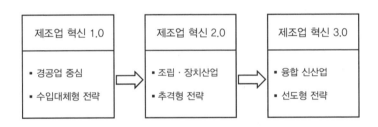

출처: 산업통상자원부(2014.06.27.), 민관 공동 「제조업 혁신 3.0 전략」 추진 보도자료.

특히 2020년까지 1만개 공장을 스마트화하는 계획이 수록되어 있다. 이것은 2014년부터 이미 4차 산업혁명에서 언급하고 있는 스마트 제조의 개념을 적용하고 있었으며, 이를 스마트 공장의 확산이라는 구체적 실행 계획을 제시한 것으로 볼 수 있다.

2015년도에는 「제조업 혁신 3.0 전략」 실행대책이 발표(산업통상자원부, 2015.03.19.)되었는데, 여기에서는 스마트 공장의 확산뿐 아니라 '8대 스마트 제조기술'을 선정하여 개발을 추진하고, 이를 스마트 산업과 비즈니스 분야로의 적용을 계획한 바 있다. '8대 스마트 제조기술'은 CPS (Cyber-Physical System), 에너지절감, 스마트센서, 3D프린팅, IoT, 클라우드, 빅데이터, 홀로그램 등을 말하며, 이 기술들은 융합신제품 생산에 핵심을 이루는 기술로 보고 있다.

2017년에는 「스마트 제조혁신 비전 2025」을 발표(산업통상자원부, 2017.04.20.)하였는데, 여기에서는 스마트 공장의 보급 목표를 2025년까지 3만개로 확대하는 정책 목표뿐 아니라 스마트 공장 운영 인재 양성 목표를 수립했다는 점이 특징적이다. 이 계획에는 창의융합형 인재 4만 명을 양성하겠다는 목표를 수립하고 있는데, 이들 인력에는 스마트 공장 운영에 필요한 현장인력 및 고도화된 스마트 공장 운영, 로봇, 센서, 컨트롤러 분야의 전문 인력을 포함하고 있다.

2018년에 들어서는 「스마트 공장 확산 및 고도화 전략」(4차산업혁명위원회, 2018.03.08), 「중소기업 스마트 제조혁신 전략」(산업통상자원부, 2018.12.13) 등 여러 정책을 통해 스마트 공장과 같은 4차 산업혁명 제조 혁신 정책을 추진하고 있다. 이러한 정책은 중소기업 제조 강국을 실현하기 위해서 제조업 전반에 걸쳐 스마트 혁신을 추진하는 것이다.

「스마트 공장 확산 및 고도화 전략」정책에서는 2022년까지 스마트 공장을 2만개 구축을 목표로 하였으나 「중소기업 스마트 제조혁신 전략」에서는 3만개 구축으로 목표를 수정하였는데, 이 숫자는 전체 제조 중소기업의 약 50%에 해당된다. 또한 스마트 공장 관련 전문 인력을 10만 명 양성하는 것으로 되어 있다. 이것은 4차 산업혁명을 선도하기 위한 강력한 제조 관련 스마트 공장 정책을 실시하려는 것으로 볼 수 있다.

스마트 공장 구축을 강력하게 추진하는 배경에는 4차 산업혁명이라는 피할 수 없는 메가트렌드가 있기 때문이기도 하지만 2018년까지 스마트공장을 구축한 결과 나타난 성과도 영향을 미친 것으로 보인다. 「중소기업 스마트 제조혁신 전략」 자료(산업통상자원부, 2018.12.13)에 따르면 2018년까지 스마트공장 7,800개를 보급하였는데, 스마트공장 도입기업의 성과를 보면 생산성은 30% 증가하였고, 납기 준수율은 15.5% 증가한 반면 불량률은 43.5% 감소하였고, 원가는 15.9% 감소하였으며, 산업재해도 22% 감소한 것으로 나타났다. 이것은 스마트 제조를 통해 기업 성과가 제고되고, 종업원의 안전 역시 향상될 수 있음을 보여준 것이라 하겠다.

1.4 4차 산업혁명에 대한 인식

4차 산업혁명에 대한 일반 시민의 의식을 조사한 결과가 보고된 것이 있다. 4차 산업혁명에 대한 인식은 일반 국민 차원, 기업차원, 소비자 차원으로 나누어서 살펴 볼 수 있다.

James Dator교수가 한·중·일 3국 시민들을 대상으로 조사한 것을 한경머니(2019)에서 보도한 바에 따르면 서울시민들의 경우 4차 산업혁명에 대한 인지도는 96.1%, 4차 산업혁명에 대한 기대감은 51.0%인 반면 4차 산업혁명에 대한 체감도는 27.7%인 것으로 나타났다. 이것은 서울 시민만 놓고 보았을 때 서울 시민은 4차 산업혁명을 알고는 있으며, 4차 산업혁명이 가져다 줄 변화에 대해 기대감을 가지고는 있으나 4차 산업혁명을 피부로 느끼는 시민들은 4차 산업혁명에 대해 알고 있으며 기대감을 가지고 있는 시민들에 비해 상당히 적음을 알 수 있다. 즉, 4차 산업혁명에 대한 인지도와 체감도 간에 상당한 괴리가 존재하고 있다는 것이다.

반면 베이징 시민들을 대상으로 한 조사에서는 4차 산업혁명에 대한 인지도는 79.7%, 4차 산업혁명에 대한 기대감은 67.5%, 4차 산업혁명에 대한 체감도는 63.7%로 나타나 베이징 시민들의 경우 4차 산업혁명에 대한 인지도와 체감도 간에 괴리가 거의 없는 것으로 조사되었다.

4차 산업혁명에 대해 기업을 대상으로 조사한 연구가 있다. 장윤종(2017)은 중견기업 규모 이상의 기업들을 대상으로 2016년과 2017년 두 차례에 걸쳐서 4차 산업혁명에 대한 기업들의 인지 상태와 대응 상태에 대해 조사를 실시한 결과를 보고하였다. 조사 대상 기업들의 매출규모는 최소 1,000억 원 이상인 기업들이다. 장윤종(2017)의 조사 결과에서 보면 4차 산업혁명에 대한 우리나라 기업들의 인지도는 2016년 81%에서 2017년 93%로 증가하여 대부분의 기업들이 4차 산업혁명에 대해서 인지를 하고 있는 것으로 나타났다. 반면 2017년 조사에서 4차 산업혁명에 대해 모른다고 응답한 기업은 7%로 2016년 16%에서 현저히 감소하였고, 전혀 모른다고 응답한 기업은 없는 것으로 나타났다.

그러나 4차 산업혁명에 대한 대비수준을 보면 인지도와는 상당히 다른 양상을 보여주고 있다. 4차 산업혁명에 대해 대응하기 위한 계획을 수립하였거나 대비에 착수한 기업은 2016년 53%에서 2017년 52%로 오히려 1% 포인트 감소한 것으로 나타났다. 오히려 4차 산업혁명에 대한 대응계획을 수립하지 않았거나 4차 산업혁명에 대해 무관심한 기업이 2016년 47%에서 2018년에는 48%로 1% 포인트 증가한 것으로 나타났다.

4차 산업혁명에 대한 기업들의 이해력은 어느 정도 갖추어진 것으로 보인다. 장윤종(2017)은 기업들이 4차 산업혁명에 대비해서 중점적으로 추진해야 할 과제가 무엇인지를 물어보았는데, 그 질문에 대해서 기업들은 데이터를 활용한 사업 프로세스 혁신(24%), 디지털 인프라스트럭처 투자 확대(21%), 비즈니스 리더의 디지털 리더십 확보(18%), 숙련된 필요 인재 확보(15%), 생산의 유연성 확보(14%), 소프트웨어 활용능력 향상(9%) 순으로 중점적으로 추진해야 한다고 응답을 하였다(복수 응답 포함). 이러한 조사 결과는 우리나라 기업들이 4차 산업혁명을 상당히 인프라적인 측면에서 바라보고 있는 반면 인적자원개발 측면에서는 상대적으로 추진 순위가 낮음을 보여주는 것이다.

한편 4차 산업혁명에 대한 대응수준이 4차 산업혁명에 대한 인지도에는 크게 영향을 미치지 못하는 것으로 나타났다. 이것은 4차 산업혁명에 대한 인지도와 대응수준 간에는 어느 정도 괴리가 있음을 간접적으로 보여주는 것이라고 하겠다.

4차 산업혁명에 대해 소비자들이 어떻게 인식하고 있는지를 조사한 연구가 있다. 윤덕환(2017)은 James Dator의 4가지 미래이미지를 측정하였다. 여기서 4가지 미래이미지는 지속성장, 붕괴, 생존, 변형을 말한다. 2017년 발표된 논문임에도 불구하고 조사 대상 소비자들 중 87.5%는 4차 산업혁명이라는 용어를 인지하고 있는 것으로 나타나 인지도 측면에서는 상당히 높은 것으로 나타났다. 그러나 4차 산업혁명에 대해 불안감을 느

끼는 수치(7점 이상)도 높게 나타나 4차 산업혁명에 대한 기대감과 불안감
이 교차하고 있음을 보여주고 있다.

　기존에 발표된 인식 조사 연구들을 종합해 보면 우리나라의 경우 4차
산업혁명에 대한 인지도는 높은 반면 4차 산업혁명에 대한 기대감과 우려
감이 교차하고 있는 것으로 보이며, 기업 관리자들은 4차 산업혁명에 대해
어떻게 대응해야 할지에 대해서는 적극적으로 대응하는 기업과 아직 구체
적인 계획을 유보한 채 유보적인 태도로 관망하는 기업이 교차하고 있는
것으로 보인다.

1.5 4차 산업혁명에 대한 올바른 접근법

　4차 산업혁명은 커다란 변화의 물결임에도 불구하고 피상적으로 접근
하는 경우에는 단지 첨단 기술의 활용과 관련된 것으로만 인식되는 경향이
있다. 그러나 4차 산업혁명 분야에 대해서 연구를 하는 연구자 혹은 실무
분야에 종사하고 있는 사람들은 우리나라가 4차 산업혁명 시대에서 뒤쳐질
수도 있음(김상윤, 2017; KT경제경영연구소, 2017)을 지적하고 있다.

　우리나라가 4차 산업혁명 시대에 뒤쳐질 수 있다는 지적은 우리나라
의 정보통신기술 수준이 결코 낮지 않음을 감안할 때 4차 산업혁명을 단지
피상적으로 만 접근해서는 안 되며, 구체적, 실질적 그리고 실천적인 접근
을 해야 함을 시사하고 있다.

　4차 산업혁명은 현재 진행형(Hofmann & Rüsch, 2017; Kiao, 2017)이므로

우리들의 생활 속에서 4차 산업혁명과 관련된 것이 무엇인지에 대한 올바른 물음에서 4차 산업혁명에 대한 이해가 시작되어야 한다. 그럼에도 불구하고 4차 산업혁명에 대한 일반인의 시각은 아직도 피상적인 수준에 머무르고 있는 것으로 보인다. 이것은 다른 말로 표현하면 아직까지 4차 산업혁명을 구체적으로 체감하지 못하고 있음을 시사하는 것이다.

한편 4차 산업혁명에 대한 총체적 접근도 필요해 보인다. 4차 산업혁명이 과학기술에 근간을 크게 두고 있는 것은 사실이지만 과학기술의 발전이 궁극적으로 지향하는 것이 무엇인지에 대한 논의도 함께 이루어지는 것이 4차 산업혁명을 대하는 올바른 자세라고 판단된다. 즉, 4차 산업혁명이 기술 중심적 사고로 언급되는 경우가 많기는 하지만(이장균, 2017; 이재영, 2017; Saito Masanori, 2017) 기술이라는 기능을 초월하는 기술초월적 가치 개념으로 4차 산업혁명에 대해 접근을 해야 4차 산업혁명에 대한 더 나은 시각을 가지고 4차 산업혁명을 대할 수 있을 것이다.

다보스포럼으로 더 잘 알려진 세계경제포럼의 의장인 Klaus Schwab 2015.12.12.)은 4차 산업혁명 시대에 중요한 것은 4차 산업혁명이 어떻게 전개될 것인지는 알기 어렵지만 4차 산업혁명이 전개되는 것에 대한 반응은 통합적이고 포괄적이어야 함을 지적한 바 있다. 4차 산업혁명은 사람들이 지금까지 경험해 보지 못한 변혁(transformation)을 초래할 것이며, 사람들의 삶과 일과 관련된 많은 것들이 변화할 것임을 지적한 바 있다.

이러한 의미에서 사람들이 4차 산업혁명 시대를 능동적으로 주도해 나가기 위해서는 사람이 과학기술과의 상호작용을 통해 시너지 효과를 창출하는 패러다임이 필요하다. "가치 – 적용 – 성과" 패러다임은 4차 산업혁명 시대에 사람들이 과학기술과의 상호작용을 통해 사람의 생활의 질은 향상시키고, 기업에게는 더 나은 성과를 제공해 주는 방안을 체계적으로 정립하는데 유용한 패러다임이라고 생각된다. 조금 더 구체적으로 살펴보면 4차 산업혁명의 시대적 의미를 이해하고, 4차 산업혁명 시대를 효과적이고 주도적으로 이끌 수 있는 인문적 소양(김인숙과 남유선, 2017; 서진영, 2017)에 바탕을 둔 가치개념을 정립하고, 이러한 가치에 바탕을 둔 과학기술(IoT, 인공지능 등의 과학기술)과 이 과학기술이 적용되는 현장들(기업 현장과 기업 현장을 구성하는 인적 자원 및 물적 자원, 그리고 기업가정신/경영마인드)이 융합하여 바람직한 시너지 성과를 산출하는 방안을 모색하는 "가치 – 적용 – 성과" 패러다임은 4차 산업혁명 시대를 바라보는 효과적인 프레임워크가 될 것이다.

1.6 4차 산업혁명과 이전의 산업혁명과의 차이

4차 산업혁명이라는 용어는 세계경제포럼(World Economic Forum) 의장인 Klaus Schwab(2015.12.12)이 2015년 Foreign Affairs에 기고한 글에 처음 등장한 것으로 알려져 있다. 세계경제포럼은 2016년 스위스 다보스(Davos)에 열린 세계경제포럼 연차 총회에서 "4차 산업혁명 마스터하기"를 주제로 4차 산업혁명과 관련된 각종 주제를 다룬 바 있다.

그런데 4차 산업혁명에 대해 매우 많은 논의가 진행되고 있음에도 불구하고 4차 산업혁명에 대해 명확하게 정의를 내린 연구는 거의 없는 것으로 보인다. 4차 산업혁명을 주창한 Klaus Schwab(2015.12.12.)은 4차 산업혁명의 특징(물리적−디지털−생물학적 영역 간의 경계가 없어지거나 결합되는 융합 기술)을 주로 기술하고 있을 뿐이다. 우리나라 산업통상자원부에서 발간한 자료에서는 4차 산업혁명에 대한 정의를 내리고 있는데, 4차 산업혁명을 "인공지능 기술을 중심으로 하는 파괴적 기술들의 등장으로 상품이나 서비스의 생산, 유통, 소비 전 과정이 서로 연결되고 지능화되면서 업무의 생산성이 비약적으로 향상되고 삶의 편리성이 극대화되는 사회·경제적 현상"(산업통상자원부, 2017:10)으로 정의를 내리고 있다. 4차산업혁명위원회에서는 4차 산업혁명을 "인공지능, 빅데이터 등 신기술로 촉발되는 초연결 기반의 지능화 혁명으로 산업뿐만 아니라 국가시스템, 사회, 삶 전반의 혁신적 변화를 일으키는 것"(4차산업혁명위원회, 2018.06.14.)으로 보고 있다. 기획재정부의 시사경제용어에는 4차 산업혁명을 "물리세계, 디지털세계, 그리고 생물세계가 융합되어, 경제와 사회의 모든 영역에 영향을 미치게 하는 새로운 산업시대"(기획재정부, 시사경제용어사전)로 정의를 내리고 있다. 이러한 정의들의 공통점으로는 4차 산업혁명의 동인으로 과학기술 요소를 들고 있으며, 4차 산업혁명이 미치는 영향의 범위를 규정하고 있다는 점이다.

이에 비해서 4차 산업혁명과 유사한 성격을 지니고 있는 'Industry 4.0'에 대한 정의는 여러 연구들에서 보고된 바 있다.

산업혁명은 기술혁명(technological revolution)이 산업과 사회를 변화시킨 대표적인 사례에 해당되며, 구체적으로 기업 경영에서 자주 관찰된다. 기술혁명은 새로운 장비 혹은 시스템을 도입함으로써 생산성과 효율성의 증대를 가져온다.

지금까지 산업혁명은 3차에 걸쳐서 일어났으며, 현재는 4차 산업혁명이 진행 중인 것으로 보는 시각들이 점점 증가하는 것으로 보인다. 산업혁명은 트렌드 상으로는 일치를 보고 있으나 그 시기 및 내용에 있어서는 다소 차이가 있는 것으로 보인다. Drath와 Horch(2014)는 1차 산업혁명은 증기기관에 주도한 역직기로 인해 커다란 변화를 맞이하였고, 섬유는 가내수공업에서 벗어나 공장에서 생산되어 생산성이 크게 향상되었다는 특징, 2차 산업혁명은 Ford의 T 자동차의 대량생산으로 절정을 이룬 분업 및 컨베이어 벨트에 기반을 둔 연속생산라인을 통한 생산성 향상 특징, 3차 산업혁명은 디지털 프로그래밍에 의한 자동화 시스템을 특징으로 들고 있다. 그리고 4차 산업혁명은 가상물리시스템과 밀접히 연관되어 있다고 하였다.

Klaus Schwab(2015.12.12.)은 각 산업혁명의 변천의 특징을 몇 가지 핵심 키워드로 요약하고 있는데, 1차 산업혁명은 물과 증기의 힘을 이용한 생산의 기계화, 2차 산업혁명은 전기의 힘을 활용한 대량 생산, 3차 산업혁명은 전자공학(electronics)과 정보기술을 활용한 생산의 자동화로 보고 있으며, 3차 산업혁명을 디지털 혁명(digital revolution)이라고 보고 있다. 그리고 4차 산업혁명은 융합 기술(fusion of technologies), 즉 물리적−디지털−생물학적 영역 간의 경계가 없어지거나 결합되는 특징을 지닌다고 보고 있다.

4차 산업혁명에 디지털 혁명이 포함되므로 이를 3차 산업혁명의 연장선으로 보는 시각도 있으나 Klaus Schwab(2015.12.12.)은 다음과 같은 3가지 점, 즉 속도(velocity), 범위(scope), 시스템들에 미치는 영향력(systems impact) 때문에 3차 산업혁명의 연속으로 볼 수 없음을 주장하였다.

먼저 속도 측면에서 보면 이전 산업혁명의 속도가 선 형태인 반면 4차 산업혁명의 속도는 지수 형태의 속도라고 보았다. 범위 측면에서 보면 4차 산업혁명은 지리적으로는 전 세계 국가 그리고 내용적으로는 거의 모든 산업의 붕괴(disrupting)를 초래할 수도 있는 파급력을 지니고 있다고 보았다. 그리고 시스템 영향력 측면에서 보면 4차 산업혁명은 거의 모든 시스템(예컨대 생산, 경영관리 그리고 거버넌스(governance) 시스템) 변혁(transformation)을 선도할 가능성이 있다고 보았다. 이러한 Klaus Schwab의 견해를 종합해 보면 4차 산업혁명과 관련된 과학기술은 보편적 기술혁명(universal technological revolution), 즉 어느 한 분야에만 영향을 미치는 기술혁명이 아니라 산업 간에 보편적으로 영향을 미치는 기술혁명을 의미한다고 하겠다.

1.7 4차 산업혁명의 과학기술적 요인들

4차 산업혁명에서 언급되는 과학기술이 무엇인지를 알 필요가 있다. 먼저 4차 산업혁명이 언급되기 이전에도 기술 주도적인 혁신에 대해 언급한 학자들이 있다. 예컨대 Antón 등(2001)은 나노기술(nanotechnology), 대체에너지 시스템(alternative fuel and energy system), 바이오기술, 유전공학(genetic engineering), 신물질기술(new material technology) 등의 분야에서 혁신이 일어날 것임을 일찍이 언급한 바 있다. 그러나 과학기술에 의한 혁신이 본격적으로 언급된 것은 4차 산업혁명이 언급되면서 부터라고 보는 것이 타당할 것이다.

4차 산업혁명을 언급할 때 등장하는 과학기술 요소들은 매우 다양하

다. 예컨대 Schwab(2016)은 4차 산업혁명과 관련된 과학기술 요소들을 3
가지 범주의 메가트렌드로 분류하고 각 메가트렌드에 속하는 과학기술 요
소들을 설명하고 있다. Schwab(2016)은 메가트렌드를 물리 메가트렌드, 디
지털 메가트렌드, 생물학 메가트렌드로 분류하였다. 그리고 물리 메가트렌
드에는 자율 기기, 3D 프린팅, 고도화된 로봇, 신물질 등을 소개하고 있다.
디지털 메가트렌드에는 사물인터넷을 소개하고 있다. 생물학적 메가트렌드
에는 합성생물학(synthetic biology)을 들고 있다. Schwab을 비롯하여 여러
학자들이 소개하는 과학기술 요소들을 기업 경영 관점에서 종합해 보면 4
차 산업혁명과 관련된 주요한 과학기술 요소들은 빅데이터, 인공지능, 블
록체인, 사물인터넷, 3D 프린팅(3D printing), 증강현실, 핀테크 등이 있다.

1.8 4차 산업혁명의 특징

4차 산업혁명은 여러 가지 특징을 가지고 있으나 언급되고 있는 여러
특징들을 요약해 보면 사물들이 현실과 가상공간에서 정보기술에 의해 연
결되는 것이 더욱 강화되는 시대, 사람과 기계가 공존하는 시대로 요약될
수 있다(Schwab, 2017). 이러한 특징을 조금 더 세분화해 보면 현실과 가상
의 융합, 대상과 대상 간의 연결 그리고 사람과 기계의 공존으로 구분해
볼 수 있다.

1.8.1 가상과 현실의 융합

먼저 Klaus Schwab(2016)은 4차 산업혁명 시대에는 하드웨어, 소프트웨어 그리고 생물학이 결합된 가상공간과 물리적 실체를 결합하는 시스템, 즉 가상－물리시스템(cyber－physical system: CPS) 기술이 포함될 것임을 강조한 바 있다.

가상－물리시스템은 다양하게 정의가 되고 있다. 가상－물리시스템은 "성과의 향상을 목적으로 적응형(adaptive)이며 예측형(predictive) 시스템을 만들어내기 위하여 네트워크화된 가상과 공학적인 물리적 요소들이 함께 설계된 혼성물(hybrid)"을 말한다(Mosterman & Zander, 2016).

여기에서 성과 측정지표는 안정과 보안, 신뢰성, 민첩성과 안정성, 효율성과 지속가능성, 정보보호 등을 들 수 있다.

가상－물리시스템이 적용되는 분야로서 스마트 홈(smart home)을 들 수 있다. 공학 가상－물리시스템은 컴퓨터에 기반을 둔 알고리즘에 의해서 통제(control)되고 점검(monitor)되는 메커니즘을 말한다. 가상－물리시스템 내에서는 물리적 구성요소와 소프트웨어 구성요소는 서로 뒤섞여 있고, 각각은 상이한 공간과 시간 척도로 운영되고, 복수의 그러나 구별되는 행동 양상(behavioral modalities)을 보이며, 맥락이 변함에 따라서 다양한 방법으로 서로 상호작용을 한다. 가상－물리시스템의 예로는 스마트 그리드(smart grid), 자율주행차 시스템, 의료용 모니터 장비, 공정관리시스템, 로봇 시스템, 자동항법 우주공학 등이 있다.

1.8.2 연결

4차 산업혁명 시대는 커뮤니케이션 기술의 발달에 따른 연결성 (connectivity)이 강조되는 시대이다.

4차 산업혁명을 언급할 때 함께 등장하는 대표적인 기술 혹은 기술변화 양상으로 빅데이터, 인공지능, 사물인터넷, 블록체인, 3D 프린팅 혹은 적층제조(additive manufacturing), 핀테크, 자율주행차, 드론 등 매우 다양한 개념들이 등장하고 있다. 이 개념들만의 하위 공통점을 찾는다면 정보통신 기술을 기반으로 하고 있다는 점이다. 그리고 이 개념들이 실제로 현실세계에서 구현될 때 나타나는 특징들로는 정보와 기술이 현실과 가상 공간 상에서 유기적으로 연결(connectedness)된다는 점이다. 이러한 측면에서 미래사회는 초연결사회(hyperconnectivity)의 성격을 가지고 있다(World Economic Forum, 2012). 초연결사회는 사물이 기술로 연결되고, 이 연결 상태는 정보에 의해 동태적으로 변화되어 갈 수 있다. 따라서 기술은 초연결을 위한 매개체에 해당될 수 있고, 정보는 일종의 소프트웨어와 같은 역할을 한다고 볼 수 있다.

Klaus Schwab(2015.12.12.)은 사람들을 연결하는 것은 여러 수단들에 의해 가능하다. 이러한 연결 수단은 이동 기기(mobile devices)에 의해 가능하다. 이동 기기는 전례가 없을 정도의 정보처리 능력, 저장 용량, 지식에의 접근성 등을 가지고 있으며, 이동 기기에 의해 사람들이 연결 가능한 수에는 거의 제한이 없을 정도가 되었다. 그리고 수많은 사람들을 이동 기기에 의해 연결할 수 있는 것은 인공지능, 로봇공학, 사물인터넷, 자동화기기, 3D 프린팅, 나노기술, 바이오기술, 재료과학(materials science), 에너지 저장, 퀀텀 컴퓨팅 등과 같은 분야에서 새롭게 태동하는 기술들에 의해 촉진될 것이다.

1.8.3 사람과 기계의 공존

기계는 물리적 기계에서 인공지능기술의 발달에 따라 인공지능이 내장된 스마트 기계로 변모되고 있는데(Baldassari & Roux, 2017), 이것은 과거에는 기계가 대체할 수 없는 인간의 고유 영역 혹은 고유 특성이라고 여겨졌던 분야(예컨대 판단)까지 기계에 의한 대체가능성이 거론되고 있음(예컨대 알파고가 바둑 프로기사에게 승리를 거둔 것)을 함축하고 있다.

기업은 사람 혹은 집단조직이 있는 곳이고 기계, 기술, 정보가 적용되는 현장이다. 이러한 현장에서 사람과 기계, 기술 및 정보 간에 시너지 효과가 나타나야 성과가 나타날 것이다. 따라서 기계, 기술, 정보가 기업 현장에서 적용될 때 사람과의 긍정적 시너지 효과가 날 수 있는 방안이 무엇인지를 파악하는 것은 4차 산업혁명 시대에 중요한 과제라고 할 수 있다.

4차 산업혁명을 주도하기 위해 기존에 강조되어 왔던 것은 소프트웨어 분야이다. 소프트웨어 분야는 기계, 즉 하드웨어를 움직이게 만드는 콘트롤러 역할을 수행하는 것이라고 할 수 있으며, 결국 기계를 스마트하게 만드는 것은 사람에 의해서 가능하게 됨을 표현 것이라고 하겠다. 그러나 4차 산업혁명 시대를 주도하기 위해서는 이러한 소프트웨어에 대한 관심만으로는 부족한 점이 있다. 즉, 소프트웨어의 작동이 사람의 재능과 융합되어 바람직한 성과를 내기 위해서는 소프트웨어가 사람과 융합을 이룰 수 있는 조건들을 찾아보고, 이러한 융합이 실질적인 긍정적 성과를 낼 수 있는 방안을 찾아보는 것은 사람, 기업, 사회, 국가 차원에서 매우 중요한 일이라고 하겠다.

1.8.4 탈중개화 대 플랫폼

4차 산업혁명 시대의 특징들은 아이러니컬한 측면들이 발견된다.

현재 전개되고 있는 현상들을 분석하는 분석가들과 미래의 변화를 예측하는 미래학자들은 디지털화(digitalization)로 인하여 중간매개체들(intermediator)이 사라지거나 중개를 하는 힘이 약화될 것으로 본다. 예컨대 기업과 소비자 간의 구매를 연결하는 유통기관, 금융상품과 고객을 연계시켜주는 중개상, 기업이 종업원에게 제공하는 교육 콘텐츠를 산출하는 중개기관들은 디지털화로 인하여 그 힘이 이전에 비해 약화될 것으로 보는 것 같다.

그런데 이러한 전통적인 중간매개체들의 약화는 중간매개체들이 필요하지 않기 때문인 것은 아닌 것으로 보인다. 즉, 이러한 중간매개체 역할을 강력한 플랫폼들(platform)이 전통적인 중간매개체들을 대신하여 수행하고 있다는 점이다.

그리고 플랫폼들은 이러한 역할을 전통적인 중개기관들에 비해 더 효율적이고 효과적으로 역할을 수행하고, 이러한 효율적이고 효과적인 역할의 수행이 수요자(예컨대 고객, 종업원)와 공급자(예컨대 기업체)에게 모두 혜택이 돌아가기 때문에 가능한 것으로 보인다. 전통적인 중간매개체들은 영역에 제한을 받아왔다. 예컨대 금융 중개자들은 금융이라는 영역에 제한을 받아왔다. 이러한 제한은 취득 가능한 정보의 제한을 가져왔으며, 제한된 취득 정보는 분석의 질에도 제약을 가져왔을 것이다. 그 결과 고객에게 제공되는 솔루션의 질은 제약될 수밖에 없었을 가능성이 높다.

그러나 디지털화는 이러한 영역의 제한이라는 한계를 넘어설 유리한 위치에 있으며, 이로 인해 취득되는 정보의 양도 많고 분석의 질도 높아져 고객에게 제공되는 솔루션의 질도 높아질 가능성이 있다.

요약하자면 디지털화는 형식적으로는 공급자와 수요자 간의 중간상 혹은 중간매개체를 없앰으로써 비용 효율성과 가치성 제고를 동시에 가져올 수 있는 반면 실질적으로는 공급자와 수요자 간에 플랫폼이 개입됨으로써 기존에 전통적인 중간상들이 수행하던 역할을 공급자 및 수요자 차원에서 더욱 효율적이고 효과적으로 수행할 수 있는 여건이 마련되었다는 점이다.

1.9 4차 산업혁명과 사람의 삶의 질

Klaus Schwab은 4차 산업혁명이 전 세계의 소득수준과 사람들의 삶의 질을 개선할 수 있을 것으로 보고 있다. 그러나 스마트 기계가 경제 전 분야에 도입되어 인간의 근로를 대체하게 된다면 이것은 오히려 삶의 질을 떨어뜨릴 수도 있는 결과를 초래할 것이다. 이 문제의 해결을 위해서는 기계와 사람이 공존하는 방식을 인문학적 가치 기반 위에 사람을 중심으로 살펴보고 이해할 필요가 있다. 즉, 인문학에 기반을 둔 인문적 소양, 즉 4차 산업혁명의 의미를 사람을 중심으로 하여 먼저 생각해 보고, 특히 4차 산업혁명 시대에 요구되는 바람직한 가치(궁극적으로는 목표) 관점에서 사람에 대한 이해를 통해 사람과 기계가 공존할 수 있는 방안을 모색하는 것이 필요하다. 따라서 이러한 기술들이 사람-기계 조건에서 사람의 가치체계에 부합하는 역할이 무엇인지를 모색해 보는 것은 4차 산업혁명 시대에 중요한 과제라고 할 수 있다.

Chapter 02
4차 산업혁명과 인문적 가치

    4차 산업혁명이 궁극적으로 사람 중심으로 이루어져야 함을 지적한 탁월한 글들이 있다. 여기에서 몇 가지를 소개하고자 한다.

    ■ Klaus Schwab은 2019년 다보스 포럼 공식 주제인 "글로벌 4.0: 4차 산업혁명 시대에 글로벌 아키텍처 형성"에서 "글로벌 4.0은 포용적이고 지속가능해야 할뿐 아니라 더 사람 중심적(human-centered)이 되어야 함"을 말한 바 있다(World Economic Forum, 2019.01.22.).

    ■ 세계경제연구원 송경진 원장(Lee & Kim, 2017.04.25.)은 "기술을 수용할 것인지 혹은 수용하지 않을 것인지를 결정하는 것은 궁극적으로는 사람이며, 인류(humanity)를 기술의 중심에 두는데 실패하는 기술은 궁극적으로 사라질 것이다"라고 하였다.

    ■ 이상욱(2017)은 사람 중심의 과학기술이 진정으로 효과를 내기 위해서는 사전주의적 접근과 사회문화적 감수성이 결합해야 함을 지적하였다. 즉, "사람 중심의 과학기술 연구 및 개발을 위해서는 좋은 의도나 바람직한 목적의식만으

로는 부족하다. 현재 우리가 처한 상황이 제기하는 여러 사회적, 문화적 쟁점을 이해하고 그것을 사회 구성원이 수용할 수 있는 방식으로 해결하려는 사회문화적 감수성(socio-cultural sensitivity)도 함께 필요하다. 또한 이에 더하여 아무리 좋은 과학기술 연구 및 개발도 항상 좋은 결과만을 가져올 수는 없으며, 거의 예외없이 예기치 못한 부작용이 나타날 수밖에 없음을 늘 염두에 두고 연구 및 개발 초기부터 이에 대한 모니터링과 대응책 마련을 위해 꾸준히 노력해야 한다"(이상욱, 2017:18)고 하였다.

■ 대한민국 4차산업혁명위원회에서는 '사람 중심의 4차 산업혁명 대응 계획'을 발표한 바 있다(과학기술정보통신부, 2017.11.30.)

2.1 4차 산업혁명 시대에 인문적 가치의 필요성

4차 산업혁명은 과학기술적 요소들이 중심이 되어 논의가 이루어지고 있는 것이 현실이다. 우리나라에서 논의되는 4차 산업혁명의 주제는 주로 과학기술 자체에 집중되어 온 측면이 있었다. 4차 산업혁명이 과학기술을 중심으로 논의되는 내용 중에는 4차 산업혁명이 사람의 삶을 더 나아지게 만드는 긍정적 측면뿐 아니라 4차 산업혁명이 가져올 일자리의 문제, 인간소외의 문제, 불평등의 문제, 정보의 취득 및 활용과 관련된 윤리적 문제 등 여러 부정적인 측면의 논의들도 있어온 것이 사실이다.

우리나라에서 회자되고 있는 4차 산업혁명에 대한 논의의 문제점들을 지적한 연구도 있다. 반성택(2017)은 우리나라에서 논의되고 있는 4차 산업혁명의 담론에는 과학기술 주도, 관련성이 불분명한 분야에까지 확산, 역사성의 결여 등의 문제점이 있음을 지적하였다.

4차 산업혁명이 가져올 것으로 예상되는 긍정적 측면과 부정적 측면에 대한 논의가 궁극적으로 지향하는 바는 모두 사람과 관련된 것이다. 즉, 사람의 삶에 4차 산업혁명이 어떠한 영향을 미칠 것인가에 대한 논의라고 할 수 있다. 산업혁명 이전에도 다양한 유형의 기술이 지속적으로 발명되어 왔으며, 과학의 발전도 지속적으로 이루어져 왔던 것이 사실이다. 이러한 과학기술의 발전은 사람이 살아가는 생활방식에 변화를 가져왔다. 예컨대 전기의 발명은 어둠을 밝히는 방법에 변화를 가져왔다. 그런데 과학기술의 발전은 생활방식 뿐 아니라 사람들이 생각하는 사고방식에도 변화를 가져왔다. 예컨대 지구온난화에 대한 과학적 증거들은 환경오염의 문제에 대한 사람들의 사고방식을 바꾸어 생활방식에까지 변화를 주고 있다.

요컨대 과학기술은 많은 경우 사람들의 삶의 향상을 위한 도구로서 활용되어 왔으나 4차 산업혁명 시대에 기계(예컨대 인공지능을 답재한 기계)는 스스로 학습하면서 사람의 학습 능력을 위협하기에 이르렀다. 과학기술이 사람을 위해 존재하는 것이지 사람이 과학기술을 위해 존재하는 것은 아니므로, 4차 산업혁명 시대에는 사람을 중심으로 하여 사람의 삶과 관련하여 과학기술이 궁극적으로 무엇을 지향해야 하는 것이 올바른 것인지에 대한 논의, 그리고 더 근본적으로는 과학기술과 인간 본성 간의 관련성에 대한 논의가 더욱 절실한 시점이라고 하겠다.

2.2 과학기술과 인문학 정의

어떤 대상에 대해 알고 싶을 때, 그 대상에 대해 어떻게 정의가 내려지고 있는지를 보면 그 대상의 성격을 알 수 있다. 인문학도 마찬가지일 것이다. 인문학이 어떻게 정의가 내려져 있는지를 파악하면 인문학과 과학기술 간의 관계, 좀 더 폭 넓혀 논의해 본다면 인문학과 4차 산업혁명 간의 관계를 파악해 볼 수 있을 것이다. 그런데 이 작업이 그렇게 쉽지만은 않은 것 같다. 4차 산업혁명에 대한 정의도 그러하려니와 인문학에 대한 정의도 무수히 많기 때문이다. 먼저 인문학에 대한 정의를 살펴보고, 이를 과학기술 및 4차 산업혁명과 연계하여 파악해 보고자 한다.

인문학은 그 단어의 유래가 인간 본성에서 왔다(박병준, 2017). 그러나 인문학에 대한 해석은 시대마다 그리고 학자들 마다 상이한 것을 볼 수 있다. 키케로는 인문학을 "인간이 갖추어야 할 기본 교양"(박병준, 2017: 7)으로 보았고, 김희복과 김희주(2019: 191)는 인문학을 "인간으로서 사는 법과 인간답게 사는 법에 관한 지식과 관련된 것"으로 보았다. 박병준(2017: 9)은 "인문학의 본질은 '참된 인간성'을 드러내는 것이며, '인문 정신'은 '인간의 정신을 고양시키고 인간의 본성을 실현'하는 것"임을 강조하였다.

2.3 4차 산업혁명의 사회·경제적 측면과 인문학의 역할

4차 산업혁명은 사회·경제적으로 큰 변화를 가져 올 것으로 예상된다. 따라서 4차 산업혁명과 같은 사회 전반의 변화 가운데에서 인문학이 해야 할 역할이 무엇인지를 살펴보는 것은 중요하다고 하겠다.

위행복(2018)은 4차 산업혁명의 주창자인 클라우스 슈밥(Klaus Schwab)이 지적한 4차 산업혁명이 가져다줄지도 모르는 우려, 즉 불평등의 심화와 소외의 문제를 지적하면서 4차 산업혁명 시대에도 인간의 가치와 존엄성 그리고 인간 공동체의 삶을 보장하기 위해서는 인간존중의 이념과 사회구조를 창출하는 인문학적 고찰이 필요함을 역설하였다.

김희복과 김희주(2019)는 4차 산업혁명 시대라는 맥락에서 인문적 사회를 실현하기 위한 구체적인 목표로서 인문성(인문적 가치)을 들었으며, 인문역량은 목표로서의 인문성을 달성하기 위한 학습의 결과물로 보았다.

그들은 먼저 사회 체제를 인성적 측면, 문화적 측면, 사회적 측면 그리고 정치·경제적 측면으로 구분한 후 각 측면에서 요구되는 인문적 가치의 준거와 인문적 가치 자체를 언급하고 있다.

그들은 인문적 가치(인문성)로는 자유, 공감, 정의, 신뢰를 들고 있고, 이러한 인문적 가치의 준거로는 개인적 삶, 문화관계, 사회구조와 제도 그리고 공동체적 삶을 들고 있다. 인문성을 구현하기 위한 인문역량으로는 성찰, 소통, 비판, 협업을 들고 있다. 특히 성찰은 자유, 소통은 공감, 비판은 정의, 협업은 신뢰와 관련된 인문적 가치를 구현하기 위한 인문역량으로 보았다.

위행복(2018)은 인간존중의 이념은 인간의 존엄성을 지키는 것을 말하며, 사회구조는 본질이 인간친화적인 기술을 통해 정치·경제적 가치를 창출하는 것이어야 한다고 하였다. 인문학적 고찰은 사회적 안전망 구축에 기여해야 하는데, 사회적 안전망은 인간 공동체의 존엄한 삶에 관한 사고의 확산 및 제도의 수립이 필요하며, 구체적으로는 기술발전의 결과를 나누는 분배와 관련된 도덕적 기준과 사회구조의 창출이 요구된다고 하였다. 그는 과학기술은 인간이 개발한 것이며, 과학기술을 통해 개발된 기계가 인간을 위기에 빠뜨리게 된다면 결과적으로 인간이 인간을 위기에 빠뜨리게 되는 상황이 초래되는 것임을 지적하며, 과학기술이 이러한 방향으로 흘러가지 않도록 하기 위해서는 인간이 스스로 인간 공동체의 삶의 가치와 목표를 설계하고 실현할 수 있어야 함을 지적하였다.

송은주(2019)는 현재 4차 산업혁명과 관련된 논의가 탑다운식으로 진행되고 있음을 지적하고, 논의의 중심에는 산업적 측면에서의 논의(4차 산업혁명을 새로운 산업과 비즈니스 창출의 기회로 보는 시각으로 4차 산업혁명의 긍정적 효과에 초점을 맞춤)와 사람의 생존기술 측면에서의 논의(사회 구성원이 각자의 생존을 위해 변화되는 환경에 대처할 역량을 키우는 것에 초점을 맞춤)가 있음을 지적하였다. 그러나 기술혁신과 인간적 가치의 구현 사이에 균형을 맞추는 것이 요구됨을 강조한 바 있다. 특히 일본과 독일의 4차 산업혁명을 비교하면서 우리가 나아가야 할 방향을 지적하였다.

인문학적 정책과 4차 산업혁명을 연계한 연구가 있다. 김인숙과 남유선(2017)은 독일의 4차 산업혁명 정책을 소개하면서 사람들이 원하는 삶을 실현하는 인문학적 정책과 이러한 정책 결정에 전문가 그룹이 참여하는 사회과학적 성격의 정책이 협력하고 있음을 소개하고 있다.

최현주와 이준하(2018)는 인문학 콘텐츠와 과학기술의 융합을 설명하고 있고, 김승현과 김명곤(2018)은 4차 산업혁명과 의료분야를 중심으로 한 인문예술교육, 김현정(2017)은 4차 산업혁명에서의 교양교육의 역할, 한광택(2018)은 4차 산업혁명 시대의 인문학 교육의 방향을 고찰하였다. 신현주와 김문주(2018)는 4차 산업혁명 시대 로봇 경찰의 역할을 인문학적 관점에서 고찰하였다. 김대영(2018)은 4차 산업혁명 시대의 환경 문제를 인문학적 관점에서 살펴보았다. 조우호(2017)는 인문정신에 경제적인 요인이 가미되어야 함을 설명하였다.

심덕영(2017)은 4차 산업혁명 시대 인문학의 역할을 미래에 대한 전망을 목표로 해결해야 할 문제를 찾아내서 논의의 장으로 끌어 올리는 일과 그 문제가 역사적 과정에서 지니는 의미를 확인하는 것에 있다고 설명하였다.

백종현(2017)은 인공지능과 의생명과학을 중심으로 하여 4차 산업혁명이 가져올 가능성이 있는 문제점을 지적하며, 이러한 문제점을 회피하기 위해서 필요한 제도와 인간 역량을 소개하고 있다. 백종현은 4차 산업혁명 시대의 빈부 격차의 심화를 회피하기 위해 보편적인 국민 복지제도의 도입을 주장하였고, 의생명과학의 발달에 따른 인간 변이를 방지하기 위해 '국제 의생명과학 기구'를 통한 국제적 규범 질서 안에서 연구개발이 이루어지도록 통제되어야 할 필요성이 있음을 지적하였다. 그리고 인간에게는 온화한 지성(인문적 지성을 갖춘 사람으로서 균형잡힌 통찰력)을 가진 사람이 되어야 함을 지적하였다.

2.4 4차 산업혁명의 핵심 과학기술과 인문학의 관계

4차 산업혁명은 사회·경제적으로 큰 변화를 가져 올 것으로 예상되는데, 이러한 변화는 과학기술의 혁신에 크게 기여할 가능성이 높다. 따라서 4차 산업혁명과 같은 사회 전반의 변화를 주도하는 과학기술의 성격을 고찰하고 그 가운데에서 인문학이 해야 할 역할이 무엇인지를 살펴보는 것은 중요하다고 하겠다.

4차 산업혁명은 과학기술과의 연관성이 깊다. 따라서 과학기술과 인문학의 연계성을 고찰한 박병준(2017)의 연구는 4차 산업혁명 시대에 인문학의 역할에 대해 살펴볼 때 깊이 고찰해 볼 필요가 있다.

박병준(2017)은 기술이 인간 본성과 관련이 있음을 소개하고 있다. 즉, 박병준(2017: 4)은 고대 그리스인들은 기술을 "인간의 이성적 영혼의 주요한 기능"으로 인식했음을 설명하면서 "인간이 자기의 정신을 구현하는 창의적인 제작 활동"으로 기술을 보고 있음을 지적하였다. 기술은 참된 이성을 동반하여야 하고, 인간의 행복에 기여할 수 있을 때 의미가 있음을 지적하기도 하였다. 특히 기술이 실행되기 위해서는 그 기술이 인간 본성에 상응하는지 혹은 인간 행복의 증진에 기여하는지에 대한 근거가 충분히 있어야 함을 지적하였고, 이러한 근거는 인간의 인간다움을 실현하고자 하는 인문 정신, 즉 인간의 정신성 그 자체에서 찾고 있다.

박병준(2017)은 4차 산업혁명 시대에 인문학의 역할의 핵심을 인문 정신에 입각해 4차 산업혁명 시대의 패러다임을 읽고 문제점을 정확히 파악하는 것으로 보고 있다. 기술이 인간 정신을 고양하는데 기여하는지는 기술을 구현하는 과학의 몫이라기보다는 인문학의 몫으로 봐야 함을 설명하고 있다.

반성택(2017)은 4차 산업혁명을 과학기술 주도의 관점 보다는 역사적 관점에서 바라볼 때 4차 산업혁명이 인간에게 미치는 영향을 제대로 볼 수 있음을 강조하고 있다.

반성택(2017)은 과학기술 관점에서 인공지능을 바라본 스탠포드대 보고서는 인간의 노동을 대체하는 기계 및 기술변화로서의 인공지능을 보고 있는 반면 인간 혹은 국가 공동체 관점에서 인공지능을 바라본 백악관 보고서는 인공지능이 인간 공동체의 삶의 질을 향상시킬 수 있는 (구체적으로는 노동자의 임금 상승과 여가 기회의 증가) 정책 및 제도 수립에 초점을 맞추고 있다고 지적하였다. 그리고 이러한 정책 및 제도 수립에 시민들의 참여가 있어야 함을 강조하였다.

반성택(2017)은 인공지능이 인간 공동체의 삶의 질의 향상에 기여하는 입장에서 4차 산업혁명을 이해하여야 함을 영국과 미국의 예를 들어 설명하고 있다. 즉, 산업혁명은 영국에서 시작되었지만 산업혁명의 과실은 산업혁명을 뒷받침할 정책, 제도 그리고 시민의 참여가 있었던 미국이 누리고 있음을 설명하고 있다. 결론적으로 반성택은 기술결정론 관점에서 과학기술이 인간 역사를 지배하는 것이 아니라 인간 역사에서 나타나는 기술변화를 인간 공동체가 제어하고 이끌어야 함을 지적하고 있는 것이다.

김동윤(2018)은 4차산업혁명의 핵심기술인 NBIC, 즉 나노기술(Nanotechnology), 바이오기술(Biotechnology), 정보기술(Information technology), 인지과학(Cognitive science) 간의 융합은 인간의 본성을 바꾸고 인간의 삶의 의미가 상실되고 자아의 내면도 황폐화되어 진정한 자아 형성을 저해할 수도 있음을 지적하며, 윤리의 중요성을 강조하고 있다. 즉, 의식과 행동을 연결하는 가치판단의 고리로서 책임있는 윤리의식을 강조하였다.

김진영과 허완규(2018)는 초연결과 초지능(superintelligence)을 바탕으로 한 4차산업혁명의 특징으로 ICBM(IoT, Cloud, Bigdata, Mobile)을 지적하며, 4차산업혁명을 인문사회학적 관점에서 6가지 축, 즉 무인, 무선, 무정부, 무소유, 무한, 무감각으로 나누어서 이들이 가지고 있는 사회문화적 쟁점들을 살펴보았다.

심혜령(2018)은 디지털과 인문학이 결합된 '디지털 인문학'을 소개하였는데, 심혜령에 의하면 '디지털 인문학'은 정보기술의 도움을 받아 새로운 방식으로 인문학 연구를 수행하는 것이다. 예컨대 4차산업혁명 시대에 언어교육을 정보기술의 도움을 받아 수행하는 것을 디지털 인문학으로 보았다. 디지털 인문학은 기본적으로는 전통적인 인문학의 연구주제를 계승하는 것으로 보았다.

채행석(2017)은 4차산업혁명의 주요 기술들이 인간의 물리적, 인지적 속성에 기반을 두고 설계되어야 하며, 인간의 생활환경을 고려한 인간 중심의 서비스 디자인이 되어야 함을 설명하고 있다.

박병준(2017)은 인간의 정신에 속한 고유한 기능으로 이성, 감성뿐 아니라 영성을 설명하고 있다. 영성은 진리를 표현하는 보편적 개념인데, 이는 인간의 정신에 속한 고유한 기능에 해당된다. 그는 이성이 정신의 능동적이며 분별하는 능력, 감성이 정신의 수동적이며 정서적인 능력, 영성은 전체와 절대를 포착하는 정신의 직관 능력으로 보고 있다. 영성은 인간의 심연과 초월성을 포섭하는 전인적 인간 이해의 단초를 제공하는 인간 본성의 핵심 개념으로 설명하고 있다. 박병준은 현대 과학기술 사회의 문제점으로 기술을 지나치게 닦달하는 피로사회, 긍정성의 과잉, 사적 영역에서 벌어지는 인격적 관계의 부재 등을 들고 있다.

요약하자면 기술은 참된 이성을 동반하여 인문학의 본질인 참된 인간성을 드러내는 것이어야 하고, 인간의 본성을 드러내고 인간의 정신을 고양하는데 기여해야 한다. 그리고 4차 산업혁명 시대 인문학의 역할은 과학기술이 인간 공동체의 존속과 발전 및 인간 공동체의 물질적 그리고 정신적 지속가능성을 가져오도록 능동적으로 주도하고 활용하는 제도와 정책을 구축하는 역할을 수행하는 것이라 하겠다.

Chapter 03

4차 산업혁명을 주도하는 과학기술 요소들

3.1 4차 산업혁명의 주요 과학기술 요소들과 티핑 포인트

4차 산업혁명과 관련되어 언급되는 기술적 요인들은 상당히 많다. 이것은 4차 산업혁명의 실체가 아직은 명확하지 않기 때문에 기존에 주로 언급되던 4차 산업혁명과 관련된 기술적 요인들과의 연관성을 기반으로 하여 기존 4차 산업혁명에서 언급되던 기술과 관련된 기술들은 모두 4차 산업혁명 관련 기술들로 언급되고 있는 것으로 보인다.

4차 산업혁명과 관련된 기술들은 기반기술과 응용기술로 나누어 볼 수 있다. 4차 산업혁명의 파급효과는 기반기술과 응용기술이 동시에 상호작용하면 발전하고 있다는 점이다. 응용기술은 특정 산업분야의 파급효과가 큰 영역 특유성(domain specific) 특징을 가지고 있는 반면 기반기술은 (분야별로 파급효과가 상이하고, 어떤 영역에서 먼저 보급 및 활용되어 영향을 미치는 반면 다른 어떤 영역에서는 늦게 보급 및 활용되어 미치는 영향의 속도 및 파급력이 적을 수는 있으나) 전체 산업분야의 파급효과가 큰 범용적 파급효과라는 특징을 가지고 있다.

4차 산업혁명에서 주요하게 언급되는 과학기술들은 여러 문헌들에서 부분적으로 보고되고 있는데, WEF에서 볼 수 있는 자료 중에서 흥미로운 자료가 있어 소개를 하고자 한다.

2015년 소프트웨어와 사회의 미래에 대한 Global Agenda Council (2015)에서는 4차 산업혁명과 연관성이 있는 기술적 요인들 혹은 해당 기술적 요인들이 다른 요소들과 결합되어 이루어진 융합물들의 티핑 포인트 (tipping point)에 대한 조사를 실시하였다. 여기에서 티핑 포인트는 특정 기술의 변위(shift)가 사회의 주류를 이루는 순간(moment)을 의미한다.

이 문헌에서는 4차 산업혁명과 관련된 주요 기술적 요인들 혹은 기술적 요인들과 결합된 융합물들의 티핑 포인트를 예측하고 있다. 먼저 기술적 요인으로 언급되는 것은 저장장치, 로봇, 사물인터넷, 웨어러블 인터넷, 3D 프린팅, 체내 이식기술(implantable technology), 빅데이터, 블록체인, 유비쿼터스 컴퓨팅, 홈네트워크(connected home), 인공지능, 무인차 등을 들 수 있고, 기술적 요인들이 결합된 응용분야로는 서비스(로봇과 서비스), 제조업(3D프린팅과 제조업), 의사결정(빅데이터와 의사결정, 인공지능과 의사결정), 인터페이스로서의 시각(vision), 디지털 인격(digital presence), 정부(블록체인과 정부), 주머니 안의 슈퍼컴퓨터(스마트폰), 건강의료(건강의료분야와 3D프린팅), 소비재 제품(소비재 제품과 3D프린팅), 직업(화이트칼라 직업과 인공지능), 공유경제, 스마트 도시, 가상화폐(비트코인과 블록체인) 등을 들고 있다. 이와 같은 기술적 요인들 혹은 기술적 요인과 결합된 융합물에 관한 내용과 각 내용별 티핑 포인트를 다음과 같이 제시하고 있다.

표 3-1 주요 과학기술 관련 요소들의 티핑 포인트

구분	티핑 포인트 기준	예상연도
모든 사람이 이용 가능한 저장장치	90%의 사람들이 무제한 및 무료로 이용 가능한 저장장치	2018
로봇을 서비스에 활용	최초의 로봇 약사가 미국에 출현	2021
웨어러블 인터넷	10%의 사람들이 인터넷에 연결된 의복 착용	2022
사물인터넷	1조개의 센서가 인터넷에 연결	2022
3D프린팅과 제조업	최초의 3D프린터 제작 차량 등장	2022
신체 이식형 기술	최초의 신체 이식형 휴대폰 상용화	2023
디지털 인격	80%의 사람들이 인터넷에 디지털 인격 보유	2023
인터페이스로서의 시각	10%의 안경이 인터넷에 연결	2023
주머니 속의 슈퍼컴퓨터(스마트폰)	90%의 인구가 스마트폰 이용	2023
빅데이터를 활용한 의사결정	빅데이터를 활용해 인구조사 실시하는 정부 등장	2023
정부와 블록체인	블록체인을 통한 정부의 세금 징수 시작	2023
유비쿼터스 컴퓨팅	90%의 인구가 인터넷에 접속	2024
홈네트워크 (connected home)	50% 이상의 인터넷 트래픽이 가정용 전자용품과 기기에 집중	2024
3D프린팅과 의료	최초로 3D프린터로 제조된 간이식(바이오프린팅)	2024
인공지능과 화이트컬러 직업	기업 회계업무의 30%가 인공지능에 의해 시행	2025
3D프린팅과 소비재	5%의 소비재가 3D프린터로 제작	2025
스마트 도시	5만명 이상 거주하는 신호등이 없는 최초의 도시 탄생	2026
무인자동차	미국에서 운행중인 자동차의 10%가 무인자동차인 시점	2026
인공지능과 의사결정	최초의 인공지능 기기가 기업의 이사회에 출현	2026
비트코인과 블록체인	GDP의 10%가 블록체인 기술로 저장	2027

출처: 김희연(2015), Global Agenda Council on the Future of Software & Society(2015)

본서에는 4차 산업혁명을 기업 경영과 연관지어 살펴보는데 목적을 두고 있다. 본서에서는 4차 산업혁명 시대에도 기업 경영의 관리과정, 즉 경영을 계획하고 실행하며 통제하는 기본 원리는 변하지 않는 기본 원리에 해당한다는 전제를 가지고 있다. 따라서 경영 계획을 수립하는 데에 기본이 되는 것은 정보이므로 정보와 관련된 빅데이터를 먼저 언급한다.

그리고 데이터는 4차 산업혁명 시대에 적절한 형태로 관리되고 활용될 수 있어야 하는데, 데이터 구조 측면에서 널리 언급되는 것이 블록체인이므로 본서에서는 데이터 구조로서의 블록체인에 대해 언급한다.

데이터와 데이터 구조는 분석되어서 의사결정, 특히 예측에 활용되어 기업 경영의 효율성과 효과성을 제고할 수 있어야 하는데, 이러한 역할은 인공지능이 주로 담당할 수 있으므로 효율성과 효과성을 담보하는 방안으로 인공지능을 언급한다.

사물인터넷은 데이터와 데이터 구조 그리고 예측 등 계획 수립을 위한 인프라뿐 아니라 운영효율성에도 깊이 연관되어 있는 종합적인 과학기술 성격을 가지고 있다.

운영에 초점을 맞춘 것들로는 사물인터넷 이외에도 적층제조 혹은 3D프린팅과 로봇을 들 수 있다. 적층제조 혹은 3D프린팅은 제조의 유연성을 확보하는데 효과적이며, 로봇은 기업에서 수행되는 여러 가지 업무들을 자동화하여 효율성을 향상시키는 데 효과적이다.

3.2 빅데이터(Big Data)

■ 빅데이터를 분석하여 활용한 사례들로 고객 맞춤형 보험상품(아비바생명), 고객 맞춤형 광고(사우스웨스트항공), 고객 맞춤형 프로모션(타겟), 물류효율화(DHL), 물류 배송망 운영(Zara), 데이터센터 성능 최적화(구글), 예측 배송(아마존), 스마트 팩토리 구현(GE), 고객 라이프스타일 맞춤형 상품(신한카드), 상권분석 및 표적 시

장 마케팅 지원(SK텔레콤) 등을 들 수 있다(최재경, 2016).

■ 보험업에서 빅데이터를 분석하고 활용하는 예시로는 운전습관에 따른 자동차 보험료 할인(프로그레시브), 인수 심사 고도화(RGA생명), 개별사망위험 예측(한화생명), 유망고객 예측(오렌지라이프, 한화생명) 등을 들 수 있다(최창희와 홍민지, 2018).

3.2.1 빅데이터 특징

빅데이터는 기업 등에 의해 수집된 대규모의 데이터 셋을 말한다. 빅데이터는 데이터 셋이 매우 방대하고 복합적이어서 전통적인 자료처리 방법으로는 다루기에 부적합한 경우들이 있다. 이러한 데이터 셋은 데이터 구조 내에 방대한 정보가 감추어져 있기 때문에 매우 값어치가 있다. 빅데이터를 적절하게 분석해 낼 수 있다면 빅데이터 안에 감추어진 패턴 트렌드, 변수들 간의 연계성 등에 대한 정확한 통찰력을 제공할 수 있다.

Doug Laney(2001)는 빅데이터의 정의에는 세 가지 개념이 포함되어 있음을 말한바 있다.

첫째, 빅데이터의 양(volume)과 관련된 사항이다. 빅데이터의 양은 수집되는 데이터의 유형과 세부사항을 말한다. 기업과 정부에서는 데이터 저장 용량과 데이터 저장 시 발생하는 비용의 문제로 인하여 데이터를 수집할 때 무엇을 저장해야 할지에 대한 문제들에 직면했었다. 그러나 데이터 저장 비용의 감소로 인하여 저장 용량은 더 이상 문제의 중심에 서있지 못하다. 즉, 수집된 데이터의 양은 더 이상 문제가 되지 않고, 오히려 그 데이터들로부터 무엇을 찾아낼 것인가가 문제의 중심의 서있다.

둘째, 빅데이터의 속도(velocity)와 관련된 사항이다. 속도는 데이터가 수집되는 속력을 말한다. 데이터는 더 이상 지체(지연)되어 수집되지 않는다. 오히려 데이터는 믿기 어려울 정도로 실시간으로 수집되고 쌓여간다.

셋째, 빅데이터 원천의 다양성(variety)과 관련된 사항이다. 수집되는 데이터의 유형들을 말한다. 과거에는 기본적인 인구통계적 데이터, 태도와 의견, 지리적 정보 등이 수집되는 정도였으나 오늘날에는 소비자들이 온라인 상에서 행동하는 대부분의 것들이 수집될 수 있다.

Doug Laney의 용량, 속도, 다양성 이외에도 정확도(veracity)를 언급하는 경우도 있다. 정확도는 데이터 안에 얼마나 많은 잡음(noise)이 있는지를 기술한다. 과도할 정도로 많은 양의 데이터는 어떤 데이터가 중요한지를 식별해 내는데 어려움을 겪게 만든다.

빅데이터는 가치사슬 관점에서도 바라볼 수 있다. 빅데이터의 가치사슬 4단계는 데이터 창출(generation), 데이터 획득(acquisition), 데이터 저장(storage), 데이터 분석(analysis)으로 구성되어 있다(Chen et al., 2014).

3.2.2 4차 산업혁명 시대 빅데이터의 역할

빅데이터는 정보기술로 인하여 실행 가능한(IT-enabled) 혁신의 최전선에 위치하였고, 비즈니스뿐 아니라 사회에서도 화두가 된 주제이기도 하다(Sanders, 2016). 데이터 사이언티스트는 21세기 가장 매력적인 직업으로 표현되기도 한다. 과학기술을 다루고 있는 분야에서는 빅데이터가 세계를 더 잘 이해하는데 있어서 전례 없는 좋은 기회를 제공하고 있다고 보고 있으며, 비즈니스 분야에서는 기술에 기반을 둔 경쟁적 우위로서 빅데이터를 바라보는 경향이 있다. 그 결과 빅데이터 분석은 제조업과 서비스업을 망라하여 전 산업에 걸쳐서 비즈니스 리더에게 절대적으로 필요한 분야가 되었다.

데이터를 활용하여 데이터 기반의 경영을 하려는 시도들은 이전부터 있어왔다. 그러나 최첨단의 분석 적용은 오늘날 빅데이터 분석이 가지고 있는 세 가지 구별되는 특별한 역량을 증폭시킨다. 빅데이터 시대에는 이전의 데이터 활용 경영과는 몇 가지 차이점이 존재하는 것 같다. 오늘날의 빅데이터 분석이 이전의 데이터 분석과 차이가 나는 점은 다음과 같은 세 가지로 집약된다(Sanders, 2016).

첫째, 빅데이터 분석은 전례가 없을 정도의 탐구(inquiry) 기회를 제공한다. 탐구의 기회가 확대되는데 공헌한 일차적 요인은 온라인 거래의 확대를 들 수 있다. 온라인으로 모든 유형의 거래가 이동함에 따라서 디지털 데이터를 실시간으로 포착하는 것이 가능해졌다.

다음으로 분석 도구의 발달은 이전에는 분석이 매우 어려웠던 데이터 유형을 포함하여 여러 유형의 데이터를 포착하고 분석이 가능하도록 데이터를 이해함으로써 분석 대상이 넓어졌다. 예를 들면 소매업체에서 안면인식 카메라를 활용하여 쇼핑객들을 추적하고 쇼핑객들의 행동을 학습하여 매출을 증대하려는 시도는 이러한 분석 기법의 발달에 의해 가능해진 것이다. 월마트에서도 쇼퍼셉션(Shopperception)이라는 분석 도구를 활용하여 쇼핑객 행동을 분석한 바 있다.

마지막으로 연구자들이 대용량이면서 복잡한 데이터 셋도 쉽게 접근할 수 있는 환경이 조성되었다는 점이다.

둘째, 빅데이터 분석은 탐구의 성격을 변화시키고 있다. 이전의 연구들이 사람이 설정한 가설이 맞는지를 검증하는 것이었다면 빅데이터 분석 시대에는 사람의 개입 없이 기계가 이러한 일을 수행하며, 사전에 설정된 가설이 아닌 기계가 스스로 학습을 수행해 나간다는 점이다.

셋째, 빅데이터 분석에서는 실험(experimentation)의 성격이 변화하고 있다. 인터넷에서는 경제적 현상과 사회적 현상에 대한 대규모의 실험을 수행할 수 있다. 예컨대 LinkedIn에서는 구조화된 데이터 및 비구조화된 데이터를 단지 문자를 관찰함으로써 회원의 태도를 계량화(quantification)할 수 있다. LinkedIn은 자체개발한 도구를 이용하여 어떤 구성원이 무엇에 대해 얘기하는지에 대해 '청취'(listen)하고, '고통점수'(pain point)와 '환희의 순간'(moments of delights)을 포함하여 모든 회원들의 반응을 계량화할 수 있다. 이것은 LinkedIn이 데이터를 통찰력으로 전환하는 원동력이 된다.

3.3 인공지능(Artificial Intelligence: AI)

■ 이상길(2018)은 "과학기술정보통신부 ICT 동향분석 및 정책지원의 연구결과"로서 국내외 인공지능 활용 현황과 공공 적용에 대해 연구를 하였는데, 그 자료에 의하면 IBM의 인공지능 컴퓨터 왓슨(Watson)은 자동차(자율주행), 의료(암 진단), 제약(발병예측), 음악(음악 트렌드 파악, 작곡), IoT(기기상태 모니터링), 영화(예고편 편집), 항공(생산공정관리, 부품교체주기 파악), 법률(판례 수집 및 분석), 금융(개인 신용도 평가), 대학(과제점검), 로봇 등에 활용되고 있다.

■ '아리아, 팅커벨, 레베카, 크리스탈' 이 네 가지 이름의 공통점은 인공지능 스피커의 이름이다. "아리아, 거실 조명 꺼 줘", "아리아, 에어컨 27도로 설정해 줘" 라고 했을 때 실제로 조명이 켜지고, 에어컨 온도가 맞추어지는 것은 인공지능을 통해 사물이 제어되기 때문이다(김성훈, 2018.08.09.).

3.3.1 인공지능 개요

4차 산업혁명이라고 하면 가장 먼저 떠오르는 개념 중 하나가 인공지능(AI)이다. 인공지능이 가장 먼저 떠오르는 이유는 일반인과 친숙한 이벤트에서 소개되면서 일반인들이 쉽게 접할 수 있는 주제가 되었다는 이유와 인공지능이 보여준 역량 때문이다.

인공지능이 사람 보다 특정 분야에서는 우월할 수 있음을 보여 준 것은 알파고가 처음은 아니다. IBM이 개발인 인공지능 왓슨은 퀴즈 프로그램에서 이미 사람 보다 높은 점수를 얻은 경우가 있다. 또 체스 게임에서 인공지능이 사람을 이긴 경우도 있다. 그러나 이러한 결과를 놓고 인공지능에 대해 우려를 한 사람들은 별로 없는 것 같다. 그 이유로는 이러한 결과가 창의성을 기반에 두기 보다는 단순한 암기, 즉 많은 양의 정보를 기억하고 있기만 하면 이러한 결과가 나올 수 있다는 것에 기반을 두고 있는 것 같다.

그러나 알파고의 등장은 이전의 인공지능에 대한 반응과는 상당히 달라 보인다. 인공지능이 사람을 넘어서기 힘들 것이라고 판단한 영역에서도 인공지능이 인간 보다 앞설 수 있음을 보여 주었기 때문이다. 즉, 수많은 경우의 수를 놓고 판단해야 하며 상대방의 행동까지 예측이 필요한 부분에서도 기계가 인간을 능가할 수 있음을 보여 준 부분 때문이다. 즉, 알파고의 사례를 보고 사람들은 기계가 인간을 대체할 수 있는 부분에 대한 염려가 본격화된 것으로 보인다.

이러한 우려에도 불구하고 인공지능의 활용이 (적어도 아직까지는) 사람들의 삶의 질을 제고하는데 순기능적으로 작동할 것이라는 좋은 예시로 보이는 것들이 있다. 이러한 것으로는 알렉사를 비롯한 인공지능을 활용한 스피커이다. 이것은 사람들이 친숙하게 활용하지만 이것이 인간을 넘어설 것에 대한 우려를 하는 경우는 거의 볼 수 없다. 그 이유는 이것이 비서기능, 즉 사람이 더 나은 삶을 살 수 있도록 온전히 지원하는 기능에 머무를 것이라고 생각하기 때문인 것으로 보인다.

3.3.2 인공지능 모형 유형

기업과 정부 등에서 빅데이터를 다루기 위해 사용하는 계산 모형은 데이터 마이닝(data mining), 인공신경망(artificial neural networks), 기계학습(machine learning) 등이 있다.

데이터 마이닝은 기존 정보를 활용하여 어떤 특정한 현상을 설명하기 위하기 데이터 안에 내재되어 있는 패턴을 찾아내는 데이터 분석학(data analytics)이라고 할 수 있다.

데이터 마이닝은 데이터를 분류하고 데이터에 순서를 정하며 데이터를 묘사하는데 활용된다. 한편 데이터 마이닝은 새로운 패턴을 발견하고 미래를 예측하는 데도 활용된다. 데이터 마이닝 기법으로는 군집화 모형

(clustering model), 의사결정 나무(decision tree), 신경망(neural networks) 등
이 자주 활용된다.

인공신경망(artificial neural network: ANN) 모형은 인간의 뇌를 모방하여
설계된 것이다. 인공신경망 모형은 미래 예측을 하고 정보의 중복성을 감
소시키고 이벤트들을 분류하기 위하여 데이터 투입을 이해하도록 작동한
다. 인공신경망 모형의 성과는 사람들이 휴리스틱 의사결정을 하는 것과
유사하다. 즉, 사람의 뇌가 복잡한 의사결정을 쉽게 하는 일반화된 규칙을
가지고 있는 것과 마찬가지이다.

기계학습 모형은 기존의 데이터에서 지식을 얻어내고 패턴을 찾아내
는 것이다. 기계학습은 기계 혹은 어떤 다른 형태의 인공지능이 스스로를
학습하는데 토대를 제공한다.

기계학습은 적응적 알고리즘(adaptive algorithm)을 활용하여 모형을 구
축한다. 모형 구축은 관계들 간의 연계성을 명확하게 하고, 상관성이 있는
가정들을 만들고 미래 예측을 하기 위하여 무엇을 학습해야 하는지를 적용
한다. 더 많은 데이터들이 쌓임에 따라서 기계는 성공과 실패를 예측함으
로써 학습을 하고 그에 따라서 예측 알고리즘을 갱신한다.

기계학습이 짧은 시간 내에 빠르게 발전할 수 있었던 이유에 대해
Brynjolfsson과 McAfee(2017.07.18.)는 데이터의 폭발적인 증가, 대폭적으
로 개선된 알고리즘, 더 강력해진 컴퓨터 하드웨어 때문으로 보고 있다.
즉, 사물인터넷을 비롯하여 전 세계의 수많은 사람들이 남기는 데이터, 이
데이터를 분석함으로써 예측력을 지속적으로 향상시키고 있는 알고리즘 그
리고 컴퓨터 집적회로의 성능 개선 등이 기계학습 활용의 증가를 가져왔다

는 것이다.

기계학습이 가지고 있는 위험 요인들을 지적하면 다음과 같다.

첫째, 기계학습은 설계자가 의도하지 않더라도 시스템이 학습을 하는 데 제공된 데이터로부터 어떤 감춰진 편향을 가질 수도 있다.

둘째, 기존의 전통적인 시스템은 명시적인 논리성 규칙(logic rule)이 있는 반면 신경망 시스템은 통계적 진실만을 다룬다.

셋째, 기계학습 시스템이 오류를 범하는 경우 잘못된 것을 진단하고 찾아서 바로잡는 것이 어려운 과업일 가능성이 높다.

3.4 사물인터넷(Interner-of-Things: IoT)

■ 비행기 엔진 제조사인 롤스로이스는 항공사에 엔진을 판매한 이후에도 '토털 케어' 상품을 통해 판매한 엔진의 결함 및 엔진 교체 시기를 분석해 준다. 이것이 가능한 이유는 판매한 엔진 등에 센서를 부착하여, 이를 통해 항공기의 진동을 비롯한 여러 데이터를 분석하는 것이 가능했기 때문이다(고재연, 2017.06.20.).

■ 타이어 회사 미쉐린은 타이어와 엔진에 센서를 부착한 사물인터넷 기술을 통해 운전자에게 타이어 교체 예측 정보를 제공해 줄뿐 아니라 연료 효율을 높이는 방안을 제공하여 운전자가 연료비를 절감할 수 있도록 지원하고 있다(고재연, 2017.06.20.)

■ 삼성전자와 LG전자는 2018년 NCSI 냉장고 부문에서 공동 1위를 수상하였는데, 냉장고의 역할은 이제 단순하게 식품을 저장하는 기기를 넘어서서 냉장

고에 장착된 디스플레이를 통해 주방 및 집안 관리를 하는 사물인터넷의 핵심 기기로 자리매김해 가고 있다(강동철, 2018.07.09.)

■ '스마트 버튼 꾹'은 사물인터넷 쇼핑 기기로서 최초 주문 시 제품의 수량, 결제 방법, 배송지 등을 지정하면 재주문 부터는 버튼 1회로 이 과정이 완료되는 것으로 알려져 있다. 이 기기는 SK텔레콤 스마트홈 앱이 설치된 휴대전화와 가정 내 와이파이망을 통해 연동된다(김유태, 2016.12.05.).

■ 2018년 5월 '동산담보대출 활성화 추진전략' 시행 이후 2019년 1분기 현재 은행권 동산담보대출 규모가 시행 이전에 비해 2배 이상 증가한 것으로 보도되었는데, 이 정책이 성과를 거두는 데에는 사물인터넷 기술이 공헌을 한 것으로 보인다. 동산은 훼손 혹은 분실될 우려가 있고, 이 경우 대출 부실로 이어질 가능성이 있다. 그런데 사물인터넷 기술이 이러한 우려를 상당히 완화시킨 것으로 보인다. 2018년 하반기 은행들은 동산 담보물 관리 시스템을 도입하였는데, 이것은 동산에 무선 식별장치를 부착하여 담보물을 실시간 감시할 수 있게 되어, 담보물 관리 비용을 대폭 감소시킨 것으로 평가되고 있다(장재진, 2019.05.22.)

■ 건설업계에서는 에너지 절감과 사물인터넷을 미래 주택 트렌드로 예측하고 있다(이지용 등, 2019.03.21.)

3.4.1 사물인터넷 개념

사물인터넷의 용어는 Kevin Ashton이 일상의 물체들(objects)에 RFID와 여타의 센서(sensor), 즉 감지기들이 결합됨으로써 사물들이 인터넷을 기반으로 하여 어떻게 사물인터넷으로 만들어지는지를 묘사하는 데에서 등장한 것으로 알려져 있다(Ng & Wakenshaw, 2017). 사물인터넷은 이후 인터 넷으로 연결된 구성물(internet-connected constituents)이 어디에 위치하고 있고, 무엇인지 식별하며, 작동을 하고 있는지를 알 수 있는 감지장치 성격 을 가지고 있는 센서들을 통해 연결된 객체들(entities)의 네크워크를 묘사 하는 것으로 발전해 오고 있다(Ng & Wakenshaw, 2017:4).

센서와 네트워킹 기술의 발전은 착용기기(wearables)와 같은 사물인터 넷(Internet of Things: IoT) 기기의 급속한 성장을 이끌고 있다. 사물인터넷 기기는 기계학습, 딥러닝, 자연어 처리, 빅데이터 분석학과 같은 인공지능 기술에 기반을 두고 있다. 센서와 네트워킹 기술 그리고 사물인터넷 기술 의 발전은 스마트 홈, 스마트 도시, 스마트 에너지 그리드, 상호연결된 무 인자동차 등과 같은 자율 시스템의 개발을 선도하고 있다.

사물인터넷의 개념 속에는 네 가지 정도의 특징이 포함되어 있다(Ng & Wakenshaw, 2017).

첫째, 사물인터넷은 정보자원이 밀집(density)되어 있다는 특징을 가지 고 있다. 사물인터넷에서 각각의 물리적 객체는 그 객체의 물리적 특성 (properties), 유래, 소유권, 맥락 관련 정보 등 풍부한 데이터 셋을 가지고 있다.

둘째, 사물인터넷은 물리적 객체에 의해서 드러나는 디지털 실체성 (digital materiality)이라는 특징을 가지고 있다. 디지털 실체성은 물리적 실체 성을 이해함으로써 조금 더 쉽게 이해할 수 있는 개념이다. 물리적 실체성 은 물리적 객체가 할 수 있는 것을 말한다. 예컨대 옷은 입으면 낡게 되는 데, 이것이 옷의 물리적 실체성을 의미한다. 반면 디지털 실체성은 물리적 객체 내에 체화되어 있는 소프트웨어가 물리적 객체의 디지털 표현(digital representation)을 조정해서 할 수 있는 것을 말한다. 예컨대 센서가 부착된 옷을 입으면, 센서는 디지털 형태로 옷의 용도에 대한 디지털 표현을 기록으로 남기게 되는데, 이것이 옷의 디지털 실체성을 의미한다.

셋째, 사물인터넷은 집합물(assemblage) 혹은 서비스 시스템이라는 특징을 가지고 있다. 여기서 집합물은 단순히 부분들의 합을 의미하기 보다는 그 이상의 의미, 즉 전체(whole)를 말한다. 전체가 부분의 합과는 다르다는 것은 전체가 전체를 이루는 하위 구성요소들로 구성되어 있기는 하지만 이질적인 하위 구성요소들이 지속적으로 서로 상호작용을 하면서 전체를 구성한다는 점이다. 그리고 전체를 이루는 하위 구성요소들이 서비스 시스템의 구성요소와 유사한 성격을 가지고 있다는 점에서 서비스 시스템 특징을 가지고 있다.

넷째, 사물인터넷은 모듈방식(modularity)과 거래 네트워크라는 특징을 가지고 있다. Baldwin(2008)은 거래는 과업 네트워크 안에서 이루어지며, 과업 네트워크에는 스킬, 정보, 물질 등을 소유하고 있는 사람, 대상물 그리고/혹은 디지털 대행자와 같은 거래 대행인들(agents)이 스킬, 정보, 물질에 대해 교호작용을 하고 전송하는 것이 관여되어 있다고 하였다. 이것은 거래가 특정한 과업을 중심으로 하여 네크워크화 되어 있으며, 소비자들의 소비 행동이 이 네트워크 안에서 이루어지고 있음을 표현한 것이라고 하겠다. 또한 과업은 각 모듈과 같아서 각 과업들은 서로 연결되어 있다. 사물인터넷은 이러한 거래 네트워크와 모듈의 원리가 적용된 예라고 할 수 있다.

3.4.2 사물인터넷과 인간-기계의 공조

인공지능을 비롯한 컴퓨터 혹은 기계의 발전이 인력을 잉여 상태로 만들 것인가? 인간은 일에 관한 미래를 바라보는데 있어서 의미 없는 존재가 될 것인가? 이러한 물음에 대해서 증강지능(augmented intelligence), 즉 인간과 컴퓨터 혹은 인간과 기계간의 공조(symbiosis)가 효과적으로 진행된다면 일터에서 사람이 소외되는 문제는 발생할 가능성이 적다(Pavlou, 2018).

일반적으로 증강지능은 인간 지능을 증진하는 컴퓨터를 말하는 반면 인공지능은 인류를 전적으로 대체하는 컴퓨터를 말한다(Pavlou, 2018). 사물인터넷의 잠재력이 과장된 부분은 사물인터넷이 순수하게 자기 수행에 의해 촉발되고, 사물인터넷 기기들로부터 수집된 데이터를 이용하여 빅데이터 분석학에 의해 강화되는 자율적인 인공지능 시스템에 의해 촉발된다는 점이다. 실제로 사물인터넷의 잠재력은 인공지능 단독 혹은 인간 지능의 도움을 받은 사물인터넷 기기에 의해 만들어진 많은 양의 데이터를 수집하고 취합하여 분석할 능력 없이는 실현될 수 없다.

기계학습, 자연어 처리, 데이터 분석학 그리고 인공지능 어플리케이션 등은 인간의 판단 없이도 대용량의 데이터가 존재하는 경우 훌륭하게 수행될 수 있다. 그러나 창의적인 마케팅 광고를 설계하는 것, 인적 판매, 종업원을 채용하고 멘토링하는 것, 전략적 의사결정 그리고 질병을 치료하는 것 등은 인간 판단, 경영자의 직관 그리고 인간과 컴퓨터 간의 공조가 일의 성과를 높일 수 있는 가장 중요한 예시임을 명심할 필요가 있다. 인간 지능은 종업원, 고객 그리고 파트너와 연관된 인간을 지향하는 데이터와 관련된 의사결정을 여전히 필요로 한다. 그리고 이러한 데이터에는 종업원, 고객 그리고 파트너의 선호도, 과거 행동, 습관, 감정, 개인화된 정보 등을 포함한다. 인간은 애매모호한 것, 불분명한 것, 불완전한 정보를 다룰 때에는 일반적으로 기계 보다 성과를 더 잘 낸다(Pavlou, 2018). 그리고 감정지능과 판단 등을 요구하는 경우에도 인간은 일반적으로 기계 보다 성과를 더 잘 낸다.

인간-컴퓨터 공조는 인류와 컴퓨터 간의 협력적 상호작용을 의미한다. 사물인터넷 맥락에서 살펴보면 인간-컴퓨터 공조 관계는 사물인터넷이 데이터를 수집하고 인간이 결정한 기준에 따라 인공지능 도구는 기계적으로 실시하는 일상적인 데이터 계산처리를 수행하며 평가 및 의사결정을 수행하여 얻게 될 시사점(insights)을 준비하게 된다. 인간-컴퓨터 공조의 기본적인 전제는 컴퓨터와 인간이 서로를 보완할 수 있는 장점과 문제해결 역량을 가지고 있어야 한다는 점이다. 지능은 사람들이 인간의 인지와 직관 그리고 상식선에서 컴퓨터와 사물인터넷의 계산 능력을 최적화할 때 증강된다(Pavlou, 2018).

증강지능은 인간 컴퓨터 상호작용(Human Computer Interaction: HCI)과 유사한 연구이지만 사물인터넷은 인간 컴퓨터 상호작용에서 새로운 영역이라고 할 수 있다(Pavlou, 2018). HCI 연구에서는 인공지능이 본질적으로 단순한 반면 인간은 완전하게 합리적인 기계로 보았다는 점이 흥미롭다. HCI에서는 인간의 성과를 증진하기 위하여 컴퓨터와 객체로서 해석가능하고 감정을 가진 인간 간의 공조를 향상시키는 방안을 강구한다. 많은 증강지능 접근방법은 HCI 전통 정신 아래 크라우드소싱(crowdsourced) 전략과 게

미피케이션(gamification)에 의존한다. 다수의 증강지능 접근법은 디자인 해법을 인간과 사물인터넷 간의 상호작용의 디자인을 증진하기 위하여 사물인터넷 기기를 통해서 적용 가능한 증강지능에게 제공한다.

관리자들이 사물인터넷 맥락에서 증강지능과 인공지능을 수단으로 삼아서 최적의 해법에 도달하도록 지원하는 가이드라인은 다음과 같다 (Pavlou, 2018).

첫째, 완전 자동화와 인간의 통제 간의 상반관계(tradeoff)를 고려해야 된다. 관리자들은 완전히 자동화된 인공지능 솔루션과 증강지능 전통을 모두 받아들일 수 있어야 한다. 관리자들은 인간의 감독 없이 작동되는 자율적인 사물인터넷 솔루션이 가져다주는 기대성과, 비용 그리고 위험에 기초하여 선택을 해야 한다. 예를 들면 자동화된 제조공장, 예지보전(predictive maintenance), 보안 사물인터넷 솔루션 등은 상당히 완전 자동화되어 있을 수 있다. 반면 스마트 소매(smart retail)과 같은 인간 지향적인 어플리케이션은 여전히 인간의 감독 하에 있다. 비콘 기술(beacon technology)과 시각 추적기(eye tracking device)는 상품구색(merchandize)의 위치를 최적화하고 모바일 기기 장비를 갖춘 영업사원은 사물인터넷 기기로부터 개인화된 정보를 가져와서 제품을 맞춤식으로 판매할 수 있고, 그것으로 인하여 사물인터넷 솔루션은 비옥해 질 수 있다.

둘째, 사물인터넷의 인터페이스(interface)를 주의 깊게 디자인하는 것이다. 증강지능의 어플리케이션은 가상공간보안(cybersecurity), 건강(healthcare), 공간 탐색(space exploration)과 같은 사물인터넷의 여러 영역에서 태동하고 있다. 인간과 사물인터넷 어플리케이션 간의 상호작용은 따로 떨어져서는 생산적인 방식으로 전개되지 못한다. 사물인터넷 다자이너는 인간-기계 상호작용과 인터페이스 접점(interface points)에 더 초점을 맞추어야 하며, HCI 논리에 따라서 사물인터넷 시스템이 인간이 통제하기에 적합하도록 용이해져서 사물인터넷 시스템이 더 효율적이고 효과적 시스템으로 귀착되도록 만들어야 한다.

셋째, 인공지능과 증강지능 간의 시너지를 창출한다. 관리자들은 사물인터넷 맥락에서 증강지능과 인공지능 간의 잠재적인 시너지에 대한 담론에 개입해야 한다. 관리자들은 건강관리, 핀테크(FinTech), 가상공간보안(cybersecurity), 스마트 도시, 스마트 그리드 등과 같은 여러 다양한 산업에서 인간-컴퓨터 공조의 적용을 디자인하기 위하여 인간의 인지력을 컴퓨터의 계산력에 효과적으로 결합하는 시도를 해야 한다.

넷째, 사물인터넷에 대한 장기적 안목을 가져야 한다. 미래 어느 시점에는 기계가 독자적으로 대부분의 어플리케이션에서 의사결정을 지배할지도 모른다. 그럼에도 불구하고 주된 지적 발전은 인간과 컴퓨터 간의 긴밀한 제휴(association) 아래 함께 작업을 하는 기간이 상당히 오랜 기간 동안 유지될 것이다. 사물인터넷은 부각되는 문제들을 해결하기 위해서 인간과 컴퓨터 지능이 결합될 수 있는 분야이다. 더욱이 우리의 사회는 인공지능과 증강지능에 대한 폭넓은 사회적, 경제적, 행동적 그리고 윤리적 함의에 순응할 필요가 있다. 인공지능과 증강지능은 미래의 일, 조직 생산성, 산업의 경계 허물기 그리고 법률적, 정책적, 통치적(governance) 과업에 영향을 미칠 것이다. 당분간은 적절한 사물인터넷 디자인이 유지될 것이다.

3.5 블록체인(Blockchain)

> 소비자들은 보석을 구매하면서 이 보석의 진품 여부, 원산지등이 궁금하였을
> 것이다. 과거에는 이러한 궁금증을 '품질보증서' 등으로 해결하였다. 그러나 종이
> 로 된 '품질보증서' 없이도 블록체인 기술을 활용하면 그 제품의 원산지, 진품 여
> 부 등을 즉시 확인할 수 있을 것이다.

3.5.1 블록체인 개관

4차 산업혁명과 관련하여 미래 기업 경영에 많은 영향을 미칠 것으로
예상하는 주제 중 한 가지가 블록체인이다. 블록체인이 무엇인지에 관하여
는 아직도 많은 논쟁이 있는 것으로 보인다. 이것은 블록체인이 지속적으
로 변화 혹은 수정되어 오고 있다는 점도 일조를 하고 있는 것으로 보인
다. 그리고 블록체인의 성격에 관해서도 데이터 구조, 데이터베이스 혹은
소프트웨어로 표현하는 경우도 있다. 이러한 논쟁이 있음에도 불구하고 기
업 및 조직체들은 블록체인이 가져다 줄 수 있는 장점에 대해 관심을 가지
고 있으며, 컨설팅 업체 및 정보기술 솔루션 업체를 비롯하여 블록체인의
비즈니스 모델, 블록체인 기술의 적용 여부 및 활용 가능성에 초점을 맞춘
연구들이 이론적 그리고 실무적으로 지속적으로 진행되어 오고 있다
(Choudary et al., 2019.06.19.; da Silva Momo et al., 2019; Manski, 2017; McNally,
2019; Pedersen et al., 2019; White, 2017; Woodside et al., 2017). 또한 블록체인
과 관련된 국내 연구 결과도 많이 발표되고 있는 상황이다(유거송과 김경훈,
2018)

블록체인은 아직은 전사적으로 활용되는 사례는 거의 없는 것으로 보이지만 블록체인을 도입하려고 하거나 부분적으로 도입하여 활용성을 검토하고 있는 기업들은 점차 증가하는 것으로 보인다. 예컨대 LVMH는 Louis Vuitton과 Parfums Christian Dior 브랜드 분야에 글로벌 블록체인을 도입하여 소비자들이 해당 브랜드 제품에 대한 출처(provenance)와 진품(authenticity)여부를 추적할 수 있도록 할 예정이다(Diderich, 2019.05.16.). 뮤추얼펀드의 거대기업인 Vanguard는 인덱스 데이터를 관리하는데 블록체인을 활용하고 있다(Kauflin, 2019.05.30.).

블록체인이 특히 유용한 분야는 다수의 이해관계자들이 얽혀있는 비즈니스 분야(예컨대 음악산업에서 저작권 배분 문제, 게임 개발사에서 개발자에게 수익을 배분하는 문제, 해운과 같이 공급사슬의 단계가 많고 각 단계 마다 여러 이해관계자들이 있는 비즈니스 등), 진품이 중요한 분야(보석류, 명품류 등), 안전이 중요한 분야(금융거래의 안전성, 음식 원재료의 원산지 추적 등)에서는 블록체인이 유용하게 활용될 가능성이 높다.

3.5.2 블록체인의 기원, 정의 및 특징

블록체인은 2008년 10월 가상화폐 시스템인 비트코인에 대한 제안의 일부로서 소개되었다. 비트코인은 화폐를 발행하고, 소유권을 이전하며 거래를 확정(confirming)하는데 있어서 중앙기관(central authority)을 배제하려는 가상화폐 시스템을 말한다. 블록체인 기술이 처음으로 적용된 것이 비트코인이다. 블록체인은 비트코인 등과 같은 가상화폐의 핵심기술로 알려져 있다. 그래서 초창기에는 블록체인 기술이 금융산업을 중심으로 논의가 이루어져 왔으나 블록체인 기술이 데이터 구조와 관련된 기술임이 알려지면서 블록체인은 금융산업 이외에도 제조를 비롯한 여러 산업에서 관심을 기울이기 시작하였다.

블록체인은 현재 발전하고 있는 기술이며, 그 유형도 다양하여 블록체인을 보는 시각에 따라 블록체인에 대한 정의도 달라지는 것을 볼 수 있다. Iansiti와 Lakhani(2017: 120)는 블록체인을 "두 당사자 간에 거래를 효율적이면서 검증 가능할(verifiable) 뿐만 아니라 영구적인(permanent) 방법 혹은 불변의 방법으로 기록할 수 있는 개방형 분산 원장(open, distributed ledge)"으로 정의를 내리고 있다.

이 정의를 핵심 용어 중심으로 정리해 보면 거래, 기록, 원장이며, 원장의 성격에 대한 설명이 여러 가지로 기술되어 있다. 블록체인 시스템에서 원장은 다수의 동일한 데이터베이스 안에 복제되는데, 각각은 이해당사자들에 의해 각각 호스트(host)되고 유지된다. 하나의 부본(copy)에 변경된 것이 입력되는 경우 다른 모두 부본들도 동시에 갱신된다. 그래서 거래가 발생함에 따라서 값과 교환된 자산에 대한 기록은 영구적으로 모든 원장에 입력된다. 소유권을 입증(verify)하거나 이전을 함에 있어서 제3자 중개인들은 필요하지 않다.

Iansiti와 Lakhani(2017: 120)는 블록체인의 정의를 바탕으로 하여 블록체인을 통한 거래 기록의 특징을 설명하고 있는데, 그들은 "블록체인으로 인해 계약에는 디지털 코드가 내장되어 있고 계약은 투명하고 공유된 데이터베이스에 저장되는데, 그 데이터베이스에서 계약은 삭제, 변조(tampering), 수정(revision)으로부터 보호된다. 블록체인이 가져다 준 세상에서는 모든 협약(agreement), 모든 프로세스, 모든 과업 그리고 모든 지급 결제(payment)가 식별(identified), 인증(validated), 저장 그리고 공유될 수 있는 디지털 기록과 서명(signature)을 가지게 될 것이다. 변호사, 중개인, 은행원과 같은 중간매개체 혹은 증간매개기관은 더 이상 필요치 않을지도 모른다. 개인, 조직, 기계 그리고 알고리즘은 서로 간에 마찰 없이 자유롭게 거래하고 교호작용을 할 것이다"와 같이 블록체인이 가져다 줄 수 있는 세상 그리고 기업에서 거래를 기록하는 방법에 있어서 커다란 변화가 올 수 있음을 설명하고 있다.

3.5.3 블록체인 기술의 전개 방향

블록체인의 기본 원리가 디지털 공간에서 작동되도록 하는 것이 블록체인 기술이다. 블록체인 기술은 태동기에 있는 기술로서 앞으로 많은 기술적 변화가 있을 가능성이 높다. 예컨대 Gartner는 2021년까지 현재 이용되고 있는 블록체인 기술의 90%는 개선이 필요할 것으로 보고 있다.

블록체인 기술은 현재 발전하는 단계에 있다. 그리고 블록체인과 관련된 기술은 여러 유형이 존재하고 있다. 따라서 현재 구현되어 있는 기술적인 요인들만을 가지고 블록체인을 평가해서는 안될 것이다. 즉, 블록체인 기술과 블록체인의 원리는 서로 상호작용을 하면서 블록체인의 개념과 기술은 점점 고도화되고 정교화될 가능성이 높으므로 블록체인 기술이 어떠한 형태로 발전할지에 대해서는 지속적으로 관심을 가질 필요가 있다.

블록체인 기술에 대해 보는 시각도 다양하다. 블록체인 기술을 파괴적 기술로 보는 시각이 있는 반면 Iansiti와 Lakhani(2017)는 블록체인 기술을 경제시스템과 사회시스템의 토대를 새롭게 만드는 토대기술(foundational technology)로 보고 있다. 블록체인을 토대 기술로 본다는 것은 블록체인이 제대로 작동하려면 많은 다른 시스템들이 유기적으로 조정되어야 함을 시사한다.

3.5.4 블록체인의 일반적인 작동 원리

블록체인 기술이 현재 발전하고 있고, 다양한 유형이 존재하는 토대기술이라는 전제하에 블록체인 기술은 다음과 같은 5가지 근본적인 원리를 기반으로 하여 작동을 한다(Iansiti & Lakhani, 2017).

첫째, 블록체인 기술은 분산형 데이터베이스 원리에 따라 작동을 한다. 어떤 블록체인에 있는 각 당사자는 전체 데이터베이스와 데이터베이스 이력 전체에 접근할 수 있다. 한쪽 당사자가 그 데이터나 그 정보를 제어할 수 없다. 모든 당사자는 중개자 없이 직접적으로 거래 파트너의 기록을 검증(verify)할 수 있다.

둘째, 블록체인 기술은 개인 대 개인 (P2P) 전송 원리에 따라 작동을 한다. 커뮤니케이션은 중앙 노드를 거치는 대신에 개인 대 개인 간에 직접적으로 발생한다. 각 노드는 정보를 저장하고 모든 다른 노드에 정보를 전송(forward)한다.

셋째, 블록체인 기술은 익명성(pseudonymity)을 동반하는 투명성(transparency) 원리에 따라 작동을 한다. 모든 거래와 각 거래와 연관된 가치는 그 시스템에 접근 가능한 누구나 볼 수 있다. 블록체인 상에 있는 각각의 노드 혹은 사용자는 각 노드 혹은 사용자를 식별하는 30자 이상의 숫자와 문자로 구성된 고유한 주소를 가지고 있다. 사용자들은 익명으로 남아있을 수도 있고 상대방에서 자신을 식별하는 증거(proof)를 제공할 수도 있다. 거래는 블록체인 주소 간에 일어난다.

넷째, 블록체인 기술은 기록의 불가역성 원리에 따라 작동을 한다. 일단 어떤 거래가 데이터베이스 내로 입력이 되어서 계좌들이 갱신이 되면, 그 기록은 변경을 할 수 없다. 왜냐하면 그 기록들은 이 이전의 모든 거래 기록과 연계되어 있기 때문이다. 다양한 계산 알고리즘과 접근법들이 특정 데이터베이스에 기록되었다는 것은 영속적이며, 연대기 순으로 주문이 이루어진 것이고, 네트워크상에 있는 모든 다른 사람들이 입수 가능하도록 보증하기 위해 전개되어 있다.

다섯째, 블록체인 기술은 산정 논리(computational logic)에 따라 작동을 한다. 원장이 디지털 성질을 가졌다는 것은 블록체인 거래들이 산정 논리와 결합될 수 있으며, 본질적으로는 프로그램화될 수 있다는 것이다. 그래서 사용자들은 자동적으로 노드들 간에 거래를 촉발할 수 있는 알고리즘과 규칙을 제정할 수 있다.

3.5.5 블록체인과 기업 경영

블록체인 기술은 초기에는 금융산업에 주로 적용되는 기술로 인식되기도 하였다. 그러나 기업 관계자들이 블록체인 기술의 원리와 활용 가능성에 대해서 탐구하면서 블록체인 기술이 비즈니스 프로세스를 효과적으로 혁신시킬 수 있는 방법으로 주목을 받아오고 있다. 이러한 결과로 블록체인 기술은 금융 분야뿐 아니라 마케팅 분야, 공급사슬 분야 등으로 그 적용범위가 확대되는 추세에 있다. 특히 공급사슬 분야에서는 블록체인 기술의 활용이 가져다주는 혜택이 비교적 명확히 드러나서 블록체인 기술의 활용이 두드러지게 나타나고 있다. 예컨대 공급사슬 분야에서 블록체인 기술은 원산지(예컨대 소비자가 구매한 생선이 포획된 곳) 혹은 채굴지(예컨대 소비자가 구매한 보석의 채굴 광산) 등과 같은 제품의 출처를 추적(provenance tracking)하는 데 활용함으로써 그 기술의 유용성이 입증된 바 있다.

블록체인 기술이 비즈니스 프로세스를 혁신시킬 수 있는 유용한 기술로서 인식되는 것이 증가함에도 불구하고 블록체인 기술을 기업에서 도입하는 데에는 여러 가지 걸림돌이 있는 것으로 보인다. 먼저 블록체인 기술이 아직은 태동기에 해당하는 기술이므로 기업 입장에서는 블록체인 기술을 도입하여 성과가 날 것인지에 대한 불확실성이 존재하므로 블록체인 기술 도입 관련 의사결정을 내리기는 쉽지 않을 것으로 판단된다.

블록체인 기술은 비즈니스 프로세스를 혁신시킬 수 있는 기술임에도 불구하고 비즈니스 프로세스 관리 시스템과 통합하려는 시도는 아직 초기 수준인 것으로 보인다. 이것은 아직까지 블록체인 기술이 어느 한 기능의 프로세스를 혁신하는 수준에서 머무르고 있는 주요한 이유이기도 하다.

또한 블록체인 기술은 토대 기술에 가깝기 때문에 특정한 기능성(functionality)이 구현되기 위해서는 다른 비즈니스 프로세스 관리 시스템 구성요소들과 통합되어야 한다. 블록체인 기술이 도입된다고 하더라도 어떤 유형의 블록체인 기술을 활용하는 것이 자사에 효과적인지 그리고 시스템 아키텍처 구성(configuration)을 어떻게 할 것인지는 의사결정에 있어서 중요한 이슈로 부각될 수 있다.

블록체인은 기존 산업을 파괴하고 새로운 유형의 기업을 만들어 낼 가능성이 있는 기술로 평가받고 있다(Felin & Lakhani, 2018).

기업경영에서 블록체인을 활용할 때 경쟁기업에 비해 여러 가지 이점을 얻을 수 있다. 이러한 이점으로는 거래 비용을 낮출 수 있다는 점, 지적재산 소유권과 지적재산에 대한 지불을 더 투명하게 할 수도 있고, 자동화를 시킬 수도 있다(Felin & Lakhani, 2018).

블록체인은 원장, 분산, 디지털이라는 특징을 가지고 있다(Felin & Lakhani, 2018). 원장이라는 측면에서 보면 블록체인은 거래와 계약 조건을 기록하고 검증하기 위한 일종의 데이터베이스라고 할 수 있다(Felin & Lakhani, 2018). 예를 들면 블록체인은 특정 자산의 출처는 어디이고, 그 특정 자산은 누가 취득하였으며, 그 소유권이 누구로부터 누구에게로 이전되었고, 누가 그 자산의 처분을 결정할 권한을 가지고 있는지 등에 관한 정보를 기록할 수 있다. 디지털화되어 있다는 것은 기록 등이 물리적 형태로 이루지기(예컨대 종이 형태의 품질보증서)보다는 디지털 형태로 이루어져 있음을 의미한다. 그리고 분산화되어 있다는 것은 하나의 장소(예컨대 중앙집중기관)에서 거래 기록을 보유하고 있기 보다는 권한이 부여된 여러 당사자들이 디지털 부본(copy)을 가지고 있음을 말한다. 권한이 부여된 거래 당사자들은 주어진 조건에서 원장 전체 혹은 특정 부분에 접근할 수 있다. 그리고 당사자 간에 거래가 발생하는 경우 원장의 분산된 디지털 부본들이 즉각적으로 그리고 동시에 갱신되며 각 거래의 기록은 산정 알고리즘과 암호화된 잠금장치를 통해 기록된다.

조직체에서는 블록체인을 도입하려고 할 때 어떠한 문제를 해결하기

그림 3-1 블록체인 설계 시 고려사항

출처: Felin & Lakhani(2018)

위해서 블록체인을 도입할 것인지를 명확히 해야 한다. 구체적으로 살펴보면 블록체인을 통해서 무엇을 하고자 하는지, 블록체인을 통해서 얻으려고 하는 가치는 무엇인지, 그리고 도입하려는 블록체인의 이해관계자들은 누구인지에 관하여 명확하게 표적을 설정해야 한다.

블록체인으로부터 기업이 얻을 수 있는 혜택이 많음에도 불구하고 블록체인을 단순히 트렌드로 생각해서 철저한 준비 없이 블록체인을 도입하는 경우에는 실패를 경험할 가능성이 높다. 블록체인 도입에 따른 실패 가능성은 낮추고 성공 가능성은 높이기 위해서 Felin & Lakhani(2018)는 다음과 같은 몇 가지 제안을 하고 있다. 첫째, 도입하고자 하는 블록체인이 자사의 전략과 일치하는지를 검토해야 한다. 기업의 전략은 가치를 포착하고 창출하는 전략을 말하는데, 중요한 것은 자사의 입장에서 블록체인과 전략과의 적합성을 먼저 살펴보아야 한다는 것이다. 예컨대 자사의 평판 제고 전략을 추진하기 위해 거래의 이력을 블록체인 방식으로 구축하고 거래에 관한 투명성을 확보하여 고객으로부터 거래 안전성에 대한 호의적인 평가를 제고하는 전략을 추진하고자 한다면 이것은 전략과 블록체인 도입과의 적합성이 높다고 할 수 있다.

둘째, 자사의 전략은 자사의 역량 혹은 자원과 적합성이 높아야 한다. 예컨대 블록체인 기술은 기반기술에 가깝기 때문에 해당 기술에 대한 역량을 갖춘 직원들이 자사 내부에 있는 것이 바람직하다. 그런데 내부 역량은 갖추어지지 않은 상태로 아웃소싱을 통해 블록체인을 도입하는 경우에는 운영 상에서 어려움을 발생할 가능성이 있다.

셋째, 블록체인을 통해 해결하려는 것의 이해관계자가 누구인지를 명확히 해야 한다. 예컨대 블록체인 도입을 통해 고객들로부터 평판을 제고하고자 하는 것인지, 혹은 공급자들의 거래를 보증하는 것인지 등에 관한 명확한 기준이 필요하다.

3.6 3D 프린팅과 적층제조

■ 아디다스는 3D프린팅 기술을 활용한 운동화를 한정판으로 판매한 적이 있다. 아디다스는 '알파엣지4D' 운동화를 한정 판매하였는데, 이 운동화는 3D기술에 '디지털 광합성 기술'(빛과 산소로 인쇄)을 적용한 것으로 보도되었다(이재은, 2019.03.25.).

■ 중견기업인 휴니드테크놀로지는 독일 EOS사와 공동으로 '3D프린팅 기술혁신 센터'를 설립하여, 티타늄 등 특수금속 소재를 활용한 3D 부품을 개발해 2022년 이 분야에서 아시아 지역을 대표하는 전문기업으로 성장하려는 목표를

제시한 바 있다(고석택, 2019.03.22.).

■3D프린팅이 가져올 미래의 변화상을 예측해 볼 수 있는 일이 전개될 예정이다. 3D프린팅은 적절하게 활용되는 경우 빈곤에 따른 불평등 문제를 해소하는 한 가지 대안으로 자리매김할 수 있을 것으로 보인다. 미국의 비영리 사회적 기업인 뉴스토리(New Story)는 3D 프린팅 업체와 손을 잡고 세계에서 첫 번째로 3D프린팅 주택단지를 중남미에 만드는 계획을 수립하였다(곽노필, 2019.05.16.).

■3D프린팅으로 집을 제조하는 경우 건축비용과 건축 시간이 절감되는 것으로 알려져 있다. 수요자 입장에서 3D프린팅의 장점을 부각시킬 수 있는 긍정적인 사항으로 집의 설계에 거주자들이 함께 참여한다는 점이다(곽노필, 2019.05.16.).

■3D프린터로 만든 전기차도 생산될 예정이다. ㈜제주모터는 이탈리아 'XEV'사와 기술제휴를 통해 새시, 대시보드, 후드 등 대부분의 부품을 3D프린터로 제작하여 양산할 예정임을 밝힌 바 있다(파이낸셜뉴스, 2019.03.24.)

■서울아산병원 융합의학과 김남국 교수는 의료산업의 한계를 극복할 수 있는 기술로 3D프린팅을 언급한 바 있다(김승민, 2019.01.21.)

3.6.1 3D 프린팅 정의

3D 프린팅(Three–Dimensional Printing: 3DP)은 적층제조(additive manufacturing)와 관련된 기술들 중 일부분으로 평가받고 있으나 적층제조를 이루는 기술들 중에서 가장 영향력이 큰 기술이므로 적층제조보다는 3D프린팅이라는 용어가 더 보편적으로 활용되고 있는 것으로 보인다.

3D 프린팅은 그 영향력이 파괴적이고, 세상을 바꿀 수 있을 정도로 혁명적인 것일 가능성이 있음을 여러 학자들이 제시(D'Aveni, 2013, 2015, 2018; Garmulewicz et al., 2018; Garrett, 2014; Hannibal & Knight, 2018; Unruh, 2018)한 바 있다. Garrett(2014)은 3D 프린팅의 영향력이 제조, 가치사슬, 환경, 세계 경제, 지역학(geopolitics) 분야에서 수십 년 동안 지속될 가능성이 있음을 지적하였다. 실제 제품을 만들어내기 위한 3D 프린팅은 여전히 비싸고 대부분은 원형제품(prototypes)과 모형제품(mock-ups)을 만들어 내는 데 활용되고 있다. 3D 프린팅의 적용은 확장되고 있다.

3D 프린팅과 관련된 정의는 여러 가지가 존재하지만 다른 기술들에 비해 각 정의의 유사성이 비교적 높다. 3D프린팅은 "컴퓨터로 처리된 모형에 따라서 겹겹이 한 물체를 돋아 올리는 과정"(Garmulewicz et al., 2018:112) 혹은 간단하게 "디지털 정보를 물질화하는 것"(Rindfleisch, 2017: 684)으로 정의를 내릴 수 있다. 그리고 3D 프린터는 "디지털 디자인을 박편물질(thin slices of a material)에 대한 적층공정을 통해 계층화함으로써 물리적 재화(goods)로 변환시키는 제조 기기"(Rindfleisch, 2017: 684) 혹은 간단하게 '디지털 정보를 물질화하는 기기'로 정의를 내릴 수 있다.

최근에 3D 프린팅이 가지고 있는 혁명적인 잠재력이 상당히 주목을 받았는데, 그 이유는 3D 프린팅이 신속한 제품 원형을 만들어 낼 수 있고, 제품 생산 비용을 낮출 수 있으며, 스스로 조립한 제품을 만들어 낼 수 있기 때문이다(Rindfleisch, 2017).

3D 프린팅이 전도유망하다고 말하는 이유는 3D 프린팅에는 신제품 컨셉(예컨대 디지털 데이터)을 실제 물체(예컨대 물리적 제품)로 바꾸는 능력에

있다. 즉, 3D 프린팅 기술을 경유하여 디지털 디자인 파일은 파일 공유 웹
사이트로부터 다운로드할 수 있고, 데스크톱 컴퓨터용 3D 프린터를 활용
하여 물리적 제품으로 변환할 수 있다.

3.6.2 3D 프린터 및 3D 스캐너

3D 프린터는 그 용도 상으로 구분해 보면 산업용과 개인용으로 구분
해 볼 수 있다. 그러나 이러한 구분은 3D 프린터를 사용하는 목적이 무엇
인지에 따라 나눈 구분이며, 명시적으로 구분이 있는 것은 아니다.

산업용 3D 프린터는 이미 30여 년 전부터 있어왔다. 예컨대 CAD 등
은 산업용 3D의 전신에 해당한다고 하겠다. 그런데 산업용 3D 프린터는
그 가격이 매우 비싼 편이어서 개인적인 용도로 사용되는 데에는 한계가
있었다.

그러나 최근에는 산업용도뿐 아니라 개인용도로도 사용이 가능할 정
도로 적당한 가격의 데스크톱 컴퓨터용 버전인 3D 프린터가 출시되었다.
데스크톱 컴퓨터용 3D 프린터는 전세계에 100만대 이상 보급된 것으로 알
려져 있으며, 이 시장은 연간 30% 이상 성장할 것으로 보고 있다(Hornick,
2015, Rindfleisch, 2017 재인용).

데스크톱 컴퓨터용 3D 프린터의 보급이 확대됨에 따라서 3D 프린터
에서 프린트가 가능한 재료들도 급속하게 확대되고 있다. 이러한 재료들로
는 경성 플라스틱(hard plastic), 연성 플라스틱(soft plastic), 탄소섬유, 목재,
금속 등을 들 수 있다.

전통적으로 3D 프린터에서 프린트가 가능한 디자인은 CAD 소프트웨

어를 활용하여 복잡한 수작업이 필요하였으므로 배우기가 용이하지 않았다. 그러나 최근에는 사용자 친화적인 디지털 모형화 도구의 등장으로 다수의 소비자들이 3D 디자인에 접근하는 것이 용이해 졌다.

더욱이, 개인들은 구입 가능한 3D 스캐너를 활용하여 기존 제품을 등사(copying)하거나 3D 파일 공유 웹사이트에서 이미 만들어져 있는 디지털 디자인을 단순히 다운로드함으로써 디자인 과정 전체를 수행하지 않을 수도 있다.

요약하면, 3D 프린팅 기술의 비용이 낮아짐에 따라서 다양한 3D 프린팅 재료를 구입할 수 있는 기회가 증가하였고, 광범위하고 해박한 기술 스킬이 요구되지 않는 3D 프린팅 대안들이 등장함에 따라서 3D 프린팅 기술은 급속하게 보급되고 있다.

3.6.3 3D 프린팅과 비즈니스 모델

D'aveni(2018)는 3D프린팅 비즈니스 모델과 관련하여 3D프린팅이 전통적인 제조에 비하여 우위를 점유할 수 있는 개념으로 제품 변형성(variation), 복합성, 효율성을 들고 있다. 제품 변형성은 전통적인 제조업에 비해 경쟁우위를 가질 수 있는 개념이고, 복합성은 3D프린팅이 가지고 있는 특성 측면에서의 우위점, 그리고 효율성은 3D프린팅 기술이 가지고 있는 장점을 말한다. 기업은 여러 가지 비즈니스 모델 중 자사에 가장 적합할 것으로 기대되는 모델을 선정하는 것이 필요하다.

제품 변형성과 관련된 비즈니스 모델로는 대량 맞춤화(mass customization), 대량 다양화(mass variety), 대량 세분화(mass segmentation)을 들고 있다. 이 모델들의 공통점은 기존 제조업체들이 규모의 경제를 달성하기 어려운 상황일 때 더 효과적인 방법으로 활용될 수 있다. 이 모델들 간의 차이점은 맞춤화의 수준과 필요로 하는 개인 정보의 수준에 있다.

대량 세분화는 기존 기업들이 시행하는 시장세분화 원리와 유사하게 세분 시장 내에 제한된 수의 제품을 각 시장별로 공급하는 것을 말한다. 이 비즈니스 모델은 소비자 욕구가 어느 정도 예측 가능하거나 욕구의 변화가 별로 없는 시장에 적합하다.

대량 다양화는 매우 다양한 제품을 공급하지만 개인화 수준까지는 필요하지 않은 경우를 말한다. 이 비즈니스 모델은 소비자들의 선호도가 강력하며, 선호도가 변화할 수는 있으나 개인 맞춤화까지는 요구하지 않는 시장에 적합하다. 예를 들면 보석과 같은 경우 다양한 디자인을 가진 제품을 공급하지만 이를 개인별로 제작할 필요는 없다. 운동화도 이러한 예에 속할 것이다.

대량 맞춤화의 경우에는 개인별 정보를 바탕으로 하여 개인의 욕구에 세세하게 맞춘 제품을 만들어 내는 것을 말한다. 기존 제조업에서는 이러한 세세한 욕구에 맞추기 위해서는 셋업비용을 포함하여 많이 비용이 들어가는 것에 비해서 개별 제품 판매의 수요는 매우 제한이 되어 있으므로 경영의 효율성 측면에서 볼 때 상당히 비효율적인 의사결정으로 간주될 것이다.

그러나 3D프린팅을 활용하는 경우에는 소비자 욕구에 맞는 제품 정보를 얻은 파일을 3D프린터와 연결된 컴퓨터에 업로드 함으로써 추가적인 비용 없이 제품을 맞춤식으로 만들어낼 수 있다. 예컨대 보청기의 경우 개인의 청력 관련 검사를 스캐닝을 통해 실시한 후 해당 파일을 컴퓨터에 업로드하면 3D프린터에 의해 제품이 제조된다. 이 비즈니스 모델은 기존 표준화된 제품에 만족하지 못하는 소비자들을 표적고객으로 하는 경우 적합하다.

복합성과 관련된 비즈니스 모델로는 대량 모듈화(mass modularization)와 대량 복합화(mass complexity)를 들 수 있다. 대량 모듈화는 3D프린팅을 할 수 있는 본체를 첨가가 가능한 교체할 수 있는 모듈과 함께 판매하는 비즈니스 모델을 말한다. 이것은 주로 전기기구에 적용할 수 있다. 사용자들은 3D프린팅에 관한 기본 단위를 구매하고 자신의 선호도에 따라 원하는 모듈을 추가할 수 있다. 이것은 3D프린터를 맞춤식으로 구매하는 것과 같은 원리에 해당된다.

대량 복합화는 기존 제조에서는 너무 복잡해서 만들어내기 어려운 제품들 혹은 흔하지 않은 모양의 제품을 3D프린팅으로 제조하려고 할 때 적합한 비즈니스 모델이다. 예를 들면 보잉은 비행기의 기체를 위한 벌집모양의 받침대를 적층제조로 구축하였다.

마지막으로 대량 표준화(mass standardization)가 있다. 이것은 전통적인 제조업체에서 제조하는 방식과 유사하다. 이 비즈니스 모델이 적합성을 갖기 위해서는 3D프린팅으로 만든 제품이 기존의 제품 보다 더 우수하거나 비용이 더 저렴하게 들어야 할 것이다.

3.6.4 3D 프린팅 현황

김준철(2014)은 3D프린팅의 장점으로 비용절감(시제품 제작 비용 절감,

재료비 절감, 인건비 절감, 조립 비용 절감), 공정 간소화, 시간 절감, 맞춤형 제작(다품종 소량생산 등) 등을 들고 있다.

3D프린팅이 기업 현장에서 전반적으로 활용되기 보다는 원형제품을 만들거나 시제품을 만드는 수준에 머무르는 경우가 많은 것으로 보인다. 이것은 아직까지는 산업전반에 티핑 포인트에 다다르기 까지는 시간이 필요하다는 것을 의미한다. 기술적으로 아직까지는 한계점을 가지고 있는 것으로 보인다(황민규, 2019.03.26.)

3D프린팅은 현 단계에서는 기존 제조업에서 조립라인을 변경하는데 비용이 많이 경우 그리고 소비자들의 수요가 아주 세분화되어있는 경우에

대한민국에서는 3D프린팅 산업 진흥과 관련하여 3D프린팅산업 진흥 기본계획('17~'19)을 수립하여 시행하고 있다. 그 보고 자료에서 Wohlers Associates의 자료를 인용하여 보고한 바에 따르면 3D프린팅 세계시장 규모는 2017년 73.4억 달러에서 2023년에는 273억 달러로 산업규모가 확장될 것으로 전망하고 있다.

특히 3D프린팅 국가별 시장점유율 측면에서 보면 대한민국은 8위(4.1%)에 위치하는 것으로 나타났다. 한편 대한민국의 NIPA의 자료에 따르면 3D프린팅 시장 규모는 2018년 3,958억 원이며, 2023년에는 1조원 규모로 성장할 것으로 보고 있다.

3D프린팅 시장은 제품 시장과 서비스 시장으로 구성되어 있고, 각각의 시장 비중은 2018년 기준 79.9% 대 20.1%인 것으로 나타났다. 제품 시장은 장비, 소재, SW로 구성되어 있고 서비스 시장은 컨설팅, 3D모델링, 출력서비스, 교육 등으로 구성되어 있다.

출처: 과학기술정보통신부(2019.02.21.), 정보통신산업진흥원(2018, 2019)

는 현재 시점에서도 어느 정도 경쟁력을 갖출 수 있을 것으로 보인다.

3D프린팅은 하나의 산업에서 활용되는 것이 아니라 여러 산업에서 제품 생산의 비용을 낮추고, 제조 시간을 절약하는데 활용되는 것으로 보인다. 예컨대 HP에서는 자사의 3D프린터를 활용하고 있는 제품분야 및 기업으로 맞춤형 안경테(국내 기업 더메이크), 레이싱 드론 본체(Sigma Ingegneria), 가상현실 헤드셋(Ballast), 자전거 헬멧(Syncro Innovation), 공장용 라벨링 기기 부품(Sigma Design), 아이폰과 애플워치 액세서리(Freshfiber), 베어링 케이지(Bowman) 등이 있음을 소개한 바 있다(김승민, 2019.04.18.).

화장품 분야에서도 3D프린팅으로 만든 시제품이 나왔다. 한국콜마에서는 3D프린터로 제조한 화장품 시제품을 소개한 바 있는데, 이 제품은 특징은 한 용기 안에 두 종류의 화장품이 들어있음에도 불구하고 형태와 효능이 지속된다는 특징이외에도 캐릭터 등을 맞춤식으로 삽입할 수 있어서 개인화된 맞춤식 제품을 제공하는 것이 가능하다는 점이다(전예진, 2019.03.05.).

3D프린팅은 제조공정 효율화에도 기여할 수 있다. 예컨대 3D프린팅 업체인 3D시스템즈는 의료기기 업체에 3D프린터를 공급하면서 의료기기 제작 공정에 맞춰 3D 프린팅 워크플로우를 설계하고 최적화한 것으로 보도되었다(김승민, 2019.04.17.).

사람에게 적용시키기에는 아직도 먼 얘기이지만 3D바이오프린팅을 활용하여 인공심장을 만든 것도 보도된 바 있다(서욱진, 2019.04.15.).

현 단계에서의 3D프린팅 기술의 타당성에 대한 평가에도 차이가 있어 보인다. D'aveni(2018)는 3D프린팅의 기술 수준이 과거에 비해 매우 높아졌으며, 제조 비용의 절감을 가져왔으며, 산업참여자가 증가하고 있다는 점을 들어 3D프린팅 분야가 선순환에 진입했다는 평가를 하는 반면 3D프린팅은 효율성 측면에서 아직 기존 제조업을 따라갈 수 없기 때문에 기존 제조업이 수용하지 못하고 있는 틈새시장을 공략하는데 집중해야 할 것이라고 평가하는 경우도 있다.

Chan 등(2018)은 중국에서 기업 경영자들을 대상으로 3D프린팅에 대한 인터뷰를 실시하였는데, 그 결과에 의하면 3D프린팅이 가져줄 것으로 기대되는 혜택에 대해서는 잘 인지하고 있는 반면 실제로 3D프린팅이 가져준 혜택은 기대에 미치지 못하는 것으로 조사되었다. 이러한 결과가 나온 이유로는 3D프린팅이 기존 공급사슬에 제대로 통합되지 못하고 있다는 점과 지적재산권 문제, 즉 3D프린팅을 통해 모조품이 만들어지는 경우 이것을 효과적으로 방지하기가 쉽지 않다는 문제 때문인 것으로 나타났다.

3.7 증강현실과 가상현실

> ■ 가구 제품 브랜드인 Ikea는 증강현실 기술을 도입한 'Ikea Place' 앱을 통해 자신의 집안에 Ikea 제품을 가상으로 배치해 볼 수 있고, 주택 개량 용품 판매점인 Lowe's는 증강현실 기능을 탑재한 앱을 통해 자신의 가정의 바닥 등의 치수를 파악할 수 있어 관련 제품 쇼핑이 용이해진 것으로 알려졌고, 페인트 브랜드인 Dulux는 증강현실 앱을 통해 자신의 집에 페인트 색을 가상으로 입혀 볼 수 있다(우은정, 2018.12.07.).

증강현실(Augmented Reality: AR)과 가상현실(Virtual Reality: VR)은 사람들이 자신을 둘러싸고 있는 세상과 상호작용을 하는 방식에 있어서 변화를 가져온다는 점에서 혁신적인 기술로 인식되고 있으며, 이미 4차 산업혁명이 언급되기 이전부터 각광을 받아왔던 기술이다. Porter와 Heppelmann (2017)은 모든 조직에서 증강현실 전략이 필요하다고 할 정도로 증강현실은 4차 산업혁명 시대에 기업의 중요한 전략으로 자리매김할 가능성이 높다. Porter와 Heppelmann(2017)이 증강현실을 이렇게 중요하게 생각하는 이유는 증강현실이 사람과 기계 사이의 새로운 인터페이스가 되며, 물리적 세계와 디지털 세계를 이어주고, 사람들이 정보를 처리하는 방식에도 변화를 주는 것으로 보기 때문이다. 그들은 증강현실 전략이 필요한 이유를 2차원 평면과 3차원 입체 간의 존재하는 커다란 격차로 인한 문제점 혹은 한계점을 해결할 방안이라는 관점에서 명쾌하게 설명하고 있다. 즉, 현실의 물리적 세계는 3차원인 반면 데이터는 종이와 같은 2차원 세계에 머무르고 있어서 데이터가 많이 쌓임에도 불구하고 그 활용에 있어서 제약이 있는데, 증강현실은 이러한 제약을 극복할 수 있는 유용한 방안이라는 것이다. 이러한 생각을 조금 더 확장해 본다면 현실 세계에서 발생하는 데이터와 온라인 세계에서 발생하는 데이터를 결합하여 데이터 활용을 극대화하는 것이 필요함을 역설한 것으로 볼 수도 있다. 증강현실에 대한 Porter와 Heppelmann(2017)의 시각은 증강현실이 가상물리시스템 혹은 사물인터넷과 상당히 관련이 있음을 시사한다. 즉, 물리적 세계와 디지털 세계를 연결한다는 점에서 증강현실은 가상물리시스템 혹은 사물인터넷과 상당히 유사점이 높다. 그런데 사람과 기계 사이의 새로운 인터페이스로서 증강현실을 언급한 것은 이것이 단순히 기술적인 요소에만 머무르지 않고 있음을 의미한다고 하겠다.

증강현실과 가상현실은 서로 유사한 개념으로 활용되기도 하지만 실제로는 상이한 개념으로 서로 다른 용도로 적용되는 개념이다.

증강현실은 "물리적 세계에 디지털 데이터와 이미지를 덧붙이는(superimpose) 일련의 기술들"(Porter & Heppelmann, 2017: 48)을 말한다. 증강현실 기술은 사용자를 둘러싸고 있는 맥락 내에서 가상의 구성요소들이 표시되는 기술을 제공하는 반면 가상현실 기술은 컴퓨터가 만들어낸 3차원 환경에서 사람과 컴퓨터 간의 상호작용에 의해 가상의 물체가 공간상에 존재하는 것으로 몰입(immersion)하도록 만드는 효과를 제공하는 기술을 의미한다.

가상현실에 관한 정의도 다양하다. Steuer(1992: 76−77)는 가상현실을 "지각을 하는 사람이 원격현장감(telepresence)을 경험하는 실제 혹은 모의 실험 환경"으로 정의를 내리고 있다. 이것은 원격이라는 개념을 도입하여 커뮤니케이션 매개체의 도움을 받아서 어떤 특정한 환경하에서 가상의 물체가 현존하는 경험을 하는 것을 말한다. Azuma(1997)는 가상현실 시스템은 실제와 가상의 결합, 실시간 상호작용 그리고 3차원이라는 특징을 가지고 있어야 한다고 말한 바 있다.

Porter와 Heppelmann(2017)은 증강현실이 다량의 데이터와 데이터 분석 내용을 영상(image) 혹은 동화(animation) 형태로 변형하여 영상 혹은 동화가 현실 세계에 덧씌워지도록(overlaid) 하는 것으로 보고 있다.

가상현실과 증강현실은 소매업자들로 하여금 소비자들이 구매하는 방법을 바꿀 수 있는 기회를 제공한다(McKone et al., 2016.09.09.). 가상현실과 증강현실을 활용하는 경우 소비자들은 점포에 가지 않고도 제품을 확신을 가지고 구매할 수 있다. 예컨대 가상현실 혹은 증강현실 기술을 적용하는 경우 셔츠를 구매하려고 하는 소비자는 셔츠를 가상의 공간에서 입어 본 후 자신에게 가장 잘 어울리는 제품을 선택하여 주문할 수 있다. 가구를 주문하려는 소비자는 구매할 가구를 자신의 집에 어디에 위치시킬 것인지를 결정하고, 해당 장소에 그 가구가 어울리는지를 모의실험을 통해 배치해 볼 수 있다. 그리고 그 가구가 마음에 드는 경우 자기가 있는 장소에서 특정 가구가 자신의 집에 적합한 가구라는 확신을 가지며 주문할 수도 있다.

기업이 가상현실 혹은 증강현실을 통해 소비자 구매에 미치는 영향은 소비자들이 제품을 실제로 경험해 보지 않고도 확신을 가지고 구매를 할 수 있다는 장점 이외에도 개인화된 고객 경험 제공, 차별화된 고객 경험 제공, 고객 서비스 제고 등을 가져올 수 있다(McKone et al., 2016.09.09.).

3.8 핀테크(Fintech)

3.8.1 핀테크 개념

4차 산업혁명 시대에 금융거래와 관련하여 가장 빈번하게 언급되는 용어로는 핀테크(fintech)를 들 수 있다. 대부분의 사람들과 기업들은 금융거래를 하고 있을 것이다. 금융거래는 사람들의 일상생활 및 기업들의 일상적인 운영활동과 매우 밀접하게 연관되어 있는 분야이다.

핀테크가 금융거래와 관련이 있는 만큼 핀테크에 대한 논의를 할 때 주로 등장하는 용어는 금융산업이다. 핀테크가 금융산업에 새로운 시대를 열 것이라고 언급한 사람이 있을 정도로 핀테크는 금융산업에 많은 변화를 가져 올 가능성이 있으며, 금융산업 경영자 및 관리자들은 핀테크가 미칠 변화에 대체해야 함을 많은 학자 및 실무자들이 지적하고 있다(Berger, 2003; De Young, 2005; Gomber et al., 2017; Shim & Shin, 2016).

핀테크는 정보기술과의 연관성이 높은 개념이고, 2016년부터 핀테크에 관한 연구들이 양적으로 많이 산출된 것(Milian et al., 2019)으로 보아서 핀테크는 4차 산업혁명이 부각되면서 동시에 많이 언급되고 있는 것으로 보인다. 그러나 핀테크 용어의 기원은 1972년까지 거슬러 올라간다. 1972년 Bettinger는 조직이 직면하고 있는 일상적인 문제를 어떻게 분석하고 해결할 것인가에 대한 모델을 상세하게 제시하고 있는데, 그 중에서 "현대 경영과학 기법을 갖춘 은행 전문가와 컴퓨터를 결합한 금융기술의 약칭"으로 핀테크에 대한 정의를 내리고 있다(Bettinger, 1972:62, Milian et al., 2019 재인용). 이것은 이미 1970년대부터 금융분야에서 사람과 기계의 결합에 관한 논의가 있었다는 것을 의미하기도 한다.

3.8.2 핀테크 전개 방향

4차 산업혁명과 관련된 다수의 개념들이 그러하듯이 핀테크는 그 적용범위가 금융산업에 국한되지 않고, 여러 산업으로 확장되어가고 있다. 이와 같이 핀테크가 여러 산업에서 적용되는 바와 같이 그 범위가 확대되고 있는 원동력은 핀테크가 금융서비스와 결합되면서 금융의 효율성과 편리성을 중심으로 그 방향이 전개되고 있기 때문인 것으로 보인다. 예컨대 은행을 통하지 않고 모바일로 간편하게 결제가 이루어지는 현상은 핀테크가 금융산업에 국한된 개념으로 머무르고 있지 않음을 보여주는 것이라고 하겠다.

한편 핀테크는 금융서비스가 금융기관을 중심으로 작동되던 전통적인 금융 관련 비즈니스 모델에서 벗어나 금융기관 밖에서 운영이 이루어지고 있는 기술들까지도 금융서비스 제공에 활용되어 금융서비스가 제공되는 방법에 변화를 가져오고 있다. 즉, 핀테크는 금융기관 내외부의 금융관련 기술들이 경영 활동과 연결되어 금융서비스 제공에 변화를 가져오는 것을 말하는데, 예컨대 인터넷 기술을 활용한 정보처리로 금융접근성을 높이는 것, 자동화된 정보처리 방법을 활용하는 것 등이 핀테크에 해당된다.

최근 들어 금융서비스 이외에도 자금 조달 등에도 핀테크가 활용되고 있다. 핀테크에 대한 초창기 연구들은 금융산업과 주로 연관 지어 설명되었으나 최근에는 지급결제, 크라우드펀딩과 같이 금융 서비스 분야에서 전형적으로 나타나는 경영 활동을 4차 산업혁명 관련 과학기술(예컨대 인터넷 기반의 금융기술, 모바일 인터넷 기술)과 연결하여 기술하는 등(Gomber et al., 2017) 핀테크의 개념은 확대되고 있으며 핀테크의 적용 범위는 확장되어 활용되는 것으로 보인다.

핀테크를 혁신과 연관지어 설명할 때에는 두 가지 견해로 나뉘는 것으로 보인다. 하나는 핀테크가 파괴적 혁신에 속한다는 것이다. 이것은 핀테크가 제공하는 새로운 금융상품과 서비스들이 전통적인 금융사업자들을 대체할 것이라는 입장이다. 한편 핀테크를 지속가능한 혁신으로 보는 입장이 있다. 이것은 전통적인 금융사업자들이 정보기술을 활용하여 자신들의 시장 지위를 유지하려는 시각을 반영한 것이다.

핀테크에 대한 견해가 파괴적 혁신이든 지속가능한 혁신이든 핀테크로 인해서 다양한 사업자들이 핀테크 기술을 활용하여 기존 금융서비스사업자들이 소비자들에게 제공하지 못하던 서비스를 제공함으로써 금융산업에 진출하는 결과를 낳을 것이며, 이로 인하여 기존 금융사업자들에 의해 유지되던 금융서비스 관련 비즈니스 모델에 비해서 더 유연하고, 보안성이 있고, 효율적이며, 기회 요소가 내포된 비즈니스 모델이 금융서비스사업에서 만들어질 가능성이 높다(Chiu, 2016). 예를 들면 삼성페이와 같은 스마트폰을 활용한 결제시스템은 기존 금융권에서 제공하지 못하였던 결제 방식을 새로운 사업자가 제공함으로써 금융소비자의 편의를 제공한 것에 해당된다. 핀테크 사업자들이 금융시장에 진입을 하여 터전을 잡고 소비자들을 공략하는 현상이 발생할 것이라는 점은 세 가지 이유로 설명이 가능하다(Gomber et al., 2017; Milian et al., 2019). 첫째는 핀테크 기술이 기존의 금융사업자가 제공하지 못하였던 제품이나 솔루션을 통해 금융소비자 욕구를 충족시킬 것이라는 점이다. 예컨대 신용카드 기능을 장착한 스마트폰은 소규모 사업자들의 결제처리 수단을 높여주는 결과를 가져올 수 있다. 둘째, 핀테크 사업자들은 신기술을 활용하여 제품과 서비스에 대한 새로운 기회를 창출해 낼 것이다. 예컨대 MarketInvoice는 기업들이 운영자금을 신속하게 확보할 수 있도록 송장을 신속하게 처리함으로써 지불 역시 신속하게 처리가 되도록 한다. 셋째, 핀테크 사업자들은 인터넷에 기반을 둔 비즈니스 모델에 집중할 가능성이 높은데, 이 금융 관련 비즈니스 모델들은 전통적인 금융서비스 비즈니스 모델들에 비해 접근성과 수익성 측면에서 유리하다는 점이다.

3.8.3 핀테크 적용 범위

핀테크는 여러 경영 활동 분야에 적용되어 오고 있다. Milian 등(2019)은 핀테크 관련 연구들의 내용 분석을 시도하여 핀테크가 매우 다양한 분야에서 언급되어 오고 있음을 보여준 바 있는데, 핀테크가 적용되는 경영 활동 분야로는 투자, 대출, 블록체인과 가상화폐, 지급/과금, 크라우드펀딩 등이 있으며, 이를 세부적으로 구분해 보면 다음과 같다.

핀테크가 금융서비스 분야에 적용되어 오고 있다. 핀테크가 적용되는 금융서비스 분야로는 서비스 운영, 혁신, 규제, 금융포용, 금융교육 등의 분야가 연구가 이루어져 왔다. 혁신은 모바일 인터넷 사용자의 증가 및 디지털 금융과 관련이 깊다. 먼저 핀테크 기술은 모바일 인터넷 사용자의 증가를 가져왔는데, 모바일 인터넷 사용자의 증가는 다양한 즉각적인 주문형(on–demand)서비스의 증가를 가져오는 원인으로 작용하였고, 즉각적인 주문형 서비스는 기존 금융기관들이 고객들의 요구사항을 오프라인뿐 아니라 온라인에서도 충족시켜주어야 하므로 여러 가지 혁신적인 사업들을 추진하도록 만들었다. 그리고 모바일 기기를 통한 금융서비스의 이용가능성 제고는 디지털 금융에 의해 여러 가지 혁신들을 제공하는 기회를 확대시켜 주었다. 금융서비스에서 언급하는 혁신은 비즈니스 모델, 벤처캐피탈, 지속가능한 비즈니스, 가치의 공통창출 등에 초점이 맞추어져 있다. 비즈니스 모델의 변화의 예는 크라우드펀딩에서 찾을 수 있다. 기존에 자금을 모집하는 방법은 오프라인을 통한 모집이 주를 이루었다. 그러나 온라인 혹은 모바일을 통한 금융거래의 활성화는 자금을 모집할 때에도 온라인 플랫폼 상에서 일반인들을 대상으로 자금을 모집하는 크라우드펀딩(crowdfunding) 방식이 활성화하게 되었다(Gábossy, 2016; Langley & Leyshon, 2017).

　　규제는 금융산업 규제, 전반적인 금융시스템 등과 관련된 논의가 주로
언급되고 있다. 금융포용은 기본적인 금융서비스 조차도 이용할 수 없는
사람들을 금융서비스 틀 내로 포용하는 것을 논의하는 것이다. 금융교육은
금융소비자들이 금융상품을 자신의 편익을 위해 활용할 수 있도록 준비하
는데 있어서 금융기관들의 제도적 역할을 논의하고 있다.

　　핀테크가 운영서비스 분야에 적용되어 오고 있다. 핀테크가 적용되는
운영서비스 분야로는 연체 혹은 체납 관련 위험, 보안 관련 위험, 컴플라이
언스 등의 분야가 연구가 이루어져 왔다.

　　핀테크가 금융서비스 분야 다음으로 많이 연구가 이루어져온 부분은
금융기술 분야이다. 핀테크가 적용되는 금융기술 분야로는 혁신과 외부성
(externality), 보안, 블록체인, 모바일, 생체측정(biometrics), 빅데이터, 위험
등의 분야가 연구가 이루어져 왔다.

3.9 4차 산업혁명 시대 관심 기술들

　　자율주행차는 4차 산업혁명 시대에 중요한 응용기술로서 평가된다. 자
율주행차는 "운전자가 차량을 조작하지 않아도 스스로 주행하는 자동차"
(송봉섭과 정우영, 2017: 4)를 말한다. 자율주행차는 교통사고에 따른 인명 손
실과 사회적 비용을 줄이려는 취지로 개발되었다. 자율주행차가 자율주행
을 할 수 있기 위해서는 최소한 주변 환경을 인식하는 센서들이 필요하며,

고도의 자율주행을 위해서는 정밀지도와 통신기능 등이 필요하다(송봉섭과 정우영, 2017). 완성차업체들은 2020년부터 2025년 사이를 상용화 목표로 두고 자율주행차를 개발하고 있다.

자율주행(self-driving)의 의미를 파악하기 위해서는 자동차엔진 전문가협회인 SAE International에서 규정하고 있는 6단계 수준의 자율 개념에 대해 먼저 살펴볼 필요가 있다. 자율주행 6단계 수준은 다음과 같다(Trend Magazine, 2017). 수준0의 자동화는 자동화가 없는 자동차를 말한다. 수준1의 자동화는 사람이 개입하지 않고 자동차에 의해 수행되는 소규모의 조종 혹은 가속 과업을 말한다. 이외의 것들은 모두 사람이 통제한다. 수준2의 자동화는 Tesla의 자동조정시스템(autopilot system), 즉 고급항법통제와 같은 특질을 말하는 것으로, 자동차가 자동적으로 안전에 대해 사전주의 조치를 취할 수 있는 것을 말한다. 그러나 운전자는 운전석에서 경각심을 가지고 있을 필요가 있다. 수준3의 자동화는 여전히 사람이 운전을 하는 것을 요구한다. 그러나 사람은 일정한 교통조건 혹은 환경여건일 때에는 자동차에게 일정한 안전중심기능(safety-critical function)을 넘겨줄 수도 있다. 수준4의 자동화는 사람의 관여 없이 거의 대부분의 시간을 자동차 자체가 운항을 하는 것을 말한다. 수준5의 자동화는 모든 조건 하에서 완전하게 자동화된 것을 말한다. 소비자들은 수준3의 자동화와 수준4의 자동화일 때 소비자들이 혜택을 받을 수 있다. 예컨대 큰 고속도로를 운행할 때에는 자동화3수준, 잘 알고 있는 도심을 운행하는 경우 자동화4수준에서 소비자들은 혜택을 받을 수 있다.

자율주행차는 이동성(mobility)을 통한 삶의 질에 크게 기여를 할 것으로 보인다. 자동차는 운송수단이 아닌 제2의 집으로서의 역할을 할 것이다. 자율주행차는 지출패턴, 하부구조 필요사항, 부동산 가치, 고용 기회 등에도 영향을 미친다.

4차 산업혁명과 기업경영 개요

4.1 4차 산업혁명과 기업경영 환경

Moldoveanu와 Narayandas(2019)는 오늘날의 기업 환경의 특징들로서 극심한 변동성(volatile), 불확실성(uncertain), 복합성(complex), 애매모호성(ambiguous)을 들고 있다. 그리고 이러한 기업 환경은 어떤 특정한 기업에만 적용되기 보다는 모든 기업에게 적용될 수 있다고 보았다.

4차 산업혁명은 데이터가 기하급수적으로 증가하고, 변화의 속도가 매우 빠르게 진행된다. 기업을 둘러싸고 있는 환경이 이와 같이 급격히 그리고 빠르게 변화하고 있다는 것은 기업 환경의 불확실성이 그 만큼 증가하였다는 것을 의미한다.

4차 산업혁명, 'Industry 4.0'시대에는 기업의 비즈니스 모델에 있어서 변혁이 필요하다. 예컨대 'Industry 4.0'은 가상물리시스템, 사물인터넷, 서비스인터넷을 핵심 축으로 하는 하이테크 전략인데, 이것은 전통적인 비즈니스 모델로는 담기 어려운 과제들을 포함하고 있다(Jerman & Dominici, 2018). 따라서 4차 산업혁명 시대는 기업들의 비즈니스 모델이 전통적인 비즈니스 모델에서 디지털 비즈니스 모델로의 변혁을 요구하고 있다. 디지털 비즈니스 모델은 가상화(virtualization) 그리고 수직적 및 수평적 통합으로 요약될 수 있으며(Jerman & Dominici, 2018), 통합의 대상으로는 가치사슬, 디지털 서비스, 제품의 디지털 변환, 생산 설비, 공장 그리고 공급사슬 등 비즈니스 프로세스 전반을 통합 대상으로 하고 있다.

4.2 4차 산업혁명과 경영 패러다임

4차 산업혁명 시대에 기업 경영에서 주목을 받는 몇 가지 개념들이 있다.

첫째, 유연성이다. 4차 산업혁명 시대에는 기업이 효율성과 효과성을 추구할 뿐만 아니라 유연성(flexibility)과 혹은 기능 간 융합성(cross-function)을 갖추어야 한다.

둘째, 규모의 경제 및 범위의 경제와 관련된 사항이다. 4차 산업혁명 시대에는 규모의 경제(economy of scale)에서 범위의 경제(economy of scope)로의 전환을 언급하기도 한다. 그러나 4차 산업혁명 시대에는 규모의 경제와 범위의 경제가 동시에 존재하는 경영환경이 될 가능성이 높다. 전통적으로 규모의 경제에서 언급되는 것은 대량생산에 따른 효율성을 말한다. 이 말을 더 깊이 생각하면 대량생산으로 인한 원가절감을 통해 더 낮은 가격으로 다수의 소비자에게 판매를 한다는 논리가 적용되며, 이것의 핵심은 더 낮은 원가와 다수의 소비자 구매 사이의 비율에 관한 것이다. 4차 산업혁명 시대에는 원가를 낮추는 방법이 대량생산에만 있지 않을 것이다. 즉, 4차 산업혁명 시대에는 원가를 낮추는 방법이 다수 존재할 것이다. 그리고 수요와 관련해서는 유연성의 문제 그리고 글로벌화에 따른 시장의 확대가 이러한 문제를 해결해 줄 수 있을 것으로 보인다.

셋째, 네트워크 효과를 고려해야 한다(Alstyne et al., 2016). 전통산업에서는 규모의 경제가 중요하며, 이것은 대부분 공급자 측면에서의 규모의 경제를 의미한다. 그러나 인터넷 경제 시대를 이끄는 추진력은 수요자 측면에서의 규모의 경제가 중요하다. 이것은 네트워크 효과와 유사한 개념이다. 네트워크 효과는 사회관계망, 총수요, 앱 개발 그리고 네트워크를 확장하는데 도움이 되는 여러 현상 안에서 효율성을 창출하는 기술에 의해 향상된다.

네트워크 경제에서는 경쟁자에 비해서 플랫폼 참여자를 더 유치한 기업이 거래 당 평균 가치보다 더 높은 가치를 제공한다(Alstyne et al., 2016). 이러한 결과가 나타나는 이유는 네트워크가 클수록 수요와 공급을 더 잘 연결시켜 줄 수 있고, 수요와 공급을 연결시켜 주는 데 활용할 수 있는 데이터가 더 풍부해지기 때문이다. 규모가 클수록 가치를 더 생성해 내고, 이것이 더 많은 참여자를 유치하며, 그래서 더 많은 가치를 창출해 낸다. 이러한 피드백 순환은 독점을 만들어낼 수 있다. 네트워크 효과를 보이는 몇 가지 예들이 있다. 예컨대 알리바바는 중국의 전자상거래에서 일어나는 거래의 75% 이상을 차지하며, 구글은 모바일 운영시스템의 82%와 모바일 검색의 94%를 차지하고, 페이스북은 세계에서 가장 지배적인 소셜 플랫폼이 되었다. 플랫폼은 순환 과정, 반복 과정 그리고 피드백 과정에서 생태계를 확대시켜서 총가치의 극대화를 추구한다.

4.3 4차 산업혁명과 기업가 정신

기업가 정신이 무엇인지부터 정의를 내릴 필요가 있는데, 그 정의가 매우 다양함을 알 수 있다. 김선우 등(2017)은 기업가 정신을 "새로운 가치 창출을 이끌고 지속가능한 혁신의 리더십"으로 정의하고, 기업가 정신의 패러다임은 '사람 중심'으로 보았다.

'마케팅의 아버지'라는 별칭을 듣고 있는 Philip Kotler 교수는 4차 산업혁명 시대에 필요한 것으로 기업가 정신을 들고 있다(배미정과 이미영, 2017.12.07). 4차 산업혁명 시대에 기업가 정신이 중요한 이유는 환경의 불확실성에서 찾을 수 있다. 즉, 4차 산업혁명 시대는 환경이 급격히 변할 뿐 아니라 그 변화의 방향을 가늠하기 어렵다. 이러한 때일수록 불확실성을 극복하고 성장을 하기 위해서는 기업가 정신이 필요하다는 의미일 것이다.

김동수(2017.09.25.)는 4차 산업혁명 시대에 기업가 정신의 덕목 혹은 자질을 지적하고 있는데, 4차 산업혁명 시대의 기업가가 가져야 할 기업가 정신으로 오픈 마인드, 혁신과 창의, 사람에 대한 투자를 들고 있다.

4.4 인공지능과 기업 경영

4.4.1 기업이 인공지능을 도입하려는 목적

기업이 인공지능을 경영에 도입하려고 하는 목적은 다양하게 나타났다. 딜로이트의 조사에 의하면 기업이 인공지능을 도입하는 이유로는 회사 제품과 기능, 성능의 강화(51%), 회사 내부 운영의 최적화(36%), 업무자동화를 통한 직원의 창의력 발휘(36%), 의사결정 개선(35%), 신제품 개발(32%), 외부 프로세스 최적화(30%), 신시장 개척(25%), 지식 적용(25%), 인력감축(225) 등으로 나타났다. 이러한 조사에서 나타난 인공지능 도입 목적의 특징은 그 활용 목적이 다양하다는 점을 들 수 있다(Davenport & Ronanki, 2018).

인공지능의 초보적인 형태는 이미 1980년대부터 기업 경영에 활용되어 오고 있었다. 예를 들면 전문가 시스템(expert system)으로 불리는 많은 시스템들이 인공지능 알고리즘에 기반을 둔 시스템들이다. 이들은 재무 분야, 회계 분야, 제조 분야 등에서 주로 의사결정자의 의사결정을 지원하기 목적으로 활용되었다(Rangaswamy et al., 1989).

그러나 인공지능이 효과인 솔루션을 제공해 주기 위해서는 많은 데이터를 분석하여 문제해결에 정확한 알고리즘을 개발해야 하는데, 이러한 것이 원활하게 수행되기 어려운 환경이었으므로 인공지능의 활용에 있어서 많은 제약이 뒤따랐다.

Davenport와 Ronanki(2018)는 경영자들을 대상으로 인공지능을 도입하여 기업이 얻고자 하는 혜택이 무엇인지에 대하여 조사를 하였다. 그 결과 자사의 제품의 특성, 기능, 성능을 개선하기 위한 목적이 가장 높았고(51%), 그 다음으로는 내부의 비즈니스 운영을 최적화(36%) 혹은 과업을 자동화함으로써 근로자들이 더 창의적이 되도록 하는데(36%) 목적을 두고 있었으며, 인공지능 도입 목적으로 자동화를 통한 인력 감축을 지적한 경영자는 22%에 불과하여 조사 대상 항목 중 가장 낮은 비율을 보였다.

Davenport와 Ronanki(2018)는 기업이 세 가지 중요한 비즈니스 욕구, 즉 비즈니스 프로세스 자동화, 데이터 분석을 통한 통찰력 확보, 고객 및 종업과의 인게이지먼트를 지원하기 위해서 인공지능을 필요로 한다고 보았다.

로봇처리자동화(robotic process automation), 즉 로봇이 업무를 처리하는 시스템을 도입하는 것이다. 이것은 정형화된 업무를 로봇이 처리함으로써 사람들은 더 생산적이고 창의적인 업무를 할 수 있도록 유도하기도 한다.

4.4.2 인공지능과 종업원 간의 공존

인공지능과 사람의 협업을 위해 기업 경영자들은 자사의 비즈니스 운영 프로세스를 다시 설계해 보아야 할 필요가 있다. 기계와 사람 간의 협업은 기업의 운영 효율성을 향상시키는 효과적인 방안이다. 인공지능과 사람의 협업을 고려하여 비즈니스 운영 프로세스를 재설계할 때에는 다음의 절차 거치는 것이 효과적이다(Wilson & Daugherty, 2018).

첫째, 개선해야 할 운영 영역이 무엇인지를 알아야 하고, 그에 관해서 명확하게 규정할 수 있어야 한다.

둘째, 기업은 솔루션을 인간과 기계간의 협력을 통해 인간 – 기계 공동으로 창출할 수 있어야 한다. 즉, 기업은 이해관계자들이 운영 프로세스를 개선하기 위해서 인공지능 시스템과 어떻게 협업을 할 수 있는지에 관한 구상을 가지고 있어야 한다.

셋째, 기업은 제안된 솔루션을 확대 적용하고 유지해야 한다.

이러한 세 가지 절차에 입각해서 기업들이 개선하기를 원하는 비즈니스 프로세스가 가지고 있는 특징을 다섯 가지로 요약해 보면 운영 유연성, 속도, 규모, 의사결정 그리고 개인화이다(Wilson과 Daugherty, 2018).

첫째, 기업들은 사람 – 기계 협업에 의해 비즈니스 프로세스가 유연성을 갖추도록 개선되기를 원한다. 사람-기계 협업에 의한 유연성 제고의 예로 독일 슈트가르트 인근에 있는 메르세데스 공장을 들 수 있다. 이 공장에서는 작업자(사람)이 지시를 내리면 코봇(인공지능이 내장된 로봇)이 사람의 팔을 대신해서 무거운 부품들을 들어 올려 조립을 하게 된다. 여기서 유연성이 발휘되는데, 사람이 태블릿 PC를 통해 프로그램을 변경하면 변경된 지시에 맞추어서 코봇이 바뀐 작업을 수행하게 됨으로써 조립 작업의 유연성이 확보된다. 그리고 이러한 유연성이 가져다 준 혜택은 이해관계자들이 모두 공유하는 결과를 가져온다. 즉, 기업은 셋업 비용을 낮출 수 있고, 소비자는 맞춤화된 제품을 받음으로써 만족도가 증가하게 되는 것이다.

둘째, 기업들은 사람-기계 협업에 의해 비즈니스 프로세스가 속도(speed)라는 속성을 가지도록 개선되기를 원한다. 기업 중에는 속도가 생명인 경우도 있다. 예컨대 금융사기를 감지하는 시스템의 경우 금융사기 탐지 정확도, 즉 해당 거래가 금융사기에 해당되는(혹은 해당되지 않는) 경우 금융사기에 해당된다(혹은 해당되지 않는다)고 올바르게 판단하는 정도를 높여야 할뿐 아니라 금융사기에 해당하는 경우 신속하게 조치를 취할 수 있어야 한다. 이와 같이 판단을 정확하면서 신속한 판단과 조치를 하도록 인공지능 기반 금융사기 탐지 시스템을 개발하는 금융기관들이 증가하고 있다.

셋째, 기업들은 사람-기계 협업에 의해 비즈니스 프로세스가 더 확장된 규모(scale)에도 적용이 될 수 있도록 개선되기를 원한다. 예컨대 Unilever는 더 많은 사람에게 개인화된 채용시스템을 적용하기 위해서 인공지능 알고리즘을 이용하고 있다.

넷째, 기업들은 사람-기계 협업에 의해 비즈니스 프로세스가 더 나은 의사결정을 할 수 있도록 개선되기를 원한다. 인공지능은 종업원들에게 마치 재단이 된 듯 맞춤화된 정보와 지침을 제공하여 종업원들이 더 나은 의사결정을 할 수 있도록 지원해야 한다. 기계가 종업원의 의사결정을 지원하는 예는 GE에서 찾아볼 수 있다. GE는 자사의 산업용 제품들을 대상으로 물리적 제품에 더해서 그 물리적 제품을 가상공간 상에도 하나 더 만들어 놓는 방법으로 소프트웨어를 구축하고, 실제 장비로부터 나오는 운영 데이터를 그 가상공간 상의 제품에 지속적으로 갱신을 시킴으로써 실제 물리적 제품에서 어떠한 문제가 있는지, 언제쯤 고장이 날 가능성이 있는지 등을 판별할 수 있도록 지원한다.

다섯째, 기업들은 사람－기계 협업에 의해 비즈니스 프로세스가 개인별 맞춤식으로 운영되도록 개선되기를 원한다. 마케팅에서는 고객들에게 개인별로 맞춤화된 브랜드 경험을 제공하는 것을 매우 중요시 여긴다. 예를 들면 Pfizer에서는 파킨슨병 환자들을 위해 착용 센서를 부착하였는데, 이 착용 센서는 파킨슨병 환자들의 증상을 일년 내내 추적을 하여 개인별로 맞춤화된 처방을 할 수 있도록 한다.

4.5 빅데이터와 경영

빅데이터가 경영에 기여할 수 있는 부분은 다음과 같다(Grable & Lyons, 2018).

첫째, 기업이 비용을 절감하는데 도움을 줄 수 있다.

둘째, 기업이 소비자 수요 변화에 신속하게 대응할 수 있도록 지원한다.

셋째, 관리자가 비즈니스 구조와 관련하여 문제를 탐지하거나 시스템적 실패를 탐지할 수 있도록 지원한다.

넷째, 경영자의 의사결정을 지원한다.

빅데이터가 경영의 효율성을 지원할 수 있다. 예컨대 신용카드 회사들은 카드 소지자들의 행동을 분석함으로써 사기거래를 미연에 방지할 수 있다. 정부기관에서는 빅데이터를 활용하여 세금 체납 가능성이 있는 사람들을 예측해 낼 수도 있다.

한편 4차 산업혁명 시대에는 기업의 자산에 대한 평가도 달라질 가능성이 높다. 4차 산업혁명 시대에는 정보자산이 높게 평가받을 가능성이 있다(Collins & Lanz, 2019).

빅데이터와 관련된 이슈로는 정보의 수집 및 활용과 관련된 윤리적 문제이다. 기업 관리자 혹은 정책 결정자들이 의사결정을 위해서 얼마만큼의 고객 정보를 수집해야 하는지에 대해서 명확한 규정은 없다. 그러나 윤리적 측면에서 고객의 동의를 얻더라도 최소한의 데이터를 수집하는 것이 바람직할 것이다.

4.6 4차 산업혁명과 일자리

■ 박용민 등(2018)은 대한민국에서 핵심 노동연령층 남성의 일자리 양극화 현상, 즉 고숙련·저숙련 일자리가 늘어나는 반면 중숙련 일자리가 줄어드는 현

상이 발생하는 원인이 과거에는 산업구조의 변화 때문이었으나 최근에는 산업내 요인 때문인 것으로 분석하였고, 산업 내 요인으로는 기술진보가 정형적 업무를 대체하는 방향으로 진행되고 있기 때문인 것으로 분석하였다. 여기서 "정형적 업무를 대체하는 방향으로의 기술진보는 생산과정의 전산화, 자동화 등으로 주로 정형화된 업무를 수행하는 중숙련 일자리는 사라지는 현상을 가리킨다. 이때 비정형적 인지업무를 주로 수행하는 고숙련 일자리와 자본재로 대체하기 어려운 비정형적 육체업무를 담당하는 저숙련 일자리는 오히려 증가하는 경향"을 말한다(박용민 등, 2018:8)

■ 4차 산업혁명은 사람들의 일생생활을 아날로그적 라이프스타일에서 디지털 라이프스타일로 변화시키고 있으며, 이에 따라 사람들의 가치관과 직업의 변화를 촉진하고 있다(이지연, 2019.05.22.)

4차 산업혁명이 가져올 일자리의 변화는 크게 세 가지로 집약해 볼 수 있다. 하나는 기존에 사람들이 수행하던 일자리를 4차 산업혁명의 기술 요소들(대표적인 것으로는 인공지능)이 얼마나 잠식할 것인가의 문제를 들 수 있다. 즉, 직업과 관련된 문제이다. 둘째는 자동화가 기존에 사람들이 수행하던 업무를 얼마나 대체할 것인가의 문제이다. 즉, 직무와 관련된 문제이다. 셋째로는 4차 산업혁명으로 인해 새로운 일자리가 얼마나 생겨날 것인가의 문제이다.

과학기술이 주도하고 있는 4차 산업혁명 시대에서 자동화는 여러 가지 기대와 우려를 동시에 내포하고 있다. 예컨대 고객 서비스에 신속하게 응답을 하도록 설계된 알고리즘은 소비자 입장에서 보면 문의에 대해 신속하게 답변을 받을 수 있으므로 소비 관련 편리성이 제고되는 반면 해당 업무를 수행하던 직원은 다른 직무로 전환될 가능성도 있다.

4차 산업혁명과 일자리 간의 관계는 삶의 질을 결정하는데 매우 크게 영향을 미친다는 점에서 주목해서 보아야 할 주제에 해당된다. 이와 관련하여 매우 정교하게 분석한 일련의 예측 보고서들이 McKinsey에서 나왔다 (Chui et al., 2015, 2016; Manyika, Chui et al., 2017; Manyika, Lund et al., 2017).

먼저 자동화가 일자리에 미치는 영향을 살펴본 보고가 있다. Manyika 와 Chui를 비롯한 연구자들(2017)은 기술이 비즈니스와 사회에 미치는 영향, 특히 일(work)의 미래와 데이터 및 데이터 분석학, 자동화, 로봇공학 그리고 인공지능이 세계 경제에 미칠 잠재적인 영향력에 대한 연구 프로그램의 일환으로 기술은 사람들이 작업장에서 수행하는 현재의 작업 활동 (work activity)을 어떻게 자동화할 수 있는지 그리고 실업과 생산성에는 어떻게 영향을 미치는지에 관하여 분석을 실시하였다.

작업 활동 자동화는 작업에서 발생하는 오류를 줄이고 품질을 향상시키며 작업 속도를 빠르게 함으로써 비즈니스 성과 향상을 가져 올 수 있고, 경우에 따라서는 사람들의 역량을 넘어서는 성과를 내기도 한다. 자동화는 생산성 향상을 가져올 수도 있다. Manyika와 Chui를 비롯한 연구자들(2017)이 800개 직종(occupation)에서 2천개 이상의 작업 활동(work activity)을 분석한 바에 따르면 현재 시현된 기술을 개량(adapt)하는 경우 사람들이 수행하는 직무 활동의 절반 정도는 잠정적으로 자동화될 수 있는 것으로 분석되었다. 실현된 기술을 활용하여 전체를 자동화시킬 수 있는 직종은 전체 직종의 5% 미만인 것으로 분석되었다. 전체 직종의 60%는 적어도 30% 정도의 활동이 자동화가 가능한 것으로 분석되었다. 자동화되기 가장 용이한 활동은 데이터를 수립하고 데이터를 처리하는 활동 그리고 매우 구조화되어 있고 예측 가능한 환경에서 수행되는 육체 활동이 포함된다.

자동화의 속도와 정도를 결정하는 것으로는 기술적, 경제적, 사회적 요인을 들 수 있다. 구체적으로는 기술의 실행가능성(feasibility), 기술과 관련된 비용, 숙련도를 포함하는 노동에서의 경쟁, 수요와 공급의 동태성, 노동 비용의 절감을 감안한 성과가 주는 혜택, 사회적 수용 그리고 규제 수용 요인들이 영향을 미친다. 현재 수행되고 있는 작업 활동의 절반은 2055년까지 자동화될 가능성이 있으며, 그 시기는 경제 상황과 자동화에 영향을 미치는 다양한 요인들이 따라서 20년이 빨라질 수도 있고(즉, 2035년) 20년이 늦어질 수도 있다(즉, 2075년)고 보고 있다.

인당 소득이 증가하기를 원하는 국가들은 기계와 사람이 지속적으로 함께 일을 해야 할 것으로 보인다. 생산성 추정에 따르면 자동화로 인해 일을 잃은 사람들은 다른 일을 찾게 될 것으로 보인다.

비즈니스 측면에서 보면 자동화가 가져다주는 성과는 상대적으로 명확하기는 하지만 정책결정자 입장에서 보면 실업, 소득, 교육, 훈련 등을 포함하여 상당히 복합적인 문제가 개입될 수 있다.

직장 내에서 개인들은 기계를 자신의 일상적인 활동의 일부분으로 여기고 광범위하게 교류(engage)할 필요가 있으며, 새로운 자동화 시대에 요구되는 새로운 기량(skill)을 습득해야 할 필요가 있다.

Manyika와 Chui를 비롯한 연구자들(2017)의 보고서에서는 대한민국과 관련된 사항도 언급을 하고 있는데, 대한민국은 2030년까지 예상되는 성장 목표와 경제성과를 고려할 때 자동화를 더 촉진시켜야 할 필요가 있음을 보고하고 있다. 즉, 인구구조 상으로 노령화 인구의 비율이 높은 대한민국과 같은 국가에서는 자동화가 제공할 수 있는 있는 생산성 향상 추진을 상당히 시급하게 수행할 필요가 있음을 지적하였다.

자동화와 일자리 간의 관계에 초점을 맞춘 보고서가 있다. Manyika와 Lund를 비롯한 연구자들(2017)은 인공지능, 로봇 등과 같은 자동화 기술이 생산성과 경제 성장을 끌어올림으로써 자동화 기술 사용자, 기업 그리고 경제에 상당한 혜택을 가져다 줄 것으로 기대를 모으고 있다고 보고 있다.

자동화 기술이 근로자로서의 사람들 대체하는 정도는 자동화 기술의 발전과 채택 속도, 경제 성장, 일에서 요구되는 정도 등에 따라 달라질 것이다. 자동화가 영향을 미치는 정도는 직종에 따라 상이하기는 하지만 60% 이상의 직종에서 적어도 30%의 작업 활동은 자동화될 가능성이 있음을 이미 지적한 바 있다. 자동화는 현재는 있지 않은 새로운 직종을 만들어 낼 것이다.

모든 작업 활동의 절반 정도가 현재 시현되고 있는 기술들을 개량하는 경우 잠재적으로 자동화가 가능하지만, 자동화 기술을 채택하는데 영향을 미치는 기술적, 경제적, 사회적 요인들로 인하여 2030년까지 실제로 대체될 일의 비율은 낮을 가능성이 높다. 마흔 여섯 나라를 대상으로 조사한 바에 따르면 2030년까지는 작업 활동이 대체되는 것이 없거나 작업 활동의 삼분의 일 정도가 대체될 가능성이 있는 것으로 조사되었고, 그 중간값은 15%인 것으로 분석되었다. 자동화에 의한 작업 활동 대체 비율은 국가에 따라 상당히 차이가 크게 나타났는데, 자동화의 영향은 개발도상국 보다는 선진국이 더 영향을 받는 것으로 나타났다. 대한민국의 경우 비교적 자동화 영향이 큰 것으로 나타났다. 선진국이 자동화의 영향을 크게 받는 이유는 자동화에 고임금과 경제적 인센티브가 반영된 결과로 보인다.

일과 근로자에 대한 수요는 자동화와 더불어 경제가 성장함에 따라서 증가할 것으로 보이는데, 이것은 기술의 발달에 따른 생산성 성장이 기여한 것으로 보인다. 소득과 소비의 향상, 건강관리의 증가, 인프라스트럭처에 대한 투자 등은 일에 대한 수요를 창출하여, 근로자들이 자동화에 의해 대체되는 것을 상쇄(offset)하게 될 것이다.

자동화와 일자리 간의 관계는 두 가지 측면, 즉 자동화가 사람의 일자리를 대체하는 측면과 자동화로 인하여 새롭게 생겨나는 일자리 측면에서 살펴 볼 필요가 있다. Manyika와 Lund를 비롯한 연구자들(2017)은 2030년까지 4억 명에서 8억 명 정도가 자동화에 의해 대체될 것이고, 이들은 새로운 직업을 구할 필요가 있다고 추정하고 있다. 그리고 2030년까지 전 세계 근로 인구의 3%에서 14% 정도를 차지하는 7천5백만 명에서 3억7천5백만 영의 근로자들이 직종 구분이 바뀔 필요성이 있음을 지적하고 있다. 그런데 이들은 2030년까지 완전 고용이 이루어질 수 있을 정도로 일은 충분하게 있을 것으로 보고 있다. 그러나 산업 구조의 변화에 따라 일을 하고자 하는 사람과 직무 간의 일치성에 있어서 과도기적인 변화가 있을 가능성이 있음을 지적하고 있다.

한편 근로자 모두는 역량을 갖춘 기계가 늘어나서 근로자와 기계가 함께 발전하는 것에 적응하는 것이 필요하다고 보고 있다. 적응에는 고등 교육이 요구된다. 근로자로서의 사람들이 기계와 동행하기 위해서는 사회적 기량, 감성적 기량, 창의성, 고차원의 인지 역량 그리고 상대적으로 자동화되기 어려운 여러 기량이 요구되는 활동에 더 많은 시간을 투여해야 한다.

자동화에 따라 중간 정도의 임금을 받는 직종은 감소하는 반면 고임금 직종에 대한 수요는 증가할 가능성이 있다.

자동화가 가져다주는 혜택을 제대로 누리기 위해서는 경영자와 정책 입안자들은 자동화의 혜택과 이러한 기술이 가져올 근로자 전환배치

(transition)를 알릴 필요가 있다. 수요가 견고하게 성장하고 경제적 동태성을 확보하는 것이 우선순위에 놓여 있어야 한다. 역사적으로 보면 확장되지 않은 경제는 직업을 확대를 생성하지 못한다. 노동시장 동태성이 증가하고 근로자 전환배치가 가능해짐에 따라서 경력 중에 직업 훈련은 필수가 될 것이다. 이러한 변화는 기량구축(skill – building)에 대한 비즈니스 접근뿐 아니라 교육 및 직업훈련 모형에도 변화가 있어야 할 것이다.

로봇이 일자리를 대체할 것인지에 대한 견해는 상반되게 나타나는 것으로 보인다. 예컨대 스티븐 므누신 미국 재무부 장관은 인공지능과 로봇에 의한 일자리 대체가 100년은 걸릴 것이라고 얘기한 반면 경제협력개발기구(OECD)는 인공지능이 미국 일자의 9%를 사라지게 할 것으로 보았다. 볼스테이트 연구를 보도한 마켓워치에 따르면 지난 7년 간 미국 제조업 일자리 감소의 주요 원인을 자동화와 정보기술의 발전 때문이라고 보았다(황준호, 2017.03.25.).

인공지능에 의해 사람들이 수행하던 일자리가 얼마나 변화할 것인지에 대해 여러 곳에서 보고하였다.

기존의 보고 내용에 비해 사람들 입장에서 희망 섞인 보고들도 있다. 대표적으로는 Wilson과 Daugherty(2018)의 연구 내용이다. 먼저 결론부터 언급하면 사람과 인공지능이 함께 일을 할 때, 즉 사람과 기계가 협업을 하는 경우 성과 개선이 가장 두드러지게 높게 나타났다는 것이다. 즉, 인공지능과 사람 간의 관계를 고려한 성과를 측정하였을 때 인공지능이 사람을 대체하는 경우 보다는 인공지능이 경영자 혹은 근로자를 보완하고, 증강하는 경우에 가장 높은 성과를 창출하는 것으로 나타났다. 이것은 사람과 기계가 협업을 하는 경우 성과가 가장 높게 나올 수 있음을 보여주는 것이다. 그러면 이 경우 사람과 기계는 어떠한 방식으로 협업을 해야 성과가 높아질 수 있는지가 기업 경영에서는 중요할 것이다. Wilson과 Daugherty는 사람과 기계 간의 성공적인 협업 모델에서 사람과 기계의 장점이 보완을 이룰 수 있어야 한다고 보고 있다. 연구자들은 사람의 장점으로는 리더십, 팀워크, 창의성 그리고 사회적 역량(social skill)을 꼽은 반면 인공지능의 장점으로는 속도, 확장성(scalibility), 양적 역량(quantitative capabilities)을 들고 있다.

연구자들은 사람의 역할과 기계의 역할을 구분하고 각자의 역할을 충실히 수행할 때 성과가 높게 나옴을 설명하고 있다. 사람이 수행해야 할 중요한 역할을 세 가지로 정리하고 있다(Wilson과 Daugherty, 2018). 첫째는 사람은 특정 기계학습 알고리즘이 설계된 작업을 어떻게 수행해야 할지에 대해 가르치며, 인공지능 시스템이 사람과 어떻게 상호작용을 해야 잘 하는 것인지에 대해 훈련을 시키는 역할을 수행해야 한다. 예컨대 투자조언을 하는데 필요한 기계학습 알고리즘과 의료진단을 하는데 필요한 기계학습 알고리즘은 서로 다른데, 이러한 알고리즘을 인공지능이 익히기 위해서는 사람이 알려주어야 한다. 사람과 상호작용하는 방법 중에서 중요한 것은 사람의 감정을 읽을 수 있어야 한다는 점이다.

둘째, 사람은 기계들이 만들어낸 결과들에 대해서 설명하고 해석하는 역할을 수행해야 한다. 예컨대 법률적인 측면에서 인공지능이 어떤 판단을 하였는데, 그 판단의 근거가 무엇인지를 설명할 수 없다면 설령 어떠한 판단을 하였다고 하더라도 그 결과를 받아들이기는 쉽지 않을 것이다. 사람은 기계가 내린 판단의 근거에 대해 설명을 할 수 있어야 한다. 가령 기계가 내린 판단의 근거가 되는 각 요소들의 가중치가 달라진다면 다른 결론이 나왔을 수도 있다고 가정해 보면 기계가 내린 결론을 사람들이 해석하고, 그 결론에 대해 설명을 할 수 있어야 정확한 결론에 도달할 수 있을 것이다. 사람들이 결론을 해석하고 설명할 수 있어야 한다는 것은 기계학습 알고리즘이 어떤 투입 요소에 대해 결론에 도달하기까지의 프로세스를 잘 이해하고 있어야 한다.

셋째, 사람은 인공지능 시스템이 적합하게 기능을 수행하고 있는지, 안전하게 작동을 하는지, 그리고 윤리적으로 문제가 없도록 기능이 수행되고 있는지를 지속적으로 관찰하여 이러한 문제가 발생하지 않도록 보증하는 역할을 수행해야 한다. 이 역할과 관련된 좋은 예로 Amazon 사례를 들 수 있다. Amazon은 인공지능 기반의 채용 선발 시스템을 운영하려고 하였으나 기계학습 알고리즘이 산출한 결과가 여성 지원자에게 불리하게 작동한다는 것을 파악하고 이를 선발 시스템에 활용하려던 계획을 철회하였다.

한편 기계가 수행해야 할 역할도 있다. 그런데 기계가 수행해야 할 역할은 실질적으로는 기계의 지원을 받아 사람이 수행해야 할 역할이기도 하다. 즉, 만일 기계가 사람에게 도움을 주는 역할을 수행하더라도 사람이 그것을 받아들일 준비가 되어있지 않거나 거부를 한다면 사람과 기계간의 협업의 효과는 완화되거나 사라지거나 기계만으로 산출되는 효과보다 못할 수도 있다. 기계가 수행해야 할 중요한 역할 세 가지는 다음과 같다(Wilson과 Daugherty, 2018). 첫째, 기계는 사람들이 가지고 있는 인지 강점에 해당하는 인지 스킬과 창의성을 증진할 수 있어야 한다. 좀 더 구체적으로 보면 인공지능은 사람에게 적합한 시기에 적합한 정보를 제공함으로써 사람들의 의사결정 능력과 창의성을 부양할 수 있어야 한다.

둘째, 기계는 기업이 종업원 및 고객과 더 참신하고, 더 효과적인 방법으로 교호작용을 통해 대화할 수 있도록 사람과의 협업을 수행해야 한다. 예를 들면 고도의 서비스 업무를 수행해서 성과를 향상시켜야 하는 직원이 일상적인 고객 서비스 업무에 얽매여 있어서 성과를 내지 못하는 경우 챗봇을 통해 이 직원의 업무를 경감시켜서 이 직원이 좀 더 생산성이 높은 업무를 수행할 수 있도록 지원하는 것이 여기에 해당된다.

셋째, 기계는 사람들의 신체가 가지고 있는 역량을 확장시키는 역할을 수행할 수 있어야 한다. 인공지능은 알고리즘, 즉 디지털 객체 형태로 존재할 수 있고, 알고리즘이 기계에 체화되어 존재하는 경우도 있다. 후자의 예로는 인공지능 알고리즘이 구현된 로봇(cobot)을 들 수 있다. 인공지능 알고리즘이 체화된 로봇을 사람이 착용하는 경우 사람은 그 사람이 본래 신체적으로 가지고 있던 물리력을 넘어서는 힘과 역량을 발휘할 수 있다.

4차 산업혁명은 일자리 구조에 있어서 많은 변화를 가져올 것임에는 틀림이 없는 것으로 보인다. 그러나 일자리 구조를 결정하는 것은 4차 산업혁명만이 영향을 미치는 것은 아니다. 우리나라의 경우 4차 산업혁명과 관련된 기술적 요인들이 미칠 영향 이외에도 인구적 요인, 사회문화적 요인 등이 다양하게 영향을 미칠 가능성이 높다.

4차 산업혁명을 중심으로 살펴보면 4차 산업혁명으로 인하여 감소할 가능성이 있는 직업군과 증가할 가능성이 있는 직업군 그리고 기존에는 없었으나 새로 만들어질 직업군 등이 있을 것으로 보인다.

4차 산업혁명 시대에도 변하는 것과 변하지 않는 것 혹은 변하지 말아야 할 것이 있는데, 이러한 논리는 직업 분야에서도 적용된다고 본다. 중요한 것은 기업 경영을 할 때 앞으로 필요한 인력 구조를 어떻게 가지고 가여야 할 것인지를 정확히 예측할 필요가 있다. 그리고 직업을 구하려고 하는 구직자 차원에서는 해당 직무를 수행하기에 필요한 역량이 무엇인지를 파악하여 해당 직무 역량을 지속적으로 배양하려는 시도가 필요할 것이다.

4.7 유망 직업 예측의 역사

2010년 유망 직업 지도를 보자. 먼저 2005년도에 보도된 2010년 유망 직업 지도를 살펴보자. 조선일보의 자매지인 이코노미플러스에서는 중앙고용정보원이 선정한 '2010년 유망 직업'을 보도하였다. 여기에서 언급된 유망 직업은 그 당시 한국 사회의 트렌드인 웰빙, 고령화, 디지털화를 반영하여 선정되었다. 여기서 언급된 유망 직업은 공동주택 관리자(주맥관리사), 여행상품 기획가, 행사 기획가, 물리치료사 및 작업치료사, 특수교사, 응급구조사, 상담전문가, 사회복지사, 에니메이터, 통신공학 기술자, 데이터베이스 관리자, 전자공학 기술자, 인테리어 디자이너, 피부미용사 및 체형관리사 등이었다(한정곤, 2005.03.01).

다음으로 기존 일자리에 대한 향후 전망을 살펴보자. 먼저 박가열 등(2018)이 작성하고 한국고용정보원에서 나온 '2019 한국직업전망'은 일자리와 관련하여 4차 산업혁명 시대에 변하지 말아야 할 것과 변해야 할 것에 대한 시사점을 제공해 주고 있다. '2019 한국직업전망'에서 보면 향후 10년 내에 연평균 -2% 이상 감소할 것으로 예측하는 일자리는 1개에 불과하다. 이것은 4차 산업혁명 시대가 기존의 일자리를 완전히 뒤바꾸어 놓을 것이라는 전망에 비추어 볼 때 기존 일자리를 찾는 구직자들에게는 다소 간 위안이 되는 보고서 내용이 될 것이다. 다만 일자리의 질적 측면은 별개의 문제로 해야 할 것 같다.

표 4-1 향후 10년 간 한국 직업 전망

전망	직업명
증가 (19)	간병인, 간호사, 간호조무사, 네트워크시스템개발자, 물리 및 작업치료사, 변리사, 변호사, 사회복지사, 생명과학연구원, 산업안전 및 위험관리원, 수의사, 에너지공학기술자, 의사, 치과의사, 컴퓨터보안전문가, 한식목공, 한의사, 항공기객실승무원, 항공기조종사
다소 증가 (68)	감독 및 연출자, 경찰관, 경호원, 관제사, 광고 및 홍보전문가, 기자, 냉난방관련 설비조작원, 노무사, 대중가수 및 성악가, 데이터베이스 개발자, 도시 및 교통설계전문가, 만화가 및 애니메이터, 미용사, 방사선사, 방송 및 통신장비 설치 수리원, 배우 및 모델, 법률관련사무원, 보육교사, 보험 및 금융상품개발자, 사서 및 기록물관리사, 사회과학연구원, 사회단체활동가, 상담전문가 및 청소년지도사, 상품기획전문가, 석유화학물가공장치조작원, 세무사, 소방관, 손해사정사, 스포츠 및 레크리에이션강사, 시스템소프트웨어개발자, 식품공학기술자 및 연구원, 안경사, 안내 및 접수사무원, 애완동물미용사, 약사 및 한약사, 여행서비스관련종사자, 연예인 및 스포츠매니저, 영양사, 웹 및 멀티미디어기획자, 웹 및 멀티미디어디자이너, 응급구조사, 응용소프트웨어개발자, 의무기록사, 인문과학연구원, 임상병리사, 임상심리사, 자동차 및 자동차부분품조립원, 작가, 전기 및 전자설비조작원, 전기공학기술자, 전자공학기술자, 정보시스템운영자, 제조공정부품조립원, 지리정보전문가, 직업상담사 및 취업알선원, 치과기공사, 치과위생사, 컴퓨터시스템설계 및 분석가, 컴퓨터하드웨어기술자 및 연구원, 큐레이터 및 문화재보존원, 택배원, 판사 및 검사, 피부미용사 및 체형관리사, 행사기획자, 화학공학기술자, 환경공학기술자, 환경관련장치조작원, 회계사
유지 (81)	기업고위임원(CEO), 간판제작 및 설치원, 감정평가전문가, 건설기계운전원, 건축가(건축사), 건축공학기술자, 경기감독 및 코치, 경비원, 경영및진단전문가(경영컨설턴트), 공예원, 관세사, 국악인 및 전통예능인, 금속가공장치조작원, 금융 및 보험관련사무원, 금형 및 공작기계조작원, 기계공학기술자, 기계장비설치 및 정비원, 농림어업기술자, 대학교수, 도배공 및 유리부착원, 메이크업아티스트 및 분장사, 무용가 및 안무가, 물품이동장비조작원(크레인및지게차운전원), 미술가, 미장공 및 방수공, 배관공, 버스운전원, 번역가, 법무사, 보험관련영업원, 부동산중개인(부동산중개사), 비금속광물가공장치조작원, 비서, 상품중개인 및 경매사, 상품판매원, 생산관련사무원, 소년보호관 및 교도관, 시각디자이너, 식품가공관련기능종사자, 식품제조기계조작원, 아나운서 및 리포터, 영업원, 영화·연극및방송제작장비기사, 용접원, 운동선수, 운송장비정비원, 유치원교사, 음악가, 인테리어디자이너, 임업관련종사자, 자동차정비원, 자산운용가, 작물재배종사자, 장례지도사, 재료공학기술자, 전공, 전기 및 전자기기설치수리원, 제과제빵사, 제품디자이너, 조경기술자, 주방장 및 조리사, 중등학교교사, 철골공, 철도 및 전동차기관사, 청소원 및 가사도우미, 청원경찰, 초등

	학교교사, 출판물전문가, 캐드원, 토목공학기술자, 통신공학기술자 및 연구원, 통신장비 및 방송송출장비 기사, 통역사, 투자 및 신용분석가, 특수학교교사, 패션디자이너, 학원강사 및 학습지교사, 항해사, 홍보도우미 및 판촉원, 화물차 및 특수차운전원, 회계 및 경리사무원
다소 감소 (31)	조사전문가, 건축목공, 결혼상담원 및 웨딩플래너, 경영지원사무원, 계산원 및 매표원, 귀금속 및 보석세공원, 낙농 및 사육관련종사자, 단순노무종사자, 단열공, 단조원, 도장원 및 도금원, 무역사무원, 바텐더, 비파괴검사원, 사진가, 섬유공학기술자, 세탁원 및 다림질원, 악기제조원 및 조율사, 어업관련종사자, 운송사무원, 의복제조원 및 수선원, 이용사, 조적공 및 석공, 주조원, 증권 및 외환딜러, 철근공, 철도 및 전동차기관사, 측량가, 콘크리트공, 텔레마케터, 판금원 및 제관원
감소 (1)	인쇄 및 사진현상관련조작원

주: '2019 한국직업전망'에서 전망 구분은 향후 10년간의 연평균 고용증감률을 –2%미만(감소), -2%이상 –1%이하(다소 감소), -1%초과 +1%미만(현 상태 유지), 1%이상 2%이하(다소 증 가), 2%초과(증가) 등 5개 구간으로 구분하여 제시
출처: 박가열 등(2018)

기업 경영 측면에서 살펴보면 미래사회의 직업도 중요하지만 미래사회의 직업이 어떠한 원인으로 인하여 이러한 직업 형성이 될 것인가가 더 중요할 수도 있다.

특정 기업 경영 입장에서 살펴보면 직업의 변화 보다는 4차 산업혁명의 과학기술적 요소들로 인하여 기업 내에서의 직무 성격은 어떻게 바뀌며, 바뀐 직무 성격을 누가 담당할 것인지가 더 중요한 이슈일 수 있을 것이다.

미래사회의 직업에 영향을 미치는 요인과 그 요인들에 따른 직업을 일목요연하게 제시한 연구가 있다. 한상근(2018.09.13)은 미래사회의 트렌드를 초연결 초지능화, 저출산과 고령화, 글로벌화, 자원경쟁의 심화와 지구온난화, 소비의 고도화, 위험의 일상화, 하이터치의 시대와 같이 7가지 유형으로 제시하고, 각 유형과 관련된 직업 발전을 제시한 바 있다. 이러한 시각은 직업 발전의 원인을 분석하였다는 점에서 의의가 있다고 하겠다.

표 4-2 미래사회의 직업 7대 트렌드

구분	직업 발전
초연결 초지능화	인공지능 관련 전문가, 지능형 로봇 관련 전문가, 사물인터넷 관련 전문가, 바이오기술 관련 전문가, 빅데이터 관련 전문가
저출산 고령화	사회복지 관련 직업, 보건의료 관련 직업
글로벌화	수송 관련 직업, 항공 관련 직업, 국제회의 관련 직업, 관광 관련 직업, 컨벤션 관련 직업, 전시회 관련 직업
자원경쟁·지구온난화	재생에너지 관련 직업, 환경 관련 직업
소비의 고도화	건강, 미용, 오락, 취미 등 일상생활에서 질 높은 서비스를 제공하는 직업
위험의 일상화	안전 관련 직업, 보안 관련 직업
하이터치의 시대	예술 관련 직업, 영상 관련 직업, 오락 관련 직업, 여행 관련 직업, 식품 및 외식 관련 직업, 콘텐츠 관련 직업

출처: 한상근(2018.09.13)

한상근(2018.09.13)은 미래사회에서 발생할 것으로 예상되는 직업의 변화 양상 특징들을 직업의 전문화와 세분화, 업무의 융·복합화, 비정형 업무의 발전, 직종 및 업의 경계의 불명확화 등으로 정리하고 있다.

일자리에 영향을 미치는 요인들은 몇 가지 공통적인 부분으로 요약된다. '2019 한국직업전망'에서는 스마트 자동화 기술, 저출산, 고령화, 경쟁, 환경(environment)과 같은 요인들이 일자리에 영향을 미치는 것으로 보았다(박가열 등, 2018).

4차 산업혁명 시대에도 기존의 일자리는 지속될 가능성이 많다. 단지 그 모습은 변화될 가능성이 높다.

Chapter 05

4차 산업혁명 시대 경영전략과 의사결정

Michael M. Porter는 1980년 산업분석을 통해 경쟁전략과 가치사슬이라는 개념을 경영학에 도입하여 경영전략 분야에서 새롭고 참신한 시각을 제공한 바 있다. Michael M. Porter는 2010년대에 들어와서는 스마트 하면서 연결된 제품(smart, connected product)과 증강현실(augmented reality)이 기업의 경쟁력과 기업 내부의 모습 그리고 고객과의 커뮤니케이션 방법을 혁신적으로 바꿀 것임을 강조하고 있다.

5.1 4차 산업혁명과 경영전략

Porter와 Heppelmann(2014, 2015)은 스마트하면서 연결성을 갖춘 제품이 산업구조와 경쟁구조 그리고 기업구조를 변화시킬 것으로 보았다. 산업의 경계를 무너뜨리거나 적어도 산업의 경계를 희미하게 변화시키고 있다고 하였다. 이 말은 기업 입장에서 보면 자사가 어느 산업에 속해 있는지, 자사가 무엇을 하고 있는 것인지 애매모호해 질 수 있음을 의미한다. 더 중요한 것은 기업의 경쟁자가 어디에서 출현할지 알기 더 어려워진다는 점이다.

Porter와 Heppelmann(2014)은 제품 혹은 사물이 서로 인터넷을 통해 연결되는 것 보다 더 근본적인 것, 즉 제품 혹은 사물 자체가 가지고 있는 본질이 변화하고 있다(changing nature of the "things")는 점을 더 중요시 여기고 있다. 즉, 새로운 경쟁에서 주목해야 할 것은 스마트하고 연결된 제품이 데이터를 생성해내며, 확장 능력(expanded capability)을 가지고 있다는 점이다.

Porter와 Heppelmann(2014)은 스마트하고 연결된 제품에서는 제품과 정보기술이 분리되어 있는 것이 아니라 정보기술이 제품 자체에 통합된 한 부분(integral part of the product itself)으로 되어가고 있다고 하였다. 제품 안에는 센서가 내장되어 있고(embedded sensor), 프로세서가 있으며, 소프트웨어가 있고, 연결성(connectivity)이 있으며, 이와 더불어서 제품 밖에는 어떤 제품의 클라우드에서 제품 데이터가 저장되고, 분석되며, 애플리케이션들이 작동을 해서 제품의 기능성(functionality)과 성능(performance)을 극적으로 개선하고 있다.

4차 산업혁명 시대에도 변하지 않는 것이 있음을 Porter와 Heppelmann (2014)은 말하고 있다. 그들은 사물인터넷이 모든 것을 바꾸어 놓을 것이라는 말에 대해 그것은 위험할 정도로 지나치게 단순화시킨

말임을 지적하고 있다. 인터넷이 그러하였던 것처럼 스마트하고 연결된 제품은 지금까지 발생되어 오고 있는 기술적 실현 가능성들을 모두 반영하는 것뿐이다. 그럼에도 불구하고 경쟁과 경쟁 우위의 규칙은 동일하다. 기업들이 스마트하고 연결된 제품 세계를 항해할 때에는 이러한 규칙들을 그 어느 때 보다 더 잘 알고 있어야 한다.

5.2 디지털 전략

5.2.1 디지털 혁명

디지털화(digitalization)는 "아날로그 형태(예컨대 문자, 이미지, 소리, 물리적 속성 등과 같은 형태)의 정보를 디지털 형태로 변환을 해서 변환된 형태의 디지털 정보가 디지털 회로, 장치, 네트워크 등을 통해 처리되고 저장되며 전송되는 것"을 말한다(Ng & Wakenshaw, 2017:3).

디지털 혁명은 데이터가 풍부한 환경을 만들어왔다. 기업은 자사의 혁신 활동을 제고하기 위하여 점차적으로 온라인 쇼핑, 소셜 미디어, 웹 브라우징 행동 등과 같은 다양한 소비자 데이터를 취득하여 분석하는 것을 추구한다(Rindfleisch et al., 2017). 이러한 접근방법은 "데이터가 가져다주는 혁신"이다. 동시에 다수의 소비자들은 오디오·비디오 편집 소프트웨어와 3D 프린팅 기술과 같은 새로운 도구를 활용하여 디지털 데이터를 혁신적인 물리적인 유형 제품으로 변환하는 능력을 확보하고 있다. 이러한 접근방법을 "데이터로서의 혁신"이라고 한다. 이러한 두 가지 접근방법은 소비자의 역할, 기업의 연관성 그리고 제품의 성격 차원에서 근본적으로 다르다.

5.2.2 디지털 혁명에서 3D 프린팅의 역할

물리적인 것과 디지털적인 것 간의 구분이 모호해짐에 따라서 3D 프린팅은 디지털 혁명을 물리적 제품 영역까지 확장하는 것이 유망해졌다. 지금 이 시대를 디지털 시대로 표현하는 경우도 있지만 상대적으로 소수의 제품만이 현재 디지털화되어 있다. 그러므로 지금 시대는 부분적으로 디지털 혁명이 진행되었다고 할 수 있다(Rindfleisch et al., 2017). 디지털 혁명은 광범위한 영역의 제품에서 물리적인 것과 디지털적인 것의 구분을 없애주는 3D 프린팅과 같은 기술에 의해 완전하게 실현될 것이다. 오늘날 다수의 소비자들은 자신의 스마트폰에 디지털 파일을 단순히 다운로드하고, 다운로드한 파일을 실행시킴으로써 음악을 들을 수 있다. 3D 프린팅도 이와 유사하게 소비자들이 데스크톱 컴퓨터 앞에 앉아서 디지털 파일을 다운로드하고, 3D 프린터에 적합한 재료를 다운로드한 디지털 파일을 활용하여 물리적 제품으로 변환시키는 것이 가능하도록 한다(D'Aveni, 2013). 이러한 변형은 반대 방향으로도 일어날 수 있다. 즉, 적절한 디지털 스캐너는 소비자들이 물리적 제품을 쉽게 수정할 수 있고, 타인과 공유할 수 있으며, 경우에 따라서는 온라인 판매도 가능한 디지털 디자인 파일로 바꿀 수 있도록 지원한다.

디지털 혁명은 디지털 혁명 이전 시기, 부분적인 디지털 혁명 시기 그리고 완전한 디지털 혁명 시기로 구분해 볼 수 있다(Rindfleisch et al., 2017). 이러한 디지털 혁명 시기 구분은 핵심적인 도구, 상징적인 기업, 데이터 유형 그리고 예시로 구분해 볼 수 있다. 디지털 혁명 이전에는 대부분의 데이터는 본질적으로 아날로그 형식으로서 종이책자 혹은 레코드판과 같은 물리적 형태로 저장되었다. 1980년대 초반 개인용 컴퓨터의 도입과 인터넷의 발전은 문자와 음악 같은 정보재(information goods)를 디지털화된 파일로 변형시킬 수 있게 만듦으로써 부분적인 디지털 혁명이 이루어질 수 있도록 하였다. 마찬가지로 저비용의 데스크톱 컴퓨터용 3D 프린터와 소형화된 3D 스캐너의 출현은 물리적 재화를 디지털 제공물 혹은 디지털 재화를 물리적 제공물로 변형을 함으로써 완전한 디지털 혁명이 가능한 시발점이 되었다. 오늘날 물리적 제품에 대응하는 디지털 파일(예컨대 G−코드 파일)은 정보재에 대응하는 디지털 파일만큼 쉽게 디자인되고, 배포되며, 입수할 수 있다. 완전한 디지털 혁명이 이미 시작되었음은 몇 가지 신호를 통해 알 수 있다. 현재 300개 이상의 독립적인 제조업체들이 시장에서 고작 300달러 정도에 해당하는 데스크톱 컴퓨터용 3D 프린터가 판매되고 있다.

부상하고 있는 데스크톱 컴퓨터용 3D 프린팅 산업은 iTunes를 비롯하여 이미 자체 버전을 이미 가지고 있다.

개인들은 지역 도서관, 대학교, 온라인 등을 통해서 3D 프린팅에 대해 쉽고 값싸게 배울 수 있다. 그러므로 데스크톱 컴퓨터 3D 프린팅은 점차적으로 다수의 소비자들이 접근가능하고 구입가능하게 된다.

3D 프린팅의 활용은 간편한 것(예컨대 병따개)부터 심오한 것(예컨대 인공 손)에 이르기까지 다양하다(Rindfleisch et al., 2017). 'Thingiverse.com'같은 디지털 디자인 공유 웹사이트의 조사에서는 3D 프린터로 만들어진 물

체는 소비자들이 자신의 충족되지 않은 욕구를 충족하기 위해 만든 독특한 창작물임을 보여주고 있다. 예를 들면 Travis Corbett는 보편적으로 출시되어 있는 병의 병마개를 쉽게 열 수 있는 UBO(universal bottle opener)를 디자인하고 프린트하였는데, 이것은 근력저하에 시달리고 있는 사람들이 어떠한 병이든 간에 병마개를 여는 것을 돕기 위하여 만들어진 진기한 병따개이다. 독특하게 창작을 하는 것 이외에도 소비자들은 3D 프린팅 기술을 물체의 일부분을 대체하는 데에도 활용할 수 있다. 특히 물체의 일부분을 대체하는 것은 그것이 얻기가 어려운 경우 혹은 엄청나게 비싼 경우 유용하다. 예를 들면 Illinois MakerLab에서는 최근에 'Sleep Number'침대의 브래킷(brackets) 교체를 디자인하고 프린터로 교체품을 만들어 내었다. 그 침대가 2년 밖에 안 되었는데, 그 제조업체는 더 이상 특정한 브래킷을 공급하지 않으므로 그 침대의 소유자는 새로운 침대를 구매할 것을 권유하였다. 이러한 예시들은 3D 프린팅의 잠재력을 부각하고 있으며, 디지털 혁명이 다음 단계에서는 어떻게 일어날 것인지에 대한 통찰력을 제공하고 있다.

3D 프린팅은 이외에도 자원 절약, 지속가능성에도 기여할 수 있다 (Garmulewicz et al., 2018).

5.3 데이터 전략

4차 산업혁명 시대에는 조직 기능 중 데이터관리 기능이 매우 중요해

질 것으로 판단된다. 4차 산업혁명의 기본이 되는 것이 데이터로부터 나온
다는 점에서 더욱 그러하다.

빅데이터 분야에서는 구조화된 데이터뿐 아니라 비구조화된 데이터의
분석이 데이터 과학 분야의 발전을 가져오고 있으며, 데이터 활용의 효용
성을 높여주고 있는 것이 사실이다. 그러나 Dallemule와 Davenport의 조
사(2017)에 의하면, 평균적으로 조직이 보유하고 있는 구조화된 데이터의
반 이하만이 의사결정에 적극적으로 활용되고 있으며, 조직이 보유하고 있
는 비구조화된 데이터는 기껏해야 1% 미만만이 분석되거나 활용되고
있다.

4차 산업혁명 시대에는 데이터 그리고 정보가 자산인 시대이다. 따라
서 기업에서는 데이터관리 기능을 수행하는 부서 혹은 책임자가 필요하다.
그리고 데이터관리 부서에서는 조직이 가지고 있는 정보자산을 조직적으로
체계화시키고, 통제 및 관리하며, 분석하고, 효과적으로 활용할 수 있도록
만들어주는 전략을 수립하는 역할을 수행해야 한다(Dallemule & Davenport,
2017).

KPMG Capital에서 CFO 및 CIO 등을 대상으로 2013년에 조사한 것
을 발표(KPMG Capital, 2014.01)한 바에 의하면, 99%의 응답자들이 데이터
분석이 자사의 성장 전략에 어느 정도 중요하다고 응답하였고, 96%의 응
답자들이 자사 조직에서 데이터 분석 역량을 더 잘 활용해야 할 필요가 있
다는데 동의하였다. 데이터 분석은 기업 내부에서는 운영비용(72%), 자원관
리(54%), 부서 간 커뮤니케이션(49%), 시스템과 프로세스의 투명성(47%),
베스트 프렉티스(43%), 기회개발(35%) 등과 같은 운영 분야에서 활용될 수

있다고 보았다.

한편 데이터 분석을 적용하는 것과 관련해서 몇 가지 흥미로운 결과들이 나왔다. 먼저 데이터 분석 전략을 비즈니스에서 구현하는데 있어서 가장 큰 장애요인은 어떤 데이터를 수집할 것인지를 정하는 것이라고 보았다. 그리고 인터뷰 대상자들의 85%는 데이터를 정확하게 분석하고 해석할 수 있는 적합한 솔루션을 구현하는 것이 중요함을 표현하였다(KPMG Capital, 2014.01).

빅데이터를 '경영혁명'으로 보는 시각도 있다(McAfee & Brynjolfsson, 2012). 빅데이터는 경영의 여러 분야에서 경영 성과를 제고하기 위한 목적으로 활용되고 있다. 예를 들면 빅데이터는 경영자의 의사결정(Tabesh et al., 2019), 공급사슬관리(Boone et al., 2019; Brinch et al., 2018; Li & Wang, 2017; Raman et al., 2018; Sanders, 2016), 온라인 서비스 개선(Ibrahim & Wang, 2019) 등에 기여할 수 있다.

조직에서 빅데이터가 가치있는 지식으로 변환되기 위해서는 조직의 관리자 혹은 구성원들이 데이터로부터 지식이 창출되는 과정에 정보흡수능력(absorptive capacity)을 발휘할 수 있어야 한다. 즉, 기업은 데이터를 통해 얻어낼 수 있는 정보의 가치를 인식하고 있어야 하며, 그 정보를 흡수하여 활용할 수 있는 역량을 갖추고 있어야 한다(Božič & Dimovski, 2019).

Raman 등(2018)은 빅데이터가 공급사슬 분야에 미치는 영향을 살펴보았는데, 빅데이터는 기업에게 상당한 수준의 가치 증대 및 금전적 이익을 가져다 주는 것으로 분석되었다. 구체적으로 살펴보면 공급사슬 산업에서는 사물인터넷, 데이터 분석 등이 영향을 미치며, 이러한 영향은 운영 탁월성

(operational excellence), 비용절감, 고객만족 등과 관련이 있는 것으로 나타났다.

조직이 빅데이터 분석을 채택하여 활용하기 위해서는 몇 가지 영향을 미치는 요인들이 있다. Verman과 Chaurasia(2019)는 빅데이터 분석 채택에 기술 요인, 조직 요인, 환경 요인이 영향을 미치는지 살펴보았다. 그 결과 빅데이터 분석 수용에 영향을 미치는 기술적 요인으로는 상대적 이점, 복잡성, 호환성(compatibility)이 있으며, 조직적 요인으로는 최고경영층의 지원, 기술을 받아들일 준비 정도, 조직의 데이터 환경, 환경적 요인으로는 경쟁 압박 등이 영향을 미치는 것으로 나타났다. 한편 상대적 이점, 복잡성, 경쟁 압박 등은 빅데이터 분석을 수용하지 않는데 영향을 미쳤다.

GE는 기계학습을 통한 데이터 큐레이션 활동(activity of data curation) 기술을 활용하여 비용 절감을 한 바 있다. GE는 데이터 큐레이션 활동 기술을 활용하여 공급자 데이터를 통합하여 성과를 적이 있다. 데이터 큐레이션 기술은 서로 다른 데이터베이스에 데이터가 약간씩 다른 형태로 저장되어 있어서 서로 다른 인물 혹은 서로 다른 기업으로 보이지만 실제로는 동일 인물 혹은 동일 회사일 가능성이 높은 데이터를 확률적으로 매칭시켜서 동일 인물 혹은 동일 회사를 식별할 수 있도록 하는 기술이다. GE는 이 기술을 활용하여 이전에는 사업 단위(business unit)수준에서 관리되었기 때문에 중복된 것들이 있는 경우 중복된 것들을 찾아서 제거하였고, 계약도 양도를 함으로써 첫해에만 8,000만 달러를 절약하는 성과를 거두었다.

5.4 의사결정과 4차 산업혁명

5.4.1 인공지능의 활용과 경영자 의사결정

경영자들은 경영을 안정적으로 하고 싶어 한다. 그래서 미래에 발생할 일에 대해 정확하게 예측을 하고자 한다. 예를 들어 마케팅에서 자주 쓰이는 용어로 인지도, 태도, 구매의도, 구매, 행동적 충성도(구매이력), 고객점유율(한 제품군에서 특정 공급자로부터 구매한 것을 한 제품군에서 구매한 것으로 나눈 비율) 등이 있다. 이들 용어 중 고객의 구매행동을 가장 잘 예측할 수 있는 것은 무엇일까? 어쩌면 정답은 없을지도 모른다. 그러나 상식적인 선에서 판단을 해 본다면 인지도 보다는 태도가 구매와의 상관관계가 더 높을 가능성이 있고, 태도보다는 구매의도가 구매와의 상관관계가 더 높을 가능성이 있다. 그리고 고객이 반복적으로 구매하는 행동은 인지도, 태도 보다는 고객점유율이 더 잘 설명할 가능성이 높다. 즉, 경영자들은 여러 가지 방법을 활용해서 고객의 구매가능성을 정확하게 예측하고자 한다는 것이다. 이렇게 정확하게 예측을 한다면 그 데이터를 바탕으로 하여 미래 경영계획, 판매계획, 수익성 계획을 더 정확하게 할 수 있을 것이다.

빅데이터가 의사결정의 질을 향상시키기 위해서는 데이터 품질과 데이터 진단성(diagnosticity), 즉 데이터로부터 가치있는 정보를 인출해 내는 것이 뒷받침 되어야 한다(Ghasemaghaei & Calic, 2019).

질적으로 우수한 기계학습 알고리즘을 효과적으로 활용한다면 경영자들은 즉각적이고 실시간 데이터를 활용함으로써 의사결정의 질을 향상시킬 수 있다(Grable & Lyons, 2018).

인지 시스템과 관련된 부분에 있어서는 인공지능의 역량이 매우 빠른 속도로 배가되고 있다.

한편 지각(perception) 부분에 있어서는 분야별로 인공지능의 역량이 아직은 차이가 많이 나는 것으로 보인다. 예컨대 음성인식 부분에 있어서는 빠른 속도로 오류율이 떨어지는 반면 이미지를 인식하는데서 오는 오류 역시 빠른 속도로 하락하는 것으로 알려져있다.

인공지능의 가장 큰 문제점은 일반화의 문제이다. 즉, 특정 알고리즘은 특정 분야에서만 유효하고 다른 분야에서는 유효하지 않다는 점이다.

5.4.2 예측과 의사결정

인간의 모든 행동(activity)은 다섯 가지의 고차원의 구성요소로 묘사될 수 있다. 그 다섯 가지는 데이터, 예측, 판단, 행동 그리고 결과이다. 예컨대 고통에 대한 반응으로 의사를 방문하는 것은 X-ray, 피검사, 모니터링을 하도록 하고(다섯 가지 중 데이터에 해당), 문제를 진단하며(다섯 가지 중 예측에 해당), 대안에 대한 가중치를 적용하고(다섯 가지 중 판단에 해당), 관리활동을 하여(다섯 가지 중 행동에 해당) 별다른 부작용 없이 완쾌되는 것(다섯 가지 중 결과에 해당)이다.

예측에서 중요한 것 중 한 가지는 시기(time)의 적절성 문제일 것이다. 즉, 예측을 했는데, 그 예측이 맞는 시기는 경영자가 원하는 시기와 일치해야 한다. 예측이 정확하지 않다고 해서 예측을 하지 말아야 할까? 그것은 아닌 것 같다. 미래에 발생하는 것은 불확실성을 내포하고 있으므로 정확하게 예측을 하기 어려운 경우 여러 가지 시나리오, 즉 환경이 낙관적인 경우 혹은 중립적인 경우 혹은 비관적인 경우 등으로 나우어서 상황적합

계획(contingency plan)을 세우고 대처해 나가면 될 것이다. 인공지능과 관련하여 재미난 예측이 있었다. Herbert A. Simon은 노벨 경제학상을 받았으며, 휴리스틱 탐색에 기반을 둔 인간과 컴퓨터 문제해결 모형을 제안한 인지심리학과 인공지능 분야의 대가이다(https://history.computer.org/pioneers/simon.html). 그런데 Herbert A. Simon은 1957년에 향후 10년 내에 컴퓨터가 체스 게임에서 인간을 이길 것(beat)이라고 예측한 바 있는데, 실제로 컴퓨터가 체스 게임에서 인간을 이긴 것은 40년이 지나서였다고 한다(Brynjolfsson & Mcafee, 2017.07.01.). 한편 이와는 상반된 예측 결과도 있었다. 전문가들은 인공지능 알고리즘을 가진 기계가 바둑에서 사람을 이기는 것은 최소한 이번이 아닌 다음 번 10년은 되어야 가능할 것으로 전망했는데, 이러한 예측은 그 기간이 더 짧아진 형태로 예측 오류를 낳았다.

이러한 예측에서 두 가지를 배워야 할 것 같다. 첫째는 어떠한 예측이 실현되기까지에는 상당한 시간이 소요되는데, 그렇게 시간이 필요한 이유는 인프라 구축의 문제가 많이 연관되어 있는 것으로 보인다. 둘째로는 예측의 문제가 시간은 경과되더라도 문제를 해결하는 경우들이 많이 있다는 점이다.

기계학습(machine learning)은 인공지능에서 가장 많이 활용되는 분야이다(Brynjolfsson & Mcafee, 2017.07.01.). 기계학습이 전통적으로 소프트웨어를 개발하는 방법과 차이가 나는 점이 있다. 전통적인 방법은 기존 지식과 절차들을 코드화한 후 기계에 코드를 내장(embedding)하는 방법과 같이 특정한 결과를 산출하기 위해 명시적으로 프로그램화된 것을 학습한다. 그러나 기계학습은 비록 인간에 의해 만들어지기는 하였으나 예시(examples)로부터 학습을 하고 기계가 자체적으로 문제들을 해결하기 위하여 구조화된 피드백을 활용한다는 점이다. 인공지능과 기계학습은 지도학습 시스템 (supervised learning system)과 비지도학습 시스템(unsupervised learning system)으로 구분이 가능하며, 강화학습 시스템(reinforcement learning system)도 있다. 지도학습 시스템은 특정한 문제에 대한 정답과 관련하여 다수의 예시들이 주어진다. 지도학습 시스템 중 딥러닝 시스템(deep learning system)이 있다. 이 시스템은 기존의 시스템이 일정 수준 이상이 되면 데이터를 투입하더라도 예측 성과가 개선되지 않는 단점이 보완된 시스템으로서 데이터 투입량이 많으면 많을수록 예측 성과가 향상되는 장점을 가진 시스템이다. 딥러닝은 경우에 따라서는 수억 개의 연결노드(connections)를 가질 수도 있으며, 각 노드가 최종 결정에 기여하는 바는 매우 적은 정도에 불과하다.

비지도학습 시스템은 스스로 학습한다는 장점이 있지만 이러한 시스템이 성공적으로 운영되도록 만들기는 쉽지 않다.

강화학습 시스템에서는 프로그래머가 시스템과 목표의 현재 상태를 일일이 상세하게 규정을 해 놓고, 승인된 작동(allowable action) 명부를 만든 다음 승인된 작동 각각에 대한 결과의 제약조건 요소들을 기술하게 된다. 강화학습 시스템은 승인된 작동을 이용하여 가능한 한 목표에 가장 근접하게 도달하는 방법을 찾아내게 된다. 강화학습 시스템은 사람이 목표를 구체화하지만 목표에 도달하는 방법이 반드시 필요로 하지 않는 경우에 잘 작동된다.

기계학습은 세 가지 수준에서 변화를 동인하는데, 그 세 가지는 과업 및 종사하는 일, 비즈니스 프로세스, 비즈니스 모델이다. 그런데 기계학습이 과업 및 종사하는 일, 비즈니스 프로세스 그리고 비즈니스 모델 전체를 대체한 경우는 아직까지 거의 없는 것으로 보인다. 이것은 인공지능이 사람을 완전히 대체하기 보다는 프로세스의 일부분을 대체함으로써 사람과의 협업을 계속 유지할 가능성이 높다는 것을 의미한다.

5.4.3 4차 경영자 의사결정과 운영 효율성

효율성은 기업 경영을 수행하는 원칙과도 같은 원리로 자리매김하였다. 4차 산업혁명 시대에는 효율성 추구가 더욱 심화될 것으로 보인다. 송지혜(2018)는 알리바바 회장인 마윈의 신유통 전략의 특징을 운영 효율성의 극대화 추구로 보고 있다. 운영 효율성은 빅데이터를 기반으로 하여 주문, 배송 등의 공급망 관리를 효율적으로 수행하는 데에서 찾을 수 있다. 예컨대 알리바바 식료품 체인점인 허마셴성에서는 빅데이터를 기반으로 공급망을 관리함으로써 결품률은 제로 수준에 가까우며, 폐기율은 5%미만으로 낮아진 것으로 알려져있다. 타오카페(Tao café)는 전자상거래 플랫폼인 타오바오와 지불결제시스템인 알리페이가 연동된 비즈니스 모델로서 편의점이 무인으로 운영된다는 특징을 가지고 있다. 고객들은 '타오바오 앱'을 다운 받고, 타오카페 매장 입구 벽면에 설치된 QR코드를 통해 입장용 QR코드를 받은 후 매장 내로 들어가면 센서가 고객의 얼굴을 인식해 타오바오 계정과 연동시켜 주며, 쇼핑을 실시하고 결제 구역 검색대를 통과하면 자동으로 알리페이를 통해 결제가 이루어진 후 결제 내역을 고객에게 통보해 주는 운영 시스템을 갖추고 있다.

Chapter 06

조직과 4차 산업혁명

6.1 조직 유연성과 4차 산업혁명

가장 민첩하고(nimble) 적응력이 뛰어난(adaptable) 기업과 경영자는 번창할 것이다. 기회를 신속하게 감지하고 반응하는 조직은 인공지능이 열어주는 세상에서 우위를 거머쥘 것이다(Brynjolfsson & Mcafee, 2017.07.01.).

4차 산업혁명에서 조직은 유연성이 필요하다. 4차 산업혁명 시대에는 조직원들의 자기실현 욕구를 충족시켜 주는 것이 중요하다. 한 번의 커다란 성공도 중요하지만 작은 성공들을 조직원들이 경험하면서 성취감을 느끼는 것은 조직 구성원의 동기부여 관점에서 매우 중요하다.

4차 산업혁명 시대 조직구조는 환경변화에 민첩하게 대응할 수 있어야 한다는 점에서 볼 때 기업 경영자들은 애자일(agile) 조직에 관심을 가질 필요가 있다. 애자일 조직은 환경 변화에 민첩하게 대응할 수 있는 대안적인 조직구조로 관심을 받아오고 있다(Barton et al., 2018; Cappelli & Tavis,

2018; Rigby et al., 2018). Rigby 등(2018)은 애자일 팀으로 조직이 변모할 필요가 있는 조건들을 들고 있는데, 그 조건들로는 문제가 복잡하거나 복합적인 경우, 솔루션이 처음에는 불분명한 경우, 프로젝트의 필요조건이 변경될 가능성이 있는 경우, 최종 사용자와 긴밀하게 협업을 할 가능성이 높은 경우, 창의적인 팀이 명령과 지시에 의한 그룹보다 성과가 나을 가능성이 있는 경우 등이 있다. 이러한 조건들은 대부분 4차 산업혁명에서 언급되고 있는 기업 경영 환경 변화와 일치성이 높다.

6.2 조직구조와 4차 산업혁명

제조업의 경우 전통적인 조직구조는 기능별 조직 형태를 갖추고 있다. 예컨대 전통적인 조직구조는 R&D부서, 제조부서, 물류부서, 영업부서, 마케팅부서, 고객서비스부서, 재무부서, 회계부서, 기획부서, IT부서 등과 같이 기능별로 분리되어 있다. 그리고 각 부서들은 필요에 의해 협력하는 형태를 취한다. 이것은 조직구조는 분화(differentiation)와 통합(integration)이라는 두 가지 기본적인 요소를 결합해야 한다는 전통적인 조직이론에 부합하는 것이다(Porter & Heppelmann, 2015).

그러나 4차 산업혁명 시대에는 이러한 조직구조의 유효성이 약화될 가능성이 높다. 예컨대 소비자들이 신제품 개발에 참여하는 경우 R&D부서와 마케팅부서 그리고 영업부서는 동시에 협업을 수행해야 한다. 소비자들의 제품에 대한 피드백을 제품 개발이 신속하게 반영하기 위해서는 고객서비스부서와 R&D부서가 긴밀하게 협력해야만 한다.

데이터분석을 통해 고객서비스를 제고하기 위해서는 IT부서, 마케팅부서, 고객서비스부서가 긴밀하게 협력해야만 한다. 웹과 모바일에서 정보검색을 하고 점포에서 구매하는 소비자의 브랜드 경험을 최적화하기 위해서는 IT부서, 마케팅부서, 영업부서가 함께 협력해야만 한다. 기존 조직구조에서는 이러한 문제가 발생하는 경우 TFT를 구성하여 해결하려는 경향이 이었다.

그러나 4차 산업혁명 시대에는 이러한 문제가 간헐적으로 발생하는 것이 아니라 상시적으로 발생할 가능성이 높다. 따라서 변화하는 기업 경영 환경에서는 전통적인 조직구조의 유효성은 약화될 가능성이 높으며 새로운 조직구조를 도모해야 할 필요성이 있다.

Porter와 Heppelmann(2015)은 새로운 조직구조로 단일화된 데이터조직(unified data organization), 개발-운영(development-operation)조직, 고객성공관리(customer success management)조직 등을 들고 있다.

단일화된 데이터조직은 최고데이터관리자(Chief Data Officer: CDO)를 부분 조직장으로 하여 전사적으로 데이터를 통합하고 분석하여 기업 전체에 정보와 데이터 분석에 따른 통찰력을 공유하는 역할을 수행하는 조직을 말한다.

개발-운영조직은 R&D, IT, 제조, 서비스를 아우르는 팀을 말한다.

고객성공조직은 지속적으로 이루어지고 있는 고객과의 관계를 책임지며 고객의 제품 경험과 브랜드 경험을 통해 고객가치를 극대화하는 역할을 수행하는 조직을 말한다.

4차 산업혁명은 여러 가지 과학기술들이 복합적으로 기업 경영에 영향을 미치는 시대일 가능성이 높다. 예컨대 빅데이터, 블록체인, 인공지능, 사물인터넷, 증강현실 및 가상현실 등의 과학기술 요소들이 하부구조로서 영향을 미칠 것이며, 로봇, 적층제조 및 3D프린팅은 직접 생산 및 서비스를 수행하는 것을 담당하게 될 것이다. 이러한 과학기술적 요소들은 기업의 생산, 유통, 공급사슬뿐 아니라 조직에도 크게 영향을 미칠 것으로 보인다.

미래 조직은 이러한 4차 산업혁명의 과학기술적 요소들로 인하여 크게 변화할 가능성이 높다.

Ben-Ner와 Siemsen(2017)은 3D프린팅으로 인하여 대규모 조직은 작은 조직으로 변모할 가능성이 있음을 지적하였다.

3D프린팅의 확산에 따라 공장의 성격도 달라질 가능성이 있다. 예를 들면 UPS는 3D프린팅 공장을 만들어서 다른 기업에게 납품할 제품을 만들려고 하고 있다.

기존에는 규모의 경제가 기업 경영의 지배적 원리인 시대였다. 대량으로 생산하는 경우 학습곡선, 구매력, 고정비와 간접비의 분산, 생산 능력의 활용 등으로 인하여 단위당 비용은 낮아지게 된다. 시장점유율이 높다는 것은 생산성 증대와 평균비용의 하락을 의미하기도 한다. 이러한 관계는 산업의 집중과 조직 규모의 대형화를 가져오는 원동력이 되었다. 그런데 4차 산업혁명 관련 과학기술의 활용에 따라 단위비용과 생산량과의 관계는 극적으로 변화될 수 있다. 예를 들면 전통적인 방식으로 제조를 하는 경우 단위당 비용은 생산량이 증가함에 따라서 감소하지만 적층제조 혹은 3D프린팅에서는 단위당 비용이 생산량에 관계없이 거의 일정할 가능성이 높다. 만일 적층제조 혹은 3D프린팅으로 하나의 제품을 생산하는 비용이 전통적인 제조방식 하에서 효율성의 최소 규모와 연결된 단위당 비용보다 높지 않다면 소규모 기업들은 시장에서 경쟁력을 가지게 될 가능성이 높다 (Ben-Ner & Siemsen, 2017).

Chapter 07
인적자원관리와 4차 산업혁명

■삼성전자는 직무를 세분화하는 방향으로 인사제도를 개편하는 계획을 가지고 있는 것으로 보도되었다. 즉, 대단위 직무체계를 세분화된 직무체계로 개편하여 임직원의 전문성을 제도를 도입하려고 한다(안하늘, 2019.06.19.).

■현대 · 기아차는 4차 산업혁명 시대를 주도해 나가기 위해서 정기 대졸 신입 공채(일반적 · 연구직 대졸 신입사원)를 없애고 상시 채용으로 전환한다고 밝힌 바 있다(장시복, 2019.02.13.).

■현대 · 기아차는 4차 산업혁명 시대 시장 환경의 변화에 빠르게 대응하기 위해서 민접한(Agile) 조직 체계 구축에 집중하고 있다(문지웅, 2019.03.22.).

7.1 4차 산업혁명 시대 인적자원관리 개요

인적자원관리는 조직체에서 필요로 하는 인적자원의 계획, 개발 및 활용과 관련된 일련의 활동들을 의미한다. 구체적으로는 인적자원에 대한 수요 예측부터 모집, 선발, 채용, 배치, 교육훈련, 성과관리 그리고 인적자원의 성과를 극대화하기 위한 조직설계 및 조직개발 등을 포함하는 광범위한 개념으로 활용되기도 한다.

기업 간 경쟁이 치열해지는 상황에서 조직은 우수한 성과를 내고자 한다. 이 경우 인적자원관리의 핵심 사안 중 하나는 우수한 인재를 확보하고, 이들이 조직 내에서 성과를 극대화할 수 있는 환경을 조성해 주는 것일 것이다. 따라서 인재관리(talent management)는 최근 기업 경영에서 매우 중요한 분야로 부각되고 있다. 예컨대 컨설팅 업체인 맥킨지 보고에 따르면 고성과자는 평범한 성과를 내는 사람에 비해 4배 정도 생산적이며, 복잡성이 높은 직종의 경우 고성과자의 경우 평범한 성과자에 비해 무려 8배가 생산적인 것으로 보인다는 결과를 보고한 적이 있다(Keller & Meaney, 2017).

인재관리를 위한 첫 번째 관문은 좋은 인재를 선발하는 것일 것이다. 인재선발과 관련하여 전통적으로 진행되던 방식은 사내 인력충원 계획 수립 → 홈페이지 혹은 미디어에 모집공고 → 지원자 지원 → 서류전형(인·적성 검사) → 면접 → 채용 → 교육훈련 → 배치 등의 절차를 밟는 것이었다. 4차 산업혁명 시대인 현재에도 이러한 절차에 있어서 큰 변화가 있지는 않은 것 같다. 그러나 그 내용에 있어서는 상당한 변화가 감지되고 있는 것으로 보인다.

7.2 4차 산업혁명 시대 인재 모집

기업이 인재를 채용함에 있어서 일정한 과정을 거치는 것은 필요한 직무에 적합한 역량을 갖추고 있는 지원자를 선발하여 기업의 성과를 제고하려는 의도가 반영된 것이다.

4차 산업혁명 시대에는 인재 모집에 있어서도 많은 변화가 있는 것으로 보인다. 먼저 인재 모집 경로에 있어서 많은 변화가 있다. 전통적으로는 회사에 서류제출 혹은 회사 홈페이지를 통해 이루어지던 모집 경로에서 소셜미디어 등 인터넷 기반의 경로가 더욱 강화되고 있다는 점이다 (Zang & Ye, 2015). 예컨대 Unilever는 자사 홈페이지 이외에도 Facebook, LinkedIn 등을 통해 모집과 관련된 정보를 제공한다.

7.3 4차 산업혁명 시대 선발 과정: 서류 전형 및 면접

기업이 인재를 채용하는 과정에서 먼저 거쳐야 할 절차는 서류전형, 즉 이력서 혹은 입시지원서 및 자기소개서 등을 평가하여 기업에 적합한 인재라고 판단되는 인물을 선별하여 면접으로 연결하는 것이다. 그런데 자기소개서 등은 지원자가 작성한 것이므로 기업이 해당 인재에 대해 알고자 하는 모든 정보를 기술하고 있지는 못하는 경우가 대다수를 차지하고 있다. 한편 기업 입장에서는 자사가 원하는 인재들을 효율적이고 효과적으로 방법으로 선별하여 최대한 많은 인재들이 면접에 오도록 하고 싶을 것이다.

기업들은 이러한 목적을 달성하기 위하여 몇 가지 방법을 활용하는 것으로 보인다. 먼저 지원서만으로는 불충분한 정보를 보완하기 위하여 지원자에게 이력서 혹은 자기소개서 이외에도 소셜네트워킹 활동을 접목한 정보를 제시하여 활용하는 경우도 있다(Zang & Ye, 2015). 소셜네트워킹 정보는 지원자들의 일상적인 모습과 활동을 파악하는데 도움이 되며, 지원자의 이미지를 생생하게 파악하는데 도움이 되는 것으로 보인다. 한편 이력서를 받지 않고 소셜 네트워크의 프로필을 받는 경우도 있다. 예컨대 Unilever는 지원자의 LinkedIn 프로파일을 제출하도록 하고 있다(Feloni, 2017.06.28).

다음으로 인공지능을 활용하여 지원서를 평가하는 방법이다. 인공지능을 인재 채용에 활용하려는 기업은 증가하고 있는 추세에 있는 것으로 보인다. 예컨대 롯데, CJ를 비롯하여 인공지능을 채용에 활용하는 기업은 100여 개에 달하는 것으로 보도된 바 있다(이경탁, 2019.03.25).

기업이 인공지능을 채용과정에 도입하려는 이유는 효율성과 공정성 그리고 효과성 때문이다. 먼저 효율성 차원을 살펴보면 입사경쟁의 심화에 따라 입사 경쟁률은 수십 대 일 혹은 수백 대 일까지 치솟는 경우를 볼 수 있다. 이때 인적자원 관리 담당부서에서 지원자들의 자기소개서를 평가하는데 많은 시간이 소요될 것이며, 이에 따라 적기에 인재를 채용해야 함에도 불구하고 이 시기를 놓칠 수도 있다. 따라서 기업은 지원자들의 자기소개서 등을 분석하는 데 소요되는 시간과 비용을 줄이기 위해서 인공지능을 활용하는 경우가 증가하고 있다. 예컨대 SK하이닉스는 인공지능 서류심사 솔루션을 활용하여 8시간 만에 1만 여명의 지원자 서류 검토를 완료한 것으로 보도된 바 있다(이경탁, 2019.03.25).

　효율성은 서류 전형 검토뿐 아니라 면접 과정에도 적용된다. 우리나라
에서는 공채가 일반화되어 있어서 많은 지원자를 대상으로 한 면접이 정해
진 시간에 진행되는 경우를 볼 수 있다. 그러나 인공지능을 통한 면접은
지원자가 원하는 시간에, 원하는 장소에서 면접을 실시할 수 있으므로 채
용에 소요되는 기간이 단축되고 채용과 관련하여 투입되는 비용을 절감할
수 있다.

　한편 공정성은 인공지능을 서류 검토와 면접에 도입하려는 또 다른
중요한 이유이다. 지원자의 입사지원서 및 자기소개서 등은 지원자가 작
성한 것이므로 기업에서 원하는 지원자의 정보를 완전히 담고 있다고 보
기는 어려울 것이다. 따라서 이러한 문제점을 보완하기 위하여 면접을 실
시한다. 그러나 면접관들 역시 입사지원자에 대한 완전한 정보를 가지고
있지는 않으므로 자사에 적합한 인재를 선발하는 데에 있어서 불충분한
점이 존재한다. 인공지능을 활용한 면접에서의 공정성은 데이터를 기반으
로 하여 응시자를 평가하므로 면접관의 선입견이나 주관적 편견이 배제될
수 있다는 점이 반영된 것으로 보인다.

　그러나 인공지능을 면접에 도입하려는 시도에 반대하는 의견들도 아
직 많은 것으로 보인다. 경향신문이 인크루트의 조사 결과를 보도한 자료
에 따르면 조사대상 297개 기업 중 81.5%는 채용과정에 인공지능을 도입
할 의사가 없다고 반응한 것으로 나타났으며, 인사담당자의 72.2%는 채용
기준의 단일화에 따라 지원자의 인성, 개성 등을 파악하기 어렵다는 이유
로 채용과정에서 인공지능을 활용하는 것에 대해 반대하는 것으로 나타났

다(경향신문, 2018.09.17.). 반대하는 논리는 타당성이 있어 보인다. 예컨대 인공지능이 효과를 발휘하기 위해서는 데이터의 축적이 필요하다. 그런데 이러한 축적된 데이터는 결국 기존 지원자들의 데이터를 바탕으로 분석되어야 하므로 기존 지원자들의 특성이 고스란히 반영되어 있을 가능성이 있다. 이러한 경우 기존 특성과 새로운 기업 환경과의 적합성이 높지 않다면 인공지능 면접을 통해 들어온 지원자들이 그렇지 않은 지원자들에 비해 우수하다고 말하기는 어려울 것이다. 아마존의 인공지능 채용시스템은 이러한 문제 때문에 도입이 취소된 것으로 알려져 있다. 즉, 정보기술 업체 성격 상 남성 위주로 구축된 특성이 여성 지원자에 대한 차별로 드러나서 아마존은 인공지능 채용시스템의 도입을 취소한 것으로 알려져 있다(조선일보, 2018.10.11.).

채용과정에서 인공지능의 활용이 확산되기 위해서는 인공지능을 활용한 채용이 면접관들에 의한 채용에 비해 성과가 더 높다는 것이 증명되어야 할 필요가 있어 보인다. 그러나 이러한 데이터가 축적되기 위해서는 긴 시간 혹은 많은 데이터가 축적되어 있어야 할 것이다. 그러므로 기업들은 인공지능을 채용에 도입하는 것에 대한 분명한 목적을 사전에 수립할 필요가 있으며, 인공지능을 활용하여 선발한 인재들과 그렇지 않은 인재들 간의 성과 차이에 대한 추적을 지속적으로 실시하여 인공지능이 가지고 있는 알고리즘을 지속적으로 개선해 나가야 할 필요가 있다.

적어도 자기소개서가 적합하지 않은 것을 걸러내는 역할 혹은 자기소개서가 적합한 것을 선별하는 역할을 중심으로 하여 채용과정에서 인공지능을 활용하는 것이 점차 확산될 가능성이 있다. 그러나 본격적으로 사람인 면접관을 인공지능이 대체하여 면접을 실시하는 상황이 발생하기에는 상당 시간이 필요해 보인다.

한편 효과성 측면에서 보면 특정 직무에 적합한 인재를 선발 및 배치하여 기업 성과를 제고하는 데에도 기여할 수 있을 것으로 보인다. 예컨대 BGF리테일은 채용과 관련하여 인공지능시스템 활용을 서류심사에만 적용하던 것을 직무 적합성 분석에도 적용하는 것으로 알려져 있다(한경, 2018.10.14.). 이것은 직무에 작합한 인재를 채용함으로써 기업 성과를 제고하려는 노력의 일환으로 보인다.

그리고 인공지능은 인적자원의 수급 불균형을 해소하는 데에도 기여할 수 있을 것으로 보인다. 인공지능을 통해 분석한 지원자의 직무 역량을 직무 적합성 평가를 통해 가장 적합한 직무에 배치할 수도 있을 것이다. 또한 지리적 혹은 시간적인 이유로 정해진 시간에 면접에 참여하기 어려운 지원자들은 인공지능 면접을 통해 원하는 직무에 도전할 수 있을 것이다.

7.4 4차 산업혁명과 인적자원 교육훈련

직원에 대한 교육훈련은 기업의 지속가능성을 증가시키는 데 중요한 역할을 담당한다. 직원들에 대한 교육훈련이 성공적으로 실시되는 경우 직원들의 직무 관련 지식과 스킬이 증가할 뿐만 아니라 직원들의 근무 성과도 높일 수 있게 된다(Zang & Ye, 2015).

기업에서 수행하는 전통적인 교육훈련 방식은 기업에 의해 주도되었다. 즉, 기업에서 교육훈련 계획을 수립하고, 교육훈련 참가자를 선정하며, 교육훈련을 수행한 후 교육훈련의 성과를 평가하는 방식으로 진행되었다. 교육훈련을 시키는 장소 측면에서 보면 일정한 장소에 모여 교육훈련을 받는 경향이 있다. 또한 교육훈련을 시키는 강사들도 교육훈련 전문가 혹은 사내 강사를 제한적으로 활용하는 형태를 보였다. 그런데 이러한 교육훈련 방식은 시간적 제약과 인적 제약을 크게 받는다. 예컨대 한 장소에 모이기 위해서는 많은 시간이 소요되고 비용도 발생한다. 사내 강사의 경우 성과가 좋은 인력의 경우 교육훈련 강사로 참여시키는데 한계가 있다. 그리고 전통적인 교육훈련의 약점은 교육훈련 참가자의 교육훈련과 관련된 욕구를 효과적으로 반영하지 못하고 있다는 점을 들 수 있다.

4차 산업혁명 시대에는 전통적인 교육훈련 방식의 단점 혹은 약점을 극복할 수 있는 다양한 교육훈련 방법이 도입될 것이고, 직원교육의 모습이 급격하게 변화할 것이다.

먼저 교육훈련의 디지털화는 교육훈련 인프라 변화에 지대한 공헌을 하고 있다. 직원들은 자신이 받기를 원하는 교육훈련과 관련된 정보를 온라인을 통해 탐색할 수 있다. 또한 다수의 교육훈련 관련 조직들은 교육훈련 과정을 디지털 방식으로 온라인을 통해 제공하고 있다. 이러한 변화는 기업들이 직원의 교육훈련과 관련하여 선택 대안이 많아졌음을 의미한다.

기업들은 다수의 조직체에서 제공하는 교육훈련 프로그램을 구매하여 직원들의 욕구에 맞추어 제공해 줄 수 있다. 교육훈련 프로그램을 제공하는 기업들에 따라서는 교육훈련생들의 학습 행동에 대한 데이터를 분석을 통해 교육훈련생들의 교육훈련 욕구를 파악할 수도 있고, 교육훈련생이 선호하는 교육 형태를 분석해 낼 수도 있다. 그리고 교육훈련 기록을 바탕으로 경력관리를 위해 향후 어떠한 교육훈련 프로그램을 이수하는 것이 바람직한지에 대한 정보를 제공할 수도 있다(Zang & Ye, 2015). 한편 기업의 입장에서 보면 교육훈련 시스템을 구축하는데 소요되는 비용을 절감할 수 있고, 직원들의 다양한 교육훈련 욕구를 충족시켜서 직원들의 교육훈련에 대한 만족도를 제고할 수도 있으며, 직원들의 교육훈련에 대한 모니터링을 통해 교육훈련 계획을 신속히 수정할 수 있는 장점도 있다.

한편 기업들은 사내에 교육훈련 시스템을 구축하는 경우에도 이전에 비해 소요되는 비용을 낮출 수 있다. 즉, 기업들이 기존에는 사내 교육 인프라를 구축하는데 많은 비용이 소요되었으나 클라우드 기반의 온라인 교육환경 시스템을 활용함으로써 기업들이 사내 교육 인프라를 구축하는데 드는 비용을 낮아질 가능성이 높다. 또한 이러한 인프라는 교육을 원하는 직원들이 언제, 어디서나 반복적으로 교육을 받을 수 있다는 점에서 장점을 가지고 있다(Moldoveanu & Narayandas, 2019; Zang & Ye, 2015).

그리고 직원교육이 디지털화되었다는 것은 직원 간의 연계성(connectedness)을 더 강화할 수 있는 수단이 된다. 예컨대 교육을 온라인으로 수강만 한다면, 즉 온라인 교육이 수동적으로만 이루어진다면 교육을 같이 받는 수강생들 간의 연계성을 기대하기란 쉽지 않을 것이다. 그러나 온라인 교육의 틀을 온라인 수강, 메신저, 소셜 미디어, 그리고 오프라인의 연계성을 강화하는 방향으로 설정하면 교육을 온라인으로 수강하더라도 오프라인으로 수강한 것과 같은 효과를 낼 수 있을 것이다. 예컨대 교육 내용은 온라인으로 수강하지만 문의사항은 메신저를 통해 할 수 있을 것이다. 그리고 필요에 따라서는 메신저를 통해 집단 토론을 진행할 수도 있다. 소셜 미디어를 활용해 토론 주제를 정해 놓은 수강생들이 참여할 수 있도록 토론의 장을 마련할 수도 있다. 그리고 이러한 토론의 장은 소그룹 형태로 분리하여 지역별 혹은 부서별 오프라인 토론장을 마련할 수도 있을 것이다.

7.5 4차 산업혁명과 인적자원 평가

전통적으로 인적자원에 대한 평가는 전문적 지식과 일반관리 능력에 대한 평가가 주를 이루고 있었으며, 평가 방법은 인터뷰, 질문지, 통계적 분석 등의 과정을 거쳤다. 그러나 4차 산업혁명 시대에는 기업에서 구축한 인적자원 관련 빅데이터를 활용하여 역량이 우수한 직원과 그렇지 못한 직원 간의 차이를 세밀하게 구분해 낼 수 있다. 성과 차이를 유발하는 요인으로는 전문성, 개성 등을 들 수 있다. 기업들은 이러한 인적자원의 역량모델을 구축하여 선발과 배치의 기준으로 삼기도 한다.

7.6 4차 산업혁명과 인적자원에 대한 보상 체계

인적자원에 대한 보상 체계는 인재를 유치하고 유지하며 동기부여를 시키는 데 중요한 역할을 수행하고 있다. 전통적인 보상 체계는 직급 혹은 양적 성과 분석에 의한 결과와 연동되는 보상 체계가 주를 이루고 있다.

4차 산업혁명 시대에는 양적 성과 분석뿐 아니라 질적 성과 분석의 중요성이 대두될 가능성이 높다. 즉, 성과가 높은 직원과 그렇지 않은 직원 간의 차이는 양적 분석에 의한 결과로서 판별 된다. 그러나 이러한 성과 차이를 가져오는 요인들은 양적 요소뿐 아니라 질적인 요소들이 포함되어 있고, 이를 성과 차이를 가져오는 과정으로 볼 수 있다. 따라서 기업에서는 빅데이터를 기반으로 하여 성과가 높은 직원들의 특성을 추출하여 이러한 특성을 성과 평가에 반영함으로써 성과가 높지 않은 직원들도 성과가 높은 직원들의 특성을 학습함으로써 전체적인 성과를 제고할 수 있는 성과 제고 과정이 포함된 체계를 구축하는 것이 바람직할 것이다.

또한 4차 산업혁명 시대에는 종업원들이 성과 보상 수준을 실시간으로 확인할 수 있는 시스템이 구축되어, 종업원들의 성과에 대한 신속한 피드백이 가능해질 것이다.

7.7 4차 산업혁명과 인적자원의 경력 개발

전통적으로 인적자원의 경력 개발은 종업원과의 면접, 본인의 희망사항, 관심사 등을 반영하여 결정하는 것이 일반적이었다. 그러나 4차 산업혁명 시대에는 이러한 질적인 데이터 이외에도 기업이 축적한 성과와 관련된 양적인 데이터 등을 직무와 연관시켜 분석을 한 결과를 바탕으로 하여 개인화된 최적의 직무 경력 개발 경로를 제시해 줄 수 있을 것이다.

7.8 4차 산업혁명 시대 기업의 인적자원 역량 강화

4차 산업 혁명 시대에 기업에서 인적자원을 선발, 배치, 성과 평가, 보상 및 경력 개발 등을 성공적으로 수행하기 위해서는 기업의 인적자원 관련 인프라 시스템이 구축되어 있어야 하며 인적자원 관련 부서 혹은 담당자들이 갖추어야 할 역량들이 있다.

먼저 4차 산업혁명 관련 과학기술(예컨대 빅데이터 분석, 인공지능) 등을 도입하여 지원자를 분석하여 선발한다고 할 때 이러한 노력들이 성공을 거두기 위해서는 기업 자체에서 여러 가지 인적자원관리 역량을 갖추어야 할 것으로 판단된다.

첫째, 자사에 적합한 인재상을 먼저 수립하여야 한다.

둘째, 충분한 데이터가 수집되어 있고, 이를 분석하여 예측 정확성을 높여야 한다. 인공지능 면접 도입을 위해서는 인공지능 면접의 신뢰성 확보가 우선되어야 하는데, 신뢰성은 데이터 품질에 의해 좌우되는 경우가 많다. 따라서 인공지능 면접의 신뢰성을 제고하기 위해서는 충분한 데이터를 수집하고 이를 실제 업무에서의 성과와 연동하여 학습이 이루어져야 한다. 롯데정보통신에서 개발한 인공지능 시스템은 기초 데이터로서 최근 3년 내 지원자들의 자기소개서와 업무평가 결과를 활용한 것으로 알려졌다(임소형, 2018.09.15).

셋째, 인공지능 알고리즘에 자사의 인재상이 정확하게 반영되어 있어야 한다. 롯데그룹은 인공지능 시스템을 활용하여 인재를 선별할 때 계열사에서 원하는 조건을 반영한 가중치를 두는 것으로 알려졌다(임소형,

2018.09.15).

4차 산업혁명 시대에도 변하지 말아야 할 것이 있다. 먼저 기존에 구축되어 있던 구조화된 데이터는 여전히 중요할 가능성이 높다. 빅데이터 분석을 통해 비구조화 혹은 준구조화된 데이터들이 인적자원을 평가하는데 효과적으로 활용될 수는 있으나 이러한 데이터들은 전통적인 구조화된 데이터를 대체하기 보다는 상호 보완을 할 때에 시너지 효과를 낼 수 있다. 또한 인적자원과 관련된 정보보호의 중요성은 더욱 중요해질 것이다.

7.9 4차 산업혁명 시대 바람직한 인재상

4차 산업혁명 이전에도 자동화, 기계화는 지속적으로 진행되어 왔으나 4차 산업혁명 시대에는 이 속도가 더 빨라질 가능성이 높다. 이러한 시대에 바람직한 인재상이라고 판단되는 몇 가지 기준이 있다.

첫째, 4차 산업혁명 시대에 필요한 인재는 풍부한 인지 자원을 축적하고 활용하는데 적극적이어야 한다. 사람들에게 적용되는 용어 중 인지적 구두쇠(cognitive miser)라는 용어가 있다. 이것은 사람들이 가능한 한 인지적 자원을 덜 활용하면서 어떤 해에 도달하려고 효율적인 지름길을 찾는 것을 말한다. 그런데 인지를 활용하지 않고 효율적인 방법을 찾는 것은 바람직할 수도 있으나 인지적 자원 자체가 부족한 것은 4차 산업혁명 시대에는 종업원 측면에서 문제가 될 수 있다. 인지를 활용하지 않아도 되는 것은 대부분 기계로 대체될 가능성이 있다. 그리고 인지를 활용하더라도 그

것이 일상적이고 반복적인 경우에는 기계로 대체될 가능성이 높다. 따라서 4차 산업혁명 시대에 인재는 인지 자원을 많이 축적하고 있을 뿐 아니라 이를 적극적으로 활용하는 역량을 갖추어야 한다. 인지 자원의 축적 및 활용의 예로 호기심을 들 수 있다. 4차 산업혁명 시대에는 사람은 그리고 조직에서도 마찬가지로 사람은 호기심을 많이 가져야 할 필요가 있다. 호기심은 새로운 것을 만들어내는데 원동력이 될 수 있다. 기존의 것만을 답습하려고 해서는 곧 기계로 대체될 수도 있다.

둘째, 인지 자원뿐 아니라 감성 자원 혹은 감정지능도 많이 가지고 있어야 하며, 이를 잘 활용할 수 있어야 한다. 인지 보다 감성 분야는 아직 기계로 대체되기 어려운 부분들이 더 많은 것으로 보인다. 따라서 인재들은 인지적인 부분 뿐 아니라 감성 역량도 충분히 갖추고 이를 활용하는 역량을 가지고 있어야 한다.

셋째, 4차 산업혁명 시대에는 팀워크가 중요하다. 여기서 팀워크는 단순히 개인을 합쳐놓은 것을 의미하지 않는다. 시너지 혹은 증강을 의미한다. 즉 4차 산업혁명 시대에는 단순히 개인을 합한 것은 기계에 대해 완벽한 우위를 얻기 어려울 가능성이 높다. 예컨대 10문제를 놓고 1명이 1문제씩 해결하는 것 보다 기계가 10문제를 더 빨리 해결할 수도 있다. 따라서 팀워크는 개인의 역량을 뛰어넘는 시너지 효과를 낼 수 있는 팀워크여야 한다. 즉, 개인이 가지고 있는 지식을 알고리즘이라고 하는 경우 팀워크에 의해 나온 지식은 단순히 알고리즘을 합한 결과가 되어서는 안된다. 기존의 알고리즘으로는 해결하지 못하는 혹은 해결하는데 많은 비용과 시간이 소요되는 것을 만들어내야 한다.

7.10 인적자원관리 분야에서의 데이터 활용

Davenport(2019.04.18)는 인적자원 기능은 비즈니스에서 분석적 기능을 가장 많은 활용할 가능성이 있는 기능이라고 언급하였다. 다수의 인적자원관리 부서는 예측 모형(predictive model), 규범 모형(prescriptive model)과 같은 고급 분석 기법을 활용하고 있다. 오늘날 대규모 기업들은 적어도 소수일지라도 인적자원 분석 인력을 보유하고 있다.

Davenport와 Oracle은 23개국 1510명이 응답한 조사를 실시하였는데, 조사 대상자들은 인적자원 기능(61%), 재무 기능(28%), 일반 관리자(105) 등의 관리자들이었다. 조사 결과는 다음과 같다.

첫째, 인적자원 기능 관련 응답자의 51%는 예측적 분석 혹은 규범적 분석을 실시하였다고 응답한 반면 재무 기능 관련 응답자는 37%만이 이러한 분석을 착수하였다고 응답하였다.

둘째, '인적자원 기능은 대체적으로 미래 인력계획을 수립할 때 데이터를 활용하는 데 있어서 고도로 숙련된 상태다'에 동의('그렇다') 혹은 강력하게 동의('매우 그렇다')한 응답이 89%에 이르렀다.

셋째, 중요한 역할을 수행하는 사람이 이직할 가능성을 상당히 높은 신뢰성을 가지고 예측할 수 있다고 응답한 비율이 94%에 이르렀다.

넷째, 종업원의 경력개발 목표에 대해 정확하면서 실시간의 통찰력을 가지고 있다고 응답한 비율이 94%에 이르렀다.

다섯째, 데이터 분석 활용 도구로서 인공지능을 활용하겠다는 응답이 31%로 가장 높았다. 인공지능 활용 분야로는 '자연감소 모델링

(attrition modeling)을 통해 위험성 있는 인재 식별하기', '고성과를 내는 지원자 예측하기', '이력서 분석으로 직무에 가장 적합한 지원자 찾아내기' 등을 들고 있다.

인적자원관리에 데이터 분석을 적극적으로 활용하려는 의지가 있는 산업으로는 금융산업, 에너지와 공공산업, 전문서비스산업, 유통산업 등으로 나타났다.

Chapter 08

제조 및 생산과 4차 산업혁명

■ GE의 Predix는 스마트 공장에 적용되는 소프트웨어인데, 이것의 핵심은 공장 내 장비에 센서를 부착하고, 이를 통해 수집된 데이터를 분석하여 공장 최적화를 도모하는데 있다.

■ 아디다스는 독일 안스바흐에 스피드 팩토리(스마트 공장)을 지었는데, 이 공장에서는 연간 50만 켤레의 신발을 제조하는데 160명의 직원이 있을 뿐이다. 스피드 팩토리에서는 신속한 주문 제작과 고객 맞춤형 제조도 가능하다(고재연, 2017.06.20.).

■ 한화에어로스페이스 창원사업장은 무인운반로봇, 자동조립로봇 등 로봇 80여 대가 있으며, 로봇 간에 데이터를 교환하여 자신의 행동반영 안에 사람이 들어서면 이를 인지하여 알아서 멈춰서는 등 스스로 행동을 제어하는 첨단 스마트 팩토리가 구축되어 있는 작업장이다(배석준, 2019.05.22.).

■ SK텔레콤은 '5G 스마트팩토리' 솔루션(5G 다기능 협업 로봇, 5G 스마트 유연생산설비, 증강현실 스마트 글래스, 인공지능 머신비전 등)은 5G와 ICT를

접목한 솔루션이 있으며, KT는 협동로봇, 머신비전, 팩토리메이커스(통합관제시스템) 등 5G를 활용한 스마트팩토리 구축 관련 상품을 출시한다고 밝힌 바 있다(권경민, 2019.05.30.; 황이화, 2019.05.21.)

각 국가는 제조업에서 강력한 경쟁력을 갖기를 원한다. 예를 들면 독일 정부는 제조 산업에서 강력한 경쟁력을 유지하기 위해서 Industry 4.0을 주창하였고, 미국은 스마트 제조 계획(Smart Manufacturing Leadership, https://www.smartmanufacturingcoalition.org/about−2/)이 있었으며, 사물인터넷을 활용하여 모든 것을 연결하는 것이 제안되기도 하였다(Porter and Heppelmann 2014, 2015). 일본 정부는 'Society 5.0'을 발간하였는데, 이것은 스마트 지역사회, 스마트 하부구조, 스마트 공장 등을 포함하는 스마트 시스템에 대해서 말하고 있다. 중국은 'Chinese Manufacturing 2025'을 통해 중국의 제조업을 고부가가치 산업으로 전이시켜 글로벌 리더가 되도록 육성하려는 계획을 수립하였다.

4차 산업혁명 혹은 Industry 4.0에서 주창하는 핵심 용어들은 기술과 관련되어 있다. 4차 산업혁명 혹은 Industry 4.0에서 주창하는 기술들은 센서, 사물인터넷, 빅데이터, 클라우드 컴퓨팅, 인공지능, 자동화, 로봇, 가상물리시스템, 3D프린팅, 자율주행차 등이다. 이러한 기술들이 미래 제조업에 미칠 잠재적인 효과에 대한 논의가 있어왔다(Ivanov et al. 2016; Liao et al. 2017; Theorin et al. 2017; Thoben et al., 2017). 이 논의에는 데이터의 삼층구조와 데이터 수집 그리고 커뮤니케이션 장비, 스마트 공장의 물리적 구조 그리고 공장의 운영을 지원하기 위한 고급 데이터 분석 등이다. Strozzi

등(2017)은 스마트 공장의 태동, 흐름, 부각되는 주제를 분석하였고 추가적으로 조사 주제를 제시한 바 있다. 다수의 분석가들과 정책수립자들은 빅데이터 분석학과 모바일 기술의 부상이 스마트 도시의 발전을 촉진할 것으로 보고있다.

4차 산업혁명 시대에 공급사슬은 유연성을 더 갖출 것으로 보인다. 예컨대 클라우드 컴퓨팅, 가상물리시스템, 블록체인과 같은 과학기술 요소들은 공급사슬을 더 유연하고 투명하게 만들 가능성이 높다.

반면 공급사슬관리는 새로운 도전에 직면할 것이다. 데이터 양의 증가 그리고 실시간으로 데이터를 이용하는 것(availability)은 정보를 다루는 새로운 접근방법과 하부구조(infrastructures)가 요구된다. 사람, 물체(objects) 그리고 시스템들의 연결은 동태적인 가치창출 네트워크, 실시간으로 개선되는 가치창출 네트워크, 스스로 체계화하는 가치창출 네트워크, 기업 간 가치창출 네트워크가 가능하도록 할 것이다. 더 많은 자율성이 생산 시스템에 주어질 것이다. 의사결정 권한(competence)은 계층적으로 조직화된 시스템으로부터 분산되어 있는 반자동 기계들, 장비, 컴퓨터 연산자(operators), 모바일 기기로 이동할 것이다. 연관된 관리 및 제어 시스템은 Industry 4.0의 하드웨어, 소프트웨어 그리고 커뮤니케이션 기술이 개조(modifications)되는 것에 적합하도록 개발되어야 한다.

Industry 4.0 시대에 생산 시스템 원리의 변화와 요구사항(requirements)이 소비자 수요에 있어서 변화를 가져올지는 명확하지 않다. 이것은 4차 산업혁명 시대에는 생산 시스템과 수요 간에 격차가 존재할 수 있음을 시사한다. 그리고 이러한 격차를 제거하는 방안은 4차 산업혁명 시대에 기업 경영에 있어서 중요한 성과 요인으로 작용할 가능성이 높다.

8.1 4차 산업혁명, Industry 4.0과 제조

기업 경영에서 제조(manufacturing)는 포괄적인 의미로 활용되고 있는데, 제조와의 연관성 측면에서 살펴보면 공장(factory), 생산(production), 운영(operation) 등과 관계가 깊다. 예컨대 우리나라에서 제조혁신 전략으로 스마트 공장(smart factory) 정책을 추진하는 것은 제조와 공장이 밀접히 연관되어 있기 때문일 것이다. 또한 생산의 미래를 언급할 때 자주 등장하는 용어가 스마트 제조이다(Kusiak, 2018). 독일에서 시작된 Industry 4.0은 제조 혁신에 초점을 맞추고 있다는 점을 생각하면 제조 혁신은 기업 경영 측면에서 4차 산업혁명의 핵심적인 부분을 차지하고 있다고 하겠다.

4차 산업혁명 시대 이전에도 제조 분야에서는 컴퓨터를 활용한 제조공정의 전산화, 컴퓨터를 활용한 프로세스 자동화, 컴퓨터 프로그램에 의해 작동하는 기계 등 제조의 전산화 및 자동화가 진행되어 왔다. 예컨대 유연생산시스템(Flexible Manufacturing System: FMS), 컴퓨터통합생산(Computer Integrated Manufacturing: CIM), IMS(Intelligent Manufacturing System), AMHS(Automated Material Handling System), 자동창고시스템(Automated Storage and Retrieval System: ASRS) 등은 모두 제조 및 생산 분야에서 전산화 및 자동화가 반영된 개념들이다.

한편 최근에 등장하는 스마트 제조(Smart Manufacturing) 혹은 스마트 공장(Smart Factory)은 물리적 차원에서의 제조 및 생산 부문의 전산화 및 자동화 뿐 아니라 사물인터넷을 기반으로 하는 가상물리시스템과 같이 가상공간을 포함하는 통합 시스템 차원에서 전산화 및 자동화가 추진되고 있다는 특징을 가지고 있다. 스마트 제조 혹은 스마트 공장은 실무적 그리고 이론적인 측면에서 관심을 많이 받아서 연구가 활발하게 이루어지고 있다 (Helu et al., 2016; Jerman & Dominici, 2018; Kang et al., 2016; Kusiak, 2018; Lu et al., 2016; O'Donovan et al., 2016; Strozzi et al., 2017; Thoben et al., 2017; Wuest, 2019; Zhang et al., 2014; Zhong et al., 2017).

8.2 스마트 제조의 구조

스마트 제조는 "공장과 공급네트워크 그리고 고객의 욕구 측면에서 변화하는 요구 사항과 요구 조건들을 충족하기 위해서 실시간으로 반응하는 완전히 통합되고 협업화된 제조 시스템"(Kusiak, 2018: 509)을 말한다.

일반적으로 스마트 제조는 센서, 전산 플랫폼, 정보통신기술, 제어, 시뮬레이션, 데이터 집약 모델링 등의 제조 자산들이 통합된 생산의 형태를 말하며, 스마트 제조에는 가상물리시스템, 사물인터넷, 클라우드 컴퓨팅, 서비스 지향 컴퓨팅, 인공지능, 데이터 사이언스 등의 개념들이 활용되고 있다(Kusiak, 2018).

스마트 제조는 2계층으로 구성되어 있다고 볼 수 있다. 첫 번째 계층은 설비 계층(equipment layer)이고 두 번째 계층은 가상 계층(cyber layer)이라고 할 수 있다. 이 두 계층은 인터페이스에 의해 연결된다(Kusiak, 2018). 기존에는 설비 계층의 지능화(예컨대 자동화 시스템을 갖춘 기계)가 진행되었으나 4차 산업혁명 시대에는 설비 계층과 가상 계층이 통합된 시스템 지능화(예컨대 자동화된 기계가 사물인터넷으로 연결되어 작동하는 설비)가 진행되고 있다.

4차 산업혁명 시대에 사물인터넷과 빅데이터 클라우드의 구조는 고객들, 조립물들, 공급자들 그리고 다른 서비스 제공자들 간에 커뮤니케이션이 가능하도록 할 것이다(Yin et al., 2018). 스마트 제조 시스템이 두 부분으로 구성되어 있으나 그 구성 요소를 달리 보는 시각도 있다. 첫 번째 부분은 스마트 제조 시스템의 두뇌로서의 역할을 수행하는 정보시스템(클라우드 컴퓨팅 및 제품과 프로세스의 디자인)이다. 정보시스템은 두 가지 과업을 수행한다. 접수된 특정 고객의 요청사항에 비탕을 둔 고객 참여 개인 맞춤화(CPIC)를 실현하기 위하여 제품이 디자인되는 동안 개별 맞춤화된 모듈 그리고/혹은 구성요소는 연결된다. 공급 의사결정은 소비자가 바라는 제품 다양성, 수량 그리고 시간을 충족하도록 내려질 것이다. 그 결정은 공급사슬을 위한 조정 정책 그리고 스마트 공장을 위한 관리 및 통제 원칙으로 구성되어 있다. 인공지능 그리고 딥러닝과 같은 고급의 최적화와 기술들은 적절한 공급 의사결정을 발견하는 것을 지원하는데 활용될 수 있을 것이다.

스마트 제조 시스템의 두 번째 부분은 스마트 공장과 공급자들로 구성된 물리 시스템이다. 스마트 공장은 최종 제품, 플랫폼 그리고/혹은 모듈을 조립하거나 가공한다.

스마트 공장은 다양한 생산 시스템을 내포할 수 있다. 가용한

JIT-OS는 정보시스템에 의해 창출될 수 있고 고객의 주문을 원만한 생산 공정을 통해 고객의 수요를 충족하기 위하여 서로 다른 생산시스템에 배분하는데 활용될 수 있다.

4차 산업혁명 시대라고 해서 모두 개인화된 모듈로 가는 것이 항상 효율적인 것만은 아니다. 수요 상황에 따라서는 이전의 생산시스템들이 더 효율적일 수도 있다. 생산시스템을 비교해 보면 조립라인(flow lines), 유연생산시스템은 수요 상황에 따라서 각각의 효율성이 달라질 수 있다. 생산량이 많고 다양성은 부족한 상황(예컨대 표준화된 제품, 플랫폼, 모듈 상황)에서는 빠른 기계, 도구, 로봇 등의 장비를 갖춘 조립라인이 규모의 효율성을 추구하는데 활용될 수 있다. 생산량이 중간 정도이고 다양성이 보통인 상황(예컨대 표준화 그리고/혹은 개인 맞춤형 제품, 플랫폼, 모듈)에서는 유연생산시스템 혹은 조립라인이 혼합된(mixed) 제품 모델의 효율성과 유연성을 추구하는데 활용될 수 있다. 신속한 대응성이 요구(예컨대 짧은 수명수명 그리고/혹은 배송 시간)되는 생산량이 높거나 낮고 다양성은 높은 상황(예컨대 개별 맞춤화 제품과 모듈, 그리고 일어날 가능성이 있는 모듈 업그레이드)에서는 유연생산시스템이 적용될 수 있다.

8.3 스마트 제조의 구성 요소

스마트 제조를 구성하는 핵심적인 요소들로는 제조 기술과 프로세스, 재료, 데이터, 예측 엔지니어링, 지속가능성, 자원 공유와 네트워킹 등이 있다(Kusiak, 2018).

첫째, 스마트 제조는 제조 기술과 프로세스가 핵심적 요소이다. 새로운 제조 기술로는 적층제조를 들 수 있다. 적층제조는 신재료 개발을 촉진해 왔고, 제품의 디자인과 제조에 영향을 미쳤으며, 바이오제조(biomanufacturing)와 같은 새로운 응용 분야에도 개방적이다.

제조 도구들은 여러 가지 운영 상황을 통합하여 여러 상황에서도 사용이 가능하도록 디자인되어 왔다. 예를 들면 공작기계는 천공(drilling)뿐 아니라 절삭(milling)이 가능한 기계로 발전하여 왔다. 이것은 제조 도구들이 수직적이고 수평적 시스템으로 활용되도록 개발되어 왔음을 의미한다.

제조 프로세스와 관련해서는 새로운 하이브리드 제조 프로세스, 제조 프로세스의 통합이 발생할 것이다.

제조 비용 측면에서는 저비용의 로봇의 등장으로 공장 자동화는 한층 강화될 가능성이 높다.

둘째, 스마트 제조는 자재(materials)가 핵심적 역할을 한다. 자재는 스마트 제조를 위해 스마트 자재(예컨대 형상기억합금)가 새롭게 개발될 수도 있지만 기존의 자재들도 스마트 제조에서 중요한 역할을 수행할 수 있다. 예컨대 기존의 자재에 센서를 부착하면 이것이 스마트 자재의 역할을 수행할 수 있다.

셋째, 스마트 제조에서 데이터는 중요한 역할을 수행한다. 데이터는 다양한 원천으로부터 수집될 수 있다. 예컨대 재료의 물성치(material properties), 공정 파라미터(process parameters), 공급자, 소비자 등으로부터 데이터를 수집할 수 있다. 제조 과정에서 수집하는 데이터는 센서를 통해 확보될 수 있다. 확보된 데이터는 데이터 분석을 통해 예측 모델링을 수립하는데 활용된다.

넷째, 스마트 제조에서 예측 엔지니어링(predictive engineering)은 중요한 역할을 수행한다. 예측 엔지니어링은 기업이 발생할 가능성이 있는 사안에 대해 선제적으로 예측을 하여 대응하려는 제조 솔루션이다. 예컨대 건물을 지을 때 지진, 태풍 등 여러 발생 가능한 조건 혹은 환경 등을 예상해서 해당 조건 혹은 환경을 고려한 안전성 시뮬레이션을 사전에 실시하여 건물의 안전성을 위해 반영해야 할 여러 요소들을 사전에 검증 및 반영하려는 시도라고 할 수 있다.

제조 분야에서 데이터는 전통적으로는 분석(예컨대 생산성 분석), 모니터링(예컨대 공정 모니터링), 제어(예컨대 품질관리) 등을 위한 목적으로 데이터가 활용되었는데, 이러한 목적들은 미래를 예측하기 보다는 과거와 현재 상태를 점검하는데 초점이 맞추어져있다. 그러나 4차 산업혁명 시대에는 이러한 과거 및 현재 상태를 위한 목적 이외에도 미래를 예측하기 위한 목적으로 데이터가 활용된다. 예지보전시스템(Predictive Maintenance System: PMS)에서는 스마트 제조에서 데이터가 예측을 위한 자료로 활용되는 것을 보여주고 있다. 예컨대 ABB는 모터에 부착된 센서를 통해 수집한 정보를 바탕으로 모터를 진단해 모터의 상태를 레드(위험), 옐로(보통), 그린(안전) 등으로 분류한 정보를 제공하는 것으로 알려져 있다.

다섯째, 스마트 제조에서 지속가능성(sustainability)은 핵심적 역할을 수행한다. 지속가능성은 21세기 경영에서 가장 중요한 목표 중 하나로 간주되기도 한다. 제조 분야에서 지속가능성을 달성하기 위해서 심혈을 기울여야 할 대상으로는 재료, 제조 공정, 에너지, 제조로 귀속되는 오염물질 등이 있다. 그리고 지속가능성 목표를 달성하기 위해 기본적으로 관심을 기울여야 할 부분은 제품과 시장이다.

여섯째, 스마트 제조에서 자원 공유와 네트워킹은 핵심적 역할을 수행한다. 스마트 제조는 가상물리시스템을 특징으로 하고 있다. 제조의 디지털화가 진행됨에 따라서 디지털 공간에서 수행되는 기업의 활동들이 증가할 것이다. 그런데 디지털 공간은 투명성이 높으면서 물리적 제조 자산들과 연관된 노하우는 보호될 수 있다. 따라서 기업들은 디지털 공간에서 제조 설비, 소프트웨어, 전문가, 협업모델링을 공유함으로써 자원 공유가 가져다주는 혜택을 누릴 수 있을 것이다.

일곱째, 스마트 제조에서 유비쿼터스는 필수적이다. 유비쿼터스 개념은 Weiser에 의해 1991년 도입되었다. 유비쿼터스는 실생활에서 컴퓨팅이 광범위하게 활용되는 것을 가리켰으며, 최근에는 공장 내에서 센서와 컴퓨팅의 광범위한 활용으로 공장이 유비쿼터스 공장으로 변모하는 것을 가리키는 것으로 의미가 확대되었다. 공장에는 서로 다른 여러 파트가 존재하는데, 각 파트는 각자의 역량을 가지고 다른 파트와 상호작용을 하게 되고, 유비쿼터스 컴퓨팅의 구현 덕택에 고객 및 공급업자와 직접적으로 상호작용을 하게 된다. 그리고 이러한 상호작용은 공장을 사물인터넷으로 유추해 볼 수 있는 사물공장(Factory of Things)으로 변모한다. 제조는 공장이라는 용어 대신 사용되기도 한다.

유비쿼터스가 실현되기 위해서는 무선으로 사물들이 연결되는 것이 필요하다. 무선으로 작동되는 제조(wireless manufacturing) 환경은 다음 세대의 제조기술로서 부상하고 있다. 무선으로 작동되는 제조 환경은 자동인식(Automatic IDentification), RFID(Radio Frequency IDentification), 센서와 같은 무선 장치 그리고 현장 데이터를 동기화(synchronization)하고 수집 혹은 가공하기 위한 와이파이와 같은 무선 정보커뮤니케이션 네트워크에 의존한다. Huang 등(2009)은 RFID 기반 무선 제조 솔루션을 개발하였다. 무선 기술의 발전은 가변적인(reconfigurable) 무선 제조시스템을 개발하기 위한 기회를 창출해 왔다. 여기서 가변적인 무선제조시스템은 공장 현장을 실행하고 통제하며 계획을 수립하는데 있어서 실시간 가시성(visibility), 추적가능성 그리고 정보처리의 공동운영(interoperability)을 수반한다.

8.4 사람 중심의 스마트 제조 시스템

스마트 제조시스템은 궁극적인 목표를 의사결정을 지원하기 위하여 가치가 있는 통찰력을 제공하는데 두고 있다(Wuest, 2019: 41). 스마트 제조에서는 디지털 공급네트워크의 전 수준에서 제조 운영을 개선하기 위해 정보통신기술 데이터와 고급 데이터 분석학을 활용한다. 즉, 스마트 제조에서는 지능적, 효율적, 반응적 운영이 가능하도록 공장 현장과 상위 수준에서 데이터 집약적인 정보기술을 적용한다.

스마트 제조가 이전의 생산 관련 주제들과 차이가 나는 점은 스마트 제조 프레임워크 내에서 사람의 재능(human ingenuity)을 강조한다는 점이다. 스마트 제조에서 스마트함(smartness)이란 시스템 자체보다는 운영자 및 공정 계획자, 즉 사람과의 연합을 통해 가능해진다고 보고 있다. 스마트 제조에서 사람은 단순히 공장 현장에 적용되는 인공지능과 인지자동화에 의해 대체되는 객체로 보기 보다는 사람의 역량이 특정 분야에서 스마트하고 맞춤화된 솔루션에 의해 향상된다고 본다.

8.5 스마트 공장 구축을 저해하는 요인들

Davis 등(2012)은 스마트 제조를 '제조하는 것과 공급사슬 기업 전체에 걸쳐서 네트워크화된 정보 기반의 기술을 광범위하게 적용하는 것'으로 보았다. Davis 등(2012)은 기업에서 스마트 제조의 도입을 주저하는 서로 다른 몇 가지 이유를 발견하였다.

첫째는 전통적인 분산제어시스템의 기초 아키텍처가 스마트 제조의 활용을 막는다는 점이다.

둘째, 스마트 제조 관련 기술에 투자하는 것과 관련된 사항으로 대규모 기업에서는 스마트 제조 관련 기술에 대한 투자비용을 감당할 수 있는 수준이므로 정당화가 가능하지만 중소 제조기업의 경우에는 스마트 제조 관련 기술에 대한 투자비용을 감당할 수 없을 수도 있다.

셋째, 현대 산업의 기반구조와 조정이 이루어지지 않은 이러한 기술들을 회피하려는 인센티브는 결과적으로 부분적인 구현을 낳았다. 그러므로 스마트 공장으로 실질적으로 변모하려는 동기기 필요하다.

8.6 스마트 제조가 갖추어야 할 요건

기업에게 있어서 중요한 경쟁 우위는 다양한(diverse) 고객들의 개별적 요구사항을 실현해 줄 수 있는 능력(capability)이다.

기업들은 대량 맞춤화(Mass Customization: MC)를 적용하여 고객들의 개별적 요구사항을 충족시킴으로써 경쟁력을 가지고자 한다. 대량 맞춤화는 1980년 후반 이후 연구자들과 실무자들로부터 관심을 받아왔다(Pine et al., 1993). 대량 맞춤화는 고객 개인이 요구하는 제품을 만들기 위해서 제품을 디자인하고 가공하며 조립하는 단계에서 기업과 고객이 교호작용을 하는 형태를 통해서 가치를 창출하는 전략이다(Kaplan and Haenlein, 2006). 대량 맞춤화는 충분한 제품 다양성과 개별 맞춤화를 제공하여 거의 모든 고객들이 자신이 원하는 제품을 정확하게 찾을 수 있도록 해 주는 것을 말한다(Pine et al., 1993). 대량 맞춤화를 효과적으로 이행하는 것은 어렵다(Gilmore and Pine 1997; Zipkin, 2001). 제조업자는 개별 고객의 요구사항을 실현시켜 주기 위하여 제조 시스템을 체계화하는데 적절한 관리 원칙과 통제 원리를 적용하고자 한다. 제조 시스템은 효율적이고, 유연하며, 즉각 반응할 수 있어야 하며, 적절한 관리 원칙과 통제 원리를 신속히 찾을 수 있어야 한다(Zawadzki and Żywicki, 2016). 전통적인 제조 시스템은 이러한 요구사항을 달성하기가 어려웠다. 예를 들면 유연생산시스템은 유연하고 효율적이다. 효과적인 접근방법은 더 나은 관리원칙과 통제 원리를 제안하기 위하여 개발되어왔다. 그러나 유연생산시스템의 즉각 반응성은 느리다. 유용한 관리원칙과 통제원리는 더 개발될 필요가 있다. 현재 시점에서 대부분의 JIT—OS 적용은 공장 관리자의 경험에 기반을 두고 있다. 대량 맞춤화와 중요성과 현재의 제조 시스템으로 대량 맞춤화를 실현하기가 어렵기 때문에 어떤 학자들은 Industry 4.0 환경 하에서의 스마트 제조는 대량 맞춤화 전략을 지원하는 핵심이 될 것이라고 제안한 바 있다. Zawadzki와 Żywicki(2016)는 대량 맞춤화 전략이 실현되도록 스마트 공장이 효율적으로 운영되기 위해서는 스마트 제품 디자인과 생산통제가 필요함을 제안하였다. 제품수명주기가 짧아짐과 더불어 개별 맞춤화에 대한 바램(desire)은 유연생산시스템에서 개인화된 고객 주문에 신속하게 반응(예컨대 컴퓨터 시스템을 재구성)하기 위하여 데이터를 활용할 수 있는 스스로 개선하는 스마트 제조 시스템으로 조직구조가 변화되기를 요구한다(Brettel et al., 2014). 이러한 경영관리와 통제 문제는 통상적으로 비결정난해(NP—hard)에 해당된다(Yin et al., 2018). 어떤 연구에서는 스마트 공장에서 제조 공정을 관리하고 통제하기 위하여 빅데이터를 활용한 효율적인 수리적 모델을 제시하기도 하였다(Ivanov et al., 2016).

Industry 4.0 시대에 스마트폰과 같은 스마트 제품은 사용자들, 제작자들 그리고 어쩌면 관련된 제3자들 간에 데이터 교환(데이터를 주고받는 것)을 목적으로 연결될 수 있다. 스마트폰과 유사하게 연결 제품들(connected products)은 세 가지 핵심 모듈, 즉 ① 물리 모듈(예컨대 기계부품 및 전기부품), ② 스마트 모듈(예컨대 센서, 소프프웨어, 마이크로프로세서), ③ 연결성 모듈(예컨대 제품 클라우드들에 대한 프로토콜, 안테나, 네트워크)로 구성되어 있을 것이다(Porter and Heppelmann, 2015). Industry 3.0 시대의 대부분의 제품들은 연결성 모듈을 포함하고 있지 않았다. 샤오미(Xiaomi)는 성공적인 비즈니스 사례에 해당되는데, 샤오미는 Industry 3.0 시대로부터 수요 차원에서 발생할 수 있는 가능성있는 변화를 추론하여 현재 제공하고 있다. 샤오미는 2011년 8월에 처음으로 스마트폰을 시장에 내놓은 중국 스마트폰 제조업자이다. 이후 2014년 10월에는 삼성전자와 애플에 이어 세계에서 세 번째로 큰 스마트폰 제조업자가 되었다. 샤오미가 빠르게 성공한 것은 샤오미가 가지고 있는 독특한 비즈니스 모델에 따른 것으로 보인다. 샤오미의 비즈니스 모델은 삼각형으로 묘사해 볼 수 있다(Yin et al., 2018). 삼각형의 세 모퉁이는 하드웨어, 소프트웨어 그리고 인터넷이다. 그런데 이것은 스마트 제품의 물리 모듈, 스마트 모듈 그리고 연결성 모듈과 유사하다. 샤오미의 독특성은 사오미 인터넷에 있다. 샤오미 인터넷은 샤오미 클라우드, 샤오미 챗(chat), 샤오미 와이파이, 샤오미 라이브러리로 구성되어 있다. 샤오미 인터넷은 고객들이 샤오미 직원(staff), 하드웨어와 소프트웨어 공급자 그리고 다른 고객들과 커뮤니케이션을 할 수 있는 온라인 네트워크이다. 샤오미 네트워크는 사물인터넷으로 간주될 수 있다. 고객의 구체적인 요청사항은 샤오미 인테넷에 제출되도록 장려된다. 이러한 요청사항들은 신속하게 반영되어 하드웨어와 소프트웨어 디자인, 제조 그리고 인터넷 서비스에 실현되도록 한다. 샤오미 고객의 충성도와 열정은 높다.

Chapter 09

마케팅과 4차 산업혁명

마케팅은 교환, 관계, 만족, 경험 등의 개념들을 기반으로 하고 있다. 마케팅은 기업이 제공하는 가치제안(제품, 서비스를 포함하여 기업이 소비자에게 가치를 제공하는 것과 연관된 모든 것)과 고객의 욕구, 구매(선택), 경험 간의 교환을 촉진하는 것으로 볼 수 있다. 4차 산업혁명 시대의 마케팅에서는 기업의 가치제안과 소비자 간의 연결성(connectedness)을 매우 중요하게 여긴다.

9.1 고객의 욕구 파악과 4차 산업혁명

마케팅의 출발점은 고객 욕구를 파악하는 것으로 시작된다. 4차 산업혁명과 관련된 과학기술 요소들을 통해 고객 욕구를 파악하고, 파악된 욕구에 기반을 두고 고객 충성도를 제고한 사례로 모건스탠리의 'next best action' 프로그램을 들 수 있다(Davenport & Bean, 2017.08.03.). 모건스탠리는 금융기관임에도 불구하고 고객 중심적 사고를 하는 것으로 잘 알려져 있다.

금융회사로부터 자동화된 투자조언을 제공하는 시스템을 로보어드바이저(robo-adviser)라고 한다. 금융회사인 모건스탠리에서는 고객에게 조언을 하는 방식을 변화하였다. 즉, 모건스탠리에서는 단순한 로보어드바이저 방식의 조언을 넘어서서 사람이 조언을 수행하되 인공지능을 활용한 기계학습에 의해 보강된 조언을 할 수 있도록 프로세스를 강화하였다. 모건스탠리는 뉴욕에 기반을 둔 금융기관으로서 금융기관 중에는 인간을 중심에 둔 것으로 잘 알려져 있다. 모건스탠리는 'next best action'시스템을 이용해서 재무 조언자가 고객들에게 더 효율적이고 효과적인 조언을 할 수 있도록 지원하고 있는데, 이것의 핵심은 시스템에 기계학습 알고리즘을 장착하여 재무 조언자가 수많은 투자 대안들 중에서 고객의 선호도에 가장 부합하는 투자대안을 찾아 고객 선호에 맞게 조언을 할 수 있도록 하였다는 점이다. 이 시스템은 고객의 선호도에 맞추어서 투자 성공 가능성을 표시해 주는 것이다.

'next best action'시스템은 고객의 프로파일, 행동, 거래와 같은 데이터를 분석해서 각 상황에 맞는 투자조언을 함으로써 고품질의 투자조언 서비스를 제공하는 것이다.

시장 상황이 변화하는 경우 시장에서 무엇이 발생하고 있는지에 관하여 메시지를 받게 되는데, 그 이메일은 재무조언가로부터 온 것이다. 그런데 이러한 도움을 제공하는 조언 뒤에는 인공지능이 있다.

'next best action'시스템은 이메일, 문자, 메모 등을 통해 고객과 이루 어진 커뮤니케이션을 인공지능 알고리즘에 따라 분석 평가하여 고객에게 새로운 제안을 하게 된다. 예컨대 시장에 변화가 생겨서 고객이 가지고 있 는 포트폴리오 포지션에 중대한 변화가 발생한 경우 시스템에서 재무 조언 자에게 고객을 대상으로 조언을 할 것을 표시해 준다.

9.2 마케팅 조사와 4차 산업혁명

4차 산업혁명은 빅데이터를 기반으로 하고 있다. 빅데이터는 많은 양 의 데이터를 다루므로 기존 분석 방법으로는 여러 가지 문제점과 극복해야 할 문제에 직면한다. 리서처들이 직면하는 한 가지 문제점은 빅데이터를 분석할 수 있는 분석적 기법과 통계적 기법에 대한 것이다. 빅데이터 셋은 복합적이고 방대한 양의 데이터를 기반으로 하므로 기존에 개발된 통계분 석 방법으로는 분석이 어렵거나 불가능한 경우도 발생한다.

이러한 문제점을 해결하는 방안으로 예측적 분석(predictive analytics) 혹은 사용자 행동 분석(user behavior analytics)이 있다. 다양한 통계적 분석 방법들이 빅데이터에서 가치있는 정보를 추출하는데 활용되고 있다. 이러 한 분석 방법으로는 예측 모델링(predictive modeling), 기계학습(machine learning), 데이터 마이닝(data mining) 같은 것을 들 수 있다. 이러한 방법들 이 가지고 있는 장점은 패턴을 발견하는 학습 알고리즘을 만들어낼 수 있 다는 점이다. 이러한 학습 알고리즘은 예측력이 높다.

9.3 마케팅 전략에서의 빅데이터 활용

빅데이터를 마케팅 분석에 적용하는 것은 공급사슬의 판매 측면과 관련된 것이다. 마케팅의 본질은 고객의 수요를 포착하고 세부적인 수준에서의 세분화를 가능하게 하며, 소비자 행동을 예측하는 데 초점을 맞추고 있다.

이러한 마케팅의 본질이 빅데이터를 마케팅에 적용하여 발전을 이룩하는데 원동력이 되었다. 이 중에서도 세부 수준에서의 세분화(micro-segmentation) 는 빅데이터 분석의 매우 중요한 적용 분야이다. 시장세분화가 전통적으로 마케팅의 전략을 수립하는데 중요한 역할을 담당하였고, 마케팅 역량에서 중요한 부분을 차지하지만 빅데이터와 정교한 분석 도구들이 함께 결합이 될 때에는 개인 단위에 이르기까지 정교한 세분화가 가능해진다(Sanders, 2016).

현재 기업들은 여러 가지 다양한 기술들을 활용해서 개별 고객의 행동에 대한 데이터를 취합하고 이력 등을 추적할 수 있다. 그리고 이러한 기술들은 전통적인 시장조사 도구들과 결합을 하여 더 많은 소비자 통찰력을 이끌어 낼 수 있다. 실시간으로 수집된 데이터는 기존 데이터와의 결합을 통해 분석되어서 자사의 고객 전략 그리고 개별 고객에 대한 대응을 신속히 수정하는데 활용될 수 있다. 예를 들면 소매업자들이 행동에 기반을 둔 세분화를 통해 다층(multi-tier)의 멤버십 보상 프로그램, 즉 보상 프로그램을 소비자들의 충성도에 따라 상이하게 운영하는 것은 이러한 세부 수준의 세분화와 관련이 있다.

기업은 정교한 분석 방법을 활용하여 핵심 고객층을 식별하고 그 기업의 고마진 고객들로부터 고마진의 제품을 구매하도록 구매 인센티브를 표적 고객별로 상이하게 제안하는 것이 이러한 예에 속할 것이다.

9.4 제품개발과 4차 산업혁명

4차 산업혁명 이전의 제품은 스마트 하지만 연결성을 갖추고 있지 못한 경우가 많았으며, 자사가 속한 산업의 범주가 비교적 명확하였다. 그러나 스마트하면서 연결성을 갖춘 제품(smart, connected product)은 성능이 매우 우수할 뿐 아니라 경쟁구조에 있어서 변화를 가져와 기업으로 하여금 자사가 속해 있는 산업을 새로운 시각에서 이전과는 다르게 정의를 하도록 하고, 고객과 커뮤니케이션을 하는 방식을 완전히 바꾸어 놓을 가능성이 있다(Porter & Heppelmann, 2014, 2015). Porter와 Heppelmann(2014, 2015)은 스마트하면서 연결성을 갖춘 제품은 세 가지 핵심적인 요소들 즉, 물리적 요소, 스마트 요소 그리고 연결성 요소를 공유하고 있다고 보았다. 여기서 물리적 요소(physical components)는 제품의 기계적인 부분과 전기적인 부분을 말한다. 예컨대 자동차의 경우 엔진, 타이어 등이 여기에 해당된다. 스마트 요소(smart components)는 센서, 마이크로프로세서, 데이터 저장장치, 소프트웨어 등을 의미한다. 연결성 요소(connectivity components)는 포트(ports), 안테나, 프로토콜, 네트워크 등을 의미한다. 스마트하면서 연결성을 갖춘 제품은 관련된 하부구조 기술이 지원되는 경우 기존 제품에서 찾아볼 수 없는 새로운 역량을 갖춘 제품으로 변모할 가능성이 높다. 여기 새로운 역량이란 제품이 자체적으로 그 제품이 처해있는 환경이나 조건을 모니터할 수 있다는 점과 그 제품을 사용자들이 원격으로 통제할 수 있다는 점이다. 제품이 가지고 있는 이러한 역량은 고객들의 제품 경험을 최적화시킴으로써 고객에게 더 나은 성과를 제공해 줄 수 있게 된다(Porter & Heppelmann, 2014, 2015).

4차 산업혁명 시대에는 제품을 플랫폼으로 전환시키는 것이 산업 생태계를 구축하는데 매우 중요한 역할을 할 것으로 보인다(Hagiu & Altman, 2017; Zhu & Furr, 2016; Zhu & Iansiti, 2019). 플랫폼은 "두 개 이상의 다른 사용 그룹을 연결하여 그 사용자 그룹들이 직접 상호작용을 할 수 있도록 만들어주는 매개체"를 말하는데(Zhu & Furr, 2016:72), 제품은 하나의 수익 흐름을 만들어내는 반면 플랫폼은 복수의 수익 흐름을 만들어 낼 수 있다는 점에서 더욱 중요하다.

제품을 플랫폼으로 성공적으로 변환시키기 위해서는 네 가지 단계가 필요하다(Zhu & Furr, 2016). 첫째, 크게 성장한 플랫폼은 우수한 제품에서 시작을 하는데, 그 제품은 상당히 많은 수의 고객들을 점유하고 있어야 하며, 경쟁자들로부터 보호되기에 충분할 정도의 가치가 있어야 한다. 둘째, 제품이 주는 차별화된 가치와 플랫폼이 주는 공유 가치를 함께 가지고 있는 합성 비즈니스 모델을 적용시키는 것이 좋다. 셋째, 제품의 사용자들을 플랫폼의 사용자로 신속히 전환시키는 것이 필요하다. 이를 위해서는 제안된 플랫폼을 사용하기에 적절한 가치를 제공하고, 기존 브랜드와의 일관성을 유지하면서 새로운 제품과 서비스를 부가한 새로운 플랫폼을 제시하는 것이 바람직하다. 넷째, 경쟁자들이 새로운 플랫폼을 모방하지 못하도록 적절한 기회를 탐색해야 하고, 기회를 발견한 경우에는 즉각적으로 실행에 옮길 수 있어야 한다.

4차 산업혁명 시대에는 제품이 가지고 있는 특징에 있어서 변화가 올 뿐 아니라 제품을 개발하는 방식에 있어서도 커다란 변화가 올 것으로 예상된다.

먼저 제품의 완성도를 우선 시 할 것인지 혹은 선점 효과에 초점을 맞출 것인지에 따라서 제품 출시에 차이가 발생할 가능성이 있다. 일반 제조업인 경우에는 완성도 높은 제품을 개발하는 것이 효과적이다. 그러나 애플리케이션과 같은 분야에서는 기본에 충실한 앱을 출시한 후 사용자들이 제공하는 피드백 내용들을 받아서 앱을 신속히 개선하는 것이 더 적절한 신제품 개발 방법일 수 있음을 보여주는 경우도 있다(조진서와 박병호, 2018).

제조업과 서비스업에서 제품개발과 관련하여 공통적으로 중요한 사항은 사용자 참여(customer engagement)이다. 그리고 기업 입장에서는 사용자 참여를 통해 피드백이 이루어지는 내용들을 잘 수집해야 하고, 수집된 내용들은 분석 과정을 통해 신속히 제품 혹은 서비스 개선에 반영되어야 한다.

소비자들이 신제품 개발자로서 적극적인 역할을 수행하고 있거나 수행할 가능성이 높아짐에 따라서 기업들은 새로운 도전에 직면하게 될 것이다(Rindfleisch et al., 2017). 대다수의 기업들은 적어도 지금까지는 소비자들이 만들어준 데이터에 접근하여 소비자에 관한 많은 통찰력을 얻고 있고, 혁신을 가져올 수 있는 도구들을 소유하고 있으며, 경우에 따라서는 이 둘을 적절하게 결합하여 신제품을 개발해 내고 있다. 이러한 신제품 개발 환경의 결과는 기업이 소비자에 비해서 신제품 개발과 관련된 지식 우위와 제조 우위를 점유하고 있는 것으로 나타났고, 현재 판매되고 있는 대부분의 제품은 기업이 제조하고 유통하는 형태로 이루어지고 있다. 그러나 3D 프린터 혹은 3D 스캐너와 같은 신기술에 기반을 준 제조 도구로 인하여 소비자들은 4차 산업혁명 시대에 물리적 제품에 있어서 핵심을 이루고 있는 디지털 데이터를 생성하는 사람이 되어가고 있는 반면 기업의 연관성은 점점 낮아지고 있다.

소비자들이 디지털 정보를 활용하여 물리적 제품을 만들어 낼 수 있는 새로운 신제품 개발 환경에 기업이 적응을 하는 한 가지 방법으로 기업은 소비자들과 신제품 디자인에 관한 정보를 자유롭게 공유하는 개방형 제품개발 전략을 채택할 필요가 있다. 실제로 이 전략은 여러 산업에서 이미 채택되어 성공적으로 활용되고 있다. 예를 들면 소프트웨어 분야에서는 Linux, 마이크로 전자기술 분야에서는 Arduino, 전기자동차 분야에서는 OSVehicle 등이 개방형 제품개발 전략을 활용하고 있다. 소비자들이 디지털 데이터를 활용하여 제품을 만드는 역량이 강화될수록 기업은 개방형 제품개발 전략의 실행 여부를 더 깊이 고려해 보아야 한다.

3D 프린팅은 인공지능, 빅데이터, 센서에 기반을 둔 사물인터넷 등과 연결되는 경우 그 장점을 더 발휘할 수 있을 것으로 보인다. 3D프린팅은 상당부분 개인화된 제품을 생산할 때 효과적이다. 3D프린팅은 운영하기 위한 파일을 바꿀 때를 비롯하여 약간의 비용이 들지만 대규모 설비장치에서 소요되는 것과 같은 셋업 비용을 줄일 수 있다.

3D프린팅은 다품종소량생산이 필요한 경우 적합성이 높아 보인다. 예를 들면 프랜차이즈 업체에서 주문을 받아 생산할 때 3D 프린팅을 활용한다면 효과적일 것으로 보인다.

9.5 브랜드와 4차 산업혁명

Vein & Company의 Ding 등(2017.12.05)은 신유통(O2O) 시대에 중국에서 판매하기를 원하는 브랜드들은 고객 및 데이터와 관련된 새로운 접근 틀을 수립해야 할 필요가 있음을 조언하였는데, 이러한 조언은 비단 중국 뿐 아니라 우리의 경영환경에서도 적용해 보는 것이 바람직해 보인다.

Ding 등(2017.12.05)은 브랜드들은 근본적으로 두 가지를 알고 실행에 옮겨야 한다고 보았는데, 첫째는 고객을 운영(operation)의 중심에 두어야 한다는 점이며, 둘째는 데이터와 스마트 기술을 운영과 접목시켜야 한다는 점을 들고 있다.

고객을 운영의 중심에 두어야 한다는 것은 고객이 브랜드를 인지해서 구매하고 추천(referral)하기까지 고객이 경험하게 되는 모든 것을 고려하여 운영을 해야 한다는 것이다.

데이터와 스마트 기술을 운영에 접목해야 한다는 것은 고객 경험과 관련된 데이터가 스마트 기술(예컨대 인공지능, 사물인터넷 등)을 통해 축적되고 분석되어 운영에 활용될 수 있어야 한다는 것이다. 이것은 조직의 기능 간 상호연계성(cross-function interconnection)을 위해서 조직 내에서 팀 혹은 부서 단위로 폐쇄적으로 운영되는 데이터 저장소(data silos)를 해체하고 데이터의 연계성을 광범위한 생태계로 확장시키는 것이 필요하다.

조직은 과거에는 조직의 특정 기능과 관련된 사업 의사결정에 유용한 정보를 주어 통찰력을 제공하기 위한 목적으로 조직 내부에 구축되어 있는 CRM 데이터를 활용하기도 하였다. 현재 시점에서 조직은 소비자에 대한 통찰력을 증진하고 그에 따라 행동하기 위해서 데이터를 지속적으로 개선해 나가서 검증을 통해 학습해 나가는 훈련(test-and-learn exercise)을 해야 할 필요가 있다.

9.6 가격과 4차 산업혁명

빅데이터 분석이 마케팅 분야에 적용되는 예는 가격 최적화 부문이다. 현재 가격책정 의사결정은 다양한 데이터 원천을 활용하여 거의 실시간으로 이루어질 수 있는 환경이 조성되어 있다. 예를 들면 Marriott International은 정교한 분석 시스템을 활용하여 고객유형, 날씨 등의 변수들을 고려하여 객실 요금을 최적화시키는데 빅데이터를 활용한 바 있다.

마케팅 분야에 빅데이터 분석을 적용하는 것은 B2C 분야뿐 아니라 B2B 분야에도 적용가능하다. B2B 분야는 구매 빈도가 낮은 반면 대규모로 주문이 이루어지는 특징을 가지고 있으며, 소수의 구매자들로 구성되어 있어서 빅데이터 분석을 적용하기에는 상당히 복잡한 측면이 있다. 그럼에도 불구하고 빅데이터 분석을 통해 구축된 알고리즘은 기업 고객의 이력을 추적하고 세분화하며, 기업고객의 지출 상황을 더 잘 이해할 수 있도록 지원한다. 예를 들면 기업고객을 대상으로 한 알고리즘에서 연관관계분석(affinity analysis)은 어떤 기업고객이 경쟁자보다는 자사로부터 제품을 구매할 가능성이 높은지를 찾아준다.

9.7 영업 인력과 4차 산업혁명

인공지능을 활용하여 영업 효과성을 제고한 사례가 있다(Brynjolfsson & Mcafee, 2017.07.01.). 온라인 교육업체인 Udacity의 공동 창업자인 Sebastian Thrun은 자사의 영업인력 중 어떤 영업 인력은 다른 영업 인력에 비해 채팅 룸에서 고객들이 질문하는 것(inbound queries)에 대한 응답을 함에 있어서 훨씬 더 효과적으로 응답을 하는 것에 주목을 하였다.

그래서 채팅 룸 로그에서 교호작용인 대화(interaction)가 판매로 이어진 것은 성공으로 꼬리표를 붙이고 다른 모든 교호작용 대화는 실패로 꼬리표를 붙인 후 지도학습 방법을 통해 어떤 보편적인 질문에 성공적인 영업직원은 무슨 대답을 했는지를 분석하였다. 그리고 이러한 답변들을 다른 영업직원들의 성과를 향상시키고자 공유를 하였다.

1,000번의 훈련 주기를 거친 결과 영업직원들은 효과성이 54%까지 증가하였고 고객 응대도 이전에 비해 동시에 2배로 응대가 가능해졌다.

9.8 유통 및 공급사슬과 4차 산업혁명

제조 기업은 자사가 속한 가치사슬 내에서 발생하는 공급(예컨대 제품 생산)과 수요(예컨대 소비자 구매) 간의 불일치 상황에 대해서 관심을 지속적으로 가지고 있다.

공급사슬망은 실시간으로 일선의 영업성과가 반영하여 공급이 조정되기에 충분할 정도의 유연성(flexibility)을 갖추도록 재설계되어야 하며, 스마트 기술들(예컨대 인공지능, 사물인터넷, 블록체인 등)은 데이터를 바탕으로 하여 영업성과를 더 정확하게 추정하여야 한다.

가장 발전된 형태는 모든 이해 당사자들이 공급사슬 안으로 통합이 되어 시각화, 분석 그리고 공급사슬 자동화를 향상시키기 위해서 구입 가능한 전체 데이터 영역(full spectrum)을 분석해 보는 것이다. 기업들은 올바른 서비스 제공자를 선정하기 위하여 요구되는 투자를 하고 데이터를 관리하며 공급사슬의 운영 효율성(operating efficiency)을 개선한다.

네슬레(Nestlé)는 "One Set Inventory"로부터 의미있는 성과를 거두었다. "One Set Inventory"는 단일화된 공급사슬로서 서로 다른 채널(B2B, B2C, O2O 등)에서 물류 서비스와 재고를 공유하는 것이다. 네슬레는 단일의 허브(hub)에서 서로 다른 채널로 즉각적으로 운송을 하고, 실시간 데이터로부터 만들어진 통찰력을 바탕으로 하여 목적지를 결정한다.

이러한 조치들은 재고회전(turnover) 효율성을 극적으로 개선시켰는데, 온라인 제품 품절률(shortage rate)은 22%에서 5%로 감소되었다. 또한 지역 간 배송이 60%에서 10%로 낮추어짐에 따라서 물류비용도 감소하였다. 그리고 새로운 공급사슬은 80%의 주문이 당일 혹은 주문 다음 날 배송되는 등 배송 적시성(timeliness)도 개선되었다(Ding et al., 2017.12.05).

Chapter 10
소비자(고객)와 4차 산업혁명

10.1 4차 산업혁명과 소비자

　4차 산업혁명과 관련된 연구들은 공급자 측면에서 4차 산업혁명을 논의하는 것이 다수를 차지하고 있는 반면 4차 산업혁명이 소비자들의 생활, 특히 소비생활에 어떻게 영향을 미칠 것인지 그리고 소비자들이 4차 산업혁명 시대에 소비자 웰빙을 달성하기 위해서는 4차 산업혁명의 주요 내용들을 어떻게 이해하고 활용해야 하는지에 관하여 체계적으로 연구하고 보고된 내용은 아직 별로 없는 것으로 보인다.

　클라우스 슈밥은 4차 산업혁명의 수혜자로서 소비자를 들고 있다. 4차 산업혁명 시대에 소비자들이 수혜자로 부각되는 이유는 4차 산업혁명이 가지고 있는 특성에 기인한다. 디지털 시대에 소비자에게 제공되는 신제품과 서비스는 4차 산업혁명의 구성요소들이 반영된 정보재적 성격을 가지고 있는 것들이 다수 등장할 것이며, 이러한 제품과 서비스는 소비자 입장에서 매우 저렴한 비용으로 구입할 수 있으므로 소비자가 지불해야 할 비용은 낮아질 여지를 가지고 있다.

이러한 변화는 제품 혹은 서비스의 비용을 낮추는 역할뿐 아니라 제품 혹은 서비스를 구매하는데 소요되는 부대비용을 감소시키는 역할을 수행할 수 있다. 예컨대 제품 자체의 가격이 동일한 경우일지라도 소비자들이 그 제품을 구매하기 위해 여러 가지 자원(시간, 정보탐색노력, 운송비 등)을 투여한 것에 비해 드론을 통해 집 앞에까지 구매제품을 배송해 주는 시스템은 구매와 관련하여 소비자들이 투입해야 할 자원을 절감을 가져와 소비생활의 효율성을 제고할 수 있다.

4차 산업혁명이 소비자 측면에서 이러한 가치와 혜택을 제공해 줄 수 있음에도 불구하고 4차 산업혁명이 소비자에게 가져다주는 혜택과 가치가 무엇이며, 소비자들은 이를 어떻게 활용함으로써 소비자로서 자신의 소비생활과 삶의 질을 개선할 수 있는지에 대해서는 보고된 것이 거의 없는 상황이다.

이러한 상황은 한 설문조사에서 잘 나타나고 있다. 코리아중앙데일리가 SK플래닛에 의뢰해 조사한 바에 따르면 4차 산업혁명으로 인해 삶이 편리해질 것이라고 한 응답자가 82%인 반면 60%의 응답자는 4차 산업혁명으로 인해 삶이 행복해 질 것인지에 대해 긍정적인 답변을 하지 않은 것으로 나타났다(이종호와 김영남, 2017.04.25). 즉, 일반인들의 4차 산업혁명에 대한 인식은 4차 산업혁명이 사람의 삶을 편리하게 할 것이라는 점에 대해서는 대다수가 동의하는 반면 삶을 행복하게 할 것이라 점에 대해서는 유보적 태도 혹은 다소 부정적 태도를 가지고 있다는 점이 나타난 것이다.

이러한 차이는 일반인들이 4차 산업혁명이 가져다 줄 혜택과 가치에 대해서 지각하고 있음에도 불구하고 어떤 혜택과 가치를 가져다주며, 자신의 소비생활에서 이러한 혜택과 가치를 어떻게 활용해야 할지에 관하여 아직도 명확하게 알고 있지 못함을 반영하는 결과라고 할 수 있다.

따라서 소비자들이 4차 산업혁명이 소비자에게 주는 혜택과 가치를 정확하게 이해하고 활용하는 것은 소비자 복지의 증진과 소비자의 웰빙을 제고하는 데 기여할 것이다.

대다수의 사람들은 생산자이며 소비자라는 특성을 가지고 있다. 따라서 대부분의 사람들은 직간접적으로 소비자의 역할을 수행하므로 4차 산업혁명이 소비자에게 가져다 줄 혜택 혹은 편익이 무엇이며, 이를 어떻게 활용하여야 소비자 웰빙을 제고할 수 있을 것인가는 특정 사람들의 관심사가 아닌 전체 소비자의 관심사가 될 것이다.

10.2 수요 차원에서 살펴본 4차 산업혁명

산업혁명은 공급자 위주로 기술되는 경우가 많은 반면 수요자 중심으로 기술된 경우는 찾아보기 어렵다. 4차 산업혁명 시대에 소비자의 역할을 살펴보기 이전에 산업혁명이 수요자 측면에서 어떻게 변화해 왔는지 파악하는 것은 향후 수요가 어떠한 형태로 변화할 것인지에 대한 통찰력을 제공할 수 있다는 점에서 의의가 있다.

Yin 등(2018)은 수요(demand) 측면에서 산업혁명 시대를 비교적 일목

요연하게 잘 설명하고 있다. 먼저 공급과 수요 간의 관계에 영향을 미치는 다수의 요인들이 있는데, 이러한 요인들로는 양(volume), 다양성(variety), 시간(time), 품질(quality), 가격(price), 브랜드(brand)와 디자인(design) 등을 들 수 있다. 소비자의 수요는 이상과 같은 여러 가지 차원으로 표현될 수 있는 반면 공급은 적절한(appropriate) 생산시스템을 통해서 실현된다.

10.2.1 수요 차원에서 살펴본 산업혁명 특징

1차 산업혁명 시기(대략 18세기에서 19세기)는 사람들의 활동범위의 중심이 농업에서 산업 사회로 이동된 시기였다. 공산품에 대한 수요는 제품의 수량(volume)이라는 한 가지 요인이 좌우하였다. 사람들은 이러한 수요 환경을 단순한 시장(Simple Market)이라고 부른다.

1차 산업혁명 시대에는 공급이 수요 보다 작은 경우가 많았다. 공산품의 생산이 사회의 수요를 충족하지 못하였다. 아담 스미스의 국부론에서 얘기하는 경제학의 원리가 1차 산업혁명 시기에는 중심적인 사상을 이루고 있는데, 이 시기에는 가격이 수요와 공급 간의 불일치를 자동적으로 조절해주는 도구로 여겨졌다. 즉, 공급이 수요 보다 작으면 가격은 상승하는 반면 공급이 수요 보다 크면 가격은 하락한다. 이 시기에는 제품 다양성은 거의 없었고, 대부분의 공산품들은 농업 관련 제품이므로 가격 조정은 수요와 공급 간의 불일치를 조절하여 균형을 이루도록 하는 좋은 도구였다.

2차 산업혁명 시기(대략 19세기말부터 1980년대까지)는 공산품이 수량과 다양성 측면에서 발전을 보여준 시기였다. 전기, 전력장비, 기계장비, 자동차 등은 이 시기의 주요한 기술 혁신에 속한다. 2차 산업혁명 시기의 제품들은 여전히 지금도 폭넓게 활용되고 있다.

2차 산업혁명의 기념비적 사건은 Frederick Taylor의 '과학적 관리의 원리'(Principle of Scientific Management)일 것이다. 과학적 관리의 원리는 현대 경영관리 이론의 토대를 이루었고, Taylor는 경영관리의 아버지(Father of Management)로 불릴 정도였다.

2차 산업혁명 시기에 수요를 결정하는 두 가지 요인은 수량과 다양성이다. 이러한 수요 환경은 견고한 시장(Stable Market)이라고 불려지기도 한다. Henry Ford, Taiichi Ohno 등은 Taylor의 이론을 실무에 적용하고 확장시킨 인물이다. Ford는 대량생산 조립라인(mass production assembly lines)을 활용해서 생산 측면에서 발생할 수도 있는 공급의 부족 문제를 능숙하게 해결하였다. Taiichi Ohno는 린(lean)생산 방식의 전신이라고 할 수 있는 토요타 생산시스템(Toyota Production System: TPS)을 개발해서 제품 다양성에 대한 소비자들의 관심사항을 능숙하게 해결한 바 있다.

3차 산업혁명 시기(1980년대부터 현재)는 아날로그에서 디지털로 전환되는 기술 혁신으로 특징지을 수 있다. 아날로그에서 디지털로의 기술 혁신은 전자산업에 크게 영향을 미쳤다. 대부분의 전자제품의 제품 아키텍처는 통합에서 모듈로 바뀌었고, 이것은 제품수명주기 평균을 크게 낮추는 결과를 가져왔다.

3차 산업혁명 시대에는 제품에 대한 수요가 3가지 차원, 즉 수량, 다양성 이외에도 배송시간(delivery time)에 의해 영향을 받는 시기이다. 이러한 수요 환경을 변동성 시장(Volatile Market)이라고 부르기도 한다. 이러한 변동성 시장은 작업조립라인(flow line)과 토요타 생산시스템이 제대로 작동하지 않는(malfunction) 원인을 제공하였다. 유연생산시스템(Flexible Manufacturing System: FMS)은 수요의 3가지 차원을 공급과 일치시키는 공급 접근법으로서 산업에서 활용되고 있다.

10.2.2 수요 차원에서 살펴본 4차 산업혁명 시대 특징

4차 산업혁명 시기는 사물인터넷, 빅데이터, 전기자동차(Electric Vehicles: EV), 3D 프린팅, 클라우드 컴퓨팅, 인공지능, 가상물리시스템 (Cyber-Physical System: CPS) 등과 같은 기술 혁신이 주도(initiative)한다. 4차 산업혁명의 많은 부분은 아직 알려져 있지 않고 불확실한 측면이 있다. 예컨대 소비자의 수요 차원 그리고 전기자동차의 제품 아키텍처 등이 그러하다. 그럼에도 불구하고 4차 산업혁명 시대에 과학기술 요소들의 영향과 소비자 욕구를 감안할 경우 다음과 같은 수요 차원에서의 특징을 예상해 볼 수 있다(Yin et al., 2018).

첫째, 다양성(Variety)을 들 수 있다. 기업은 각각의 제품에 대해 복수의 모델을 도입할 가능성이 높다. 것이다. 표준 모듈로 구성된 단일 혹은 복수의 표준 제품들이 출시될 것이다. 이러한 표준 모듈은 하드웨어 그리고/혹은 소프트웨어로 구성된다. 그리고 이러한 표준 모듈은 일반적인 소비자에게 표준화된 기능을 제공할 것이다. 제품 디자인에 고객이 참여하는 것은 중요해질 것이다. 다른 표준 플랫폼이 있을 수 있는데, 그 플랫폼에서는 고객들이 가능성이 있는 개인 맞춤화를 실현하기 위해서 개인이 디자인한 특정한 모듈 그리고/혹은 구성요소가 제안되거나 요구될 수 있다.

어떤 플랫폼은 공통의 구조를 형성하는데 있어서 기초가 되는 핵심

구성요소 혹은 모듈을 구성하는 일종의 미완성 제품이 되어서, 그것으로부터 이차적으로 파생된 제품이 효율적으로 개발이 되고 생산될 수 있다. 후자의 케이스를 고객 참여 개인 맞춤화(customer participated individual customization: CPIC)라고 한다.

둘째, 시간(Time)을 들 수 있다. 4차 산업혁명 혹은 Industry 4.0 시대에는 제품수명주기는 불확실성이 증가할 것이다. 한 플랫폼의 수명주기는 짧을 수도 있고 길수도 있다. 이와는 대조적으로 특정 기능에 제고하기 위해서 개인적으로 디자인된 개별 모듈의 수명주기는 업그레이드가 빈번하게 발생하므로 짧을 가능성이 높다. 요청되는 배송 시간은 짧을 것이다.

셋째, 수량(Volume)을 들 수 있다. 4차 산업혁명 혹은 Industry 4.0 시대에는 표준화된 제품과 플랫폼의 수량은 크거나 중간정도일 것이다. 이와는 대조적으로 개인적으로 디자인된 모듈의 수량은 매우 적을 것이다. 표준화된 모듈의 수량은 아마도 변동성이 상당히 클 가능성이 높다. 미래의 스마트 제조 시스템은 4차 산업혁명 혹은 Industry 4.0 시대의 고객 수요 차원을 넘어서는 것에 순응하도록 체계화될 것이다.

10.3 소비자들이 4차 산업혁명을 잘 이해하고 있어야 하는 이유

소비자들이 4차 산업혁명을 잘 이해하고 있으면 이로부터 많은 가치와 혜택을 얻을 수 있는 반면 잘 이해하고 있지 못하는 경우에는 4차 산업혁명이 가져다주는 가치 및 혜택을 누리지 못할 가능성도 있다. 4차 산업혁명이 가져다주는 가치 및 혜택을 다수의 소비자가 누릴 수 있도록 하기 위해서는 다음과 같은 몇 가지가 필요하다.

첫째, 소비자 자신이 4차 산업혁명에 관한 지식을 가지고 있어야 한다. 4차 산업혁명으로 인해 다수의 소비자들이 혜택(편익)과 가치를 누릴 수 있도록 하기 위해서 소비자에게 4차 산업혁명 관련 지식을 제공하는 것이 필요하다. 4차 산업혁명과 관련하여 발생될 예상되는 문제점 중 한 가지로 4차 산업혁명의 혜택이 소수의 사람에게 집중될 가능성을 들고 있다(클라우스 슈밥, 2016). 따라서 소비자들은 다양한 소비생활에서 4차 산업혁명의 혜택과 가치를 다수의 소비자들이 골고루 누릴 수 있도록 4차 산업혁명과 관련된 지식과 지혜를 가지고 있어야 한다.

둘째, 소비자 자신의 소비생활 모습을 소비자 자신이 알고 있어야 한다. 4차 산업혁명이 소비자들에게 가져다주는 혜택(편익)과 가치를 누려서 소비자들의 웰빙, 개개인의 소비생활과 관련된 삶의 질이 향상되기 위해서는 자신의 소비생활이 어떠한 모습인지를 스스로 알고 있어야 한다.

이를 위해서는 소비자들이 자신이 소비하는 영역에서 4차 산업혁명의 기술들이 어떠한 혜택을 주는지를 아는 것이 필요하다. 소비자들이 4차 산업혁명을 가깝게 느끼고, 먼 미래에 발생될 일이라기보다는 지금 전개되고 있는 사항이라는 것을 더욱 크게 느낄 때 4차 산업혁명에 대한 소비자들의 관여가 높아질 것으로 예상할 수 있다.

셋째, 4차 산업혁명과 관련된 지식을 통해 사회적 가치를 제고하고 사회적 비용을 절감하는 효과가 있음을 알고, 이와 관련된 실천을 해야 할 필요가 있다. 4차 산업혁명에서의 물리학 기술을 활용한 신소재(예컨대 열경

화성플라스틱) 등을 기반으로 하는 자원재활용은 소비생활의 효율성을 증가
시킬 수 있다. 생물학 기술 등은 헬스케어 부분에서 발전을 가져와 의료비
등을 비롯한 의료부분에서의 비용을 절감하고, 건강 부분에 대한 예방을
통해 정신적 스트레스를 완화시켜 줄 수 있을 것이다. 이러한 부분들은 모
두 4차 산업혁명을 잘 활용하는 경우 사회적 가치를 제고하거나 사회적
비용을 낮출 수 있는 방안들이다.

넷째, 4차 산업혁명 시대에는 소비자들이 4차 산업혁명 관련 과학기술
에 대해 이해를 하고 있어야 자신의 권리를 지키고 보호하는데 유리하다.
4차 산업혁명 시대에는 소비자 권리 및 보호가 제도적으로 더 강화될 가능
성이 있다. 예컨대 유럽연합은 포괄적 개인정보보호법(General Data
Protection Regulation)에서 소비자들은 알고리즘에 기반을 둔 결정은 어떠한
것이든 설명을 받을 권리가 주어져 있음을 명시하고 있다. 즉, 소비자는 인
공지능에 의한 기계학습 알고리즘이 어떤 결론이 내려졌을 경우, 소비자가
인공지능 알고리즘에 의해 내려진 결정의 근거가 무엇인지에 대한 설명을
받을 권리가 있다는 것이다.

10.4 4차 산업혁명과 소비자 의사결정

4차 산업혁명은 다수의 소비자들이 충족되지 못한 욕구를 발견하고
충족시킬 수 있는 기회를 제공할 가능성이 있다(슈밥, 2016). 소비자들이 소
비와 관련된 문제를 인식하고 소비 목표를 설정한 후 실행할 때 디지털 기

술은 소비 실행에 대한 모니터링을 통해 목표와 실행 간의 격차를 신속히 파악하여 피드백 정보를 제공할 수 있을 것이다.

4차 산업혁명 기술을 활용하는 경우 소비자들의 정보탐색에서 문제점으로 지적되는 정보비대칭성을 해소할 수 있을 것으로 기대된다. 디지털 기술은 탐색비용과 커뮤니케이션 비용의 절감을 가져오는 원인이 되었다. 그 결과 사람들은 더 많은 탐색과 더 많은 커뮤니케이션 그리고 더 많은 행동들을 하게 되었다.

기계학습은 본질적으로는 예측 기술이므로 기계학습의 발전이 가져다 주는 혜택은 예측 비용의 절감일 것이다. 많은 비즈니스가 예측과 관련된 비용(예컨대 재고비용)이 발생하므로 기계학습의 발전은 경영효율성을 가져올 가능성이 있으며, 제품과 서비스의 가격을 낮추는 요인으로 작용할 가능성이 높다(Agrawal et al., 2016.11.17).

대안을 평가할 때에도 4차 산업혁명 기술은 효과적으로 활용될 수 있다. 예컨대 큐레이션 등은 소비자들이 최적의 대안을 찾을 수 있도록 유용한 정보를 제공한다.

소비자들이 당면한 문제, 소비자 환경 등을 고려하여 최적의 대안을 저렴한 가격으로 선택할 수 있는 기술들이 4차 산업혁명을 통해 속속 개발되고 있다.

기존의 소비자 의사결정은 인간의 제한된 합리성(bounded rationality)에 바탕을 두고 있으나 4차 산업혁명의 기술들은 소비자 의사결정에 있어서 합리성을 제한하는 다양한 요인들을 완화하여 적어도 소비자들이 스스로 판단하여 결정하는 것을 제외하고 소비자의 판단을 돕기 위해 제공되는 정보 측면에서 보면 다량의 정보를 기반으로 개인의 욕구에 기초한 맞춤식 정보를 제공함으로써 합리성의 제약요소들을 완화시킴으로써 합리적 의사결정을 제고하는 데 기여할 것이다.

10.5 사회적 영향력

추천시스템 등을 보면 사람들은 이미 사회적 영향력을 자동스럽게 받아들이고 있는 것으로 보인다. 예를들면 아마존에서 A서적을 검색하였을 때 A서적을 검색하신 분들은 B서적, C서적에도 관심을 가지고 있다고 했을 때 (그 추천 서적을 검색할 것인지 혹은 구매할 것인지에 대한 논의는 제외하더라도) 그 추천방식 자제에 대해 거부감을 가지고 있는 사람은 거의 없는 것으로 보인다. 그런데 이러한 추천방식은 이미 자기와 비슷한 관심을 가지고 있는 사람들의 이전 행동 기록을 기반으로 이러한 추천시스템이 가동된 것이므로 A서적을 검색한 사람은 이미 추천시스템을 통해 사회적 영향력을 경험한 것이다.

AI는 검색시스템의 개인화된 영역으로 생각해 볼 수 있다. 기존에 구글에서 검색을 하면 수많은 것들이 검색되었다. 그러나 인공지능 비서를 통해 요청하면 개인화된 솔루션이 제공된다.

AI비서는 소비자들의 비용과 위험은 최소화해 주는 반면 편리성은 제고되어 소비자들이 지금까지 경험혜 보지 못했던 새로운 경험을 제공하고 있다.

10.6 소비자 참여

　　인공지능이 발달한 분야 중 하나는 음성인식 분야이다. 음성인식은 오류가 있기는 하지만 사람들이 스마트폰 등에서 이 기능을 매우 편리하게 이용함에 따라 이용의 편리성으로 인하여 비약적인 속도로 발전해 오고 있는 분야다. 컴스코어(comScore)에서는 2020년에는 온라인 검색의 50%가 음성을 통해 이루어질 것으로 관측하고 있다(Coombs, 2018.06.05.). 음성인식 비서는 사람들이 많이 활용함에 따라 축적된 데이터를 바탕으로 오류율도 낮춰지고 있는 상황이다. 음성인식이 활용되는 예로는 아마존의 알렉사, 애플의 시리, 구글의 어시스턴트 등이 있다.

　　머니투데이 서진욱(2018.01.24)이 크레디오의 조사("2018년 커머스 및 디지털 마케팅 트렌드 전망 보고서") 내용을 보도한 자료에 따르면 브랜드 매너저들은 인공지능에 바탕을 둔 음성인식 비서(아마존의 알렉사, 애플의 시리, 삼성전자의 빅스비, 마이크로소프트의 코르타나 등)와 인공지능에 기반을 둔 스피커(아마존의 에코, 네이버의 웨이브 등)를 향후 2년 내에 사용할 가능성이 높은 기술이라고 응답한 것으로 나타났다.

　　캡제미니(Capgemini)의 조사에 의하면 조사대상 서구 소비자(미국, 영국, 프랑스, 독일)들 중 스마트폰으로 음성인식 비서를 사용한 경험이 있는 소비자가 81%, 음성인식 비서를 통해 제품을 구매한 경험이 있는 소비자가 35%에 달하는 것으로 나타났다(Coombs, 2018.06.05). 음성인식 비서가 소비자와 기업을 연결하는 강력한 채널로서 점점 더 자리매김을 해 가는 것으로 보인다. 음성인식 비서가 효과적인 이유는 제품 추천이 상호작용을 바탕으로 거의 실시간으로 이루어지기 때문인 것으로 보인다.

10.7 신제품 개발에 있어서의 소비자 역할

4차 산업혁명 시대에는 소비자 역할에서 큰 변화가 있을 것으로 보인다(Rindfleisch et al., 2017). 특히 3D 프린팅 관점에서 볼 때 신제품 개발에서 소비자들이 하는 역할에는 커다란 변화가 있을 것으로 보인다.

최근 데스크톱 컴퓨터용 3D 프린팅 기술은 소비자들이 신제품 개발자로서의 역할을 할 수 있는 환경을 조성하고 있다. 일리노이 대학교에서 공급사슬 전공을 하고 그 대학의 휠체어 경주 팀의 구성원인 Arielle Rausin의 사례는 3D 프린팅이 신제품 개발에 기여할 수 있는 잠재적 역량을 잘 보여주는 사례라고 할 수 있다. Arielle Rausin는 대학교 3학년때 디지털 제작 수업을 수강하였다. Arielle Rausin는 수업 프로젝트에서 자신의 휠체어 경주 장갑을 만들어 보기로 하였다. Arielle Rausin는 우선 상업용 경주 장갑으로 시작한 후 데스크 컴퓨터용 3D 프린터를 활용하여 상업용 경주 장갑의 물리적 부본(copy)을 제조하였다. Arielle Rausin는 몇 번의 시행착오를 거친 후 마침내 기존 상업용 장갑(350달러)보다 더 가볍고, 내구성이 더 강하며, 상당히 저렴한(5달러) 장갑을 만드는 데 성공하였다. Arielle Rausin는 이러한 성공에 용기를 얻어 다른 휠체어 경주자를 위한 개인 맞춤형 장갑을 만들어주고 있다(www.ingeniummanufacturing.com). 이러한 예시에서 볼 수 있는 바와 같이 소비자들이 디지털 데이터를 물리적 제품으로 변환할 수 있는 3D 스캐너 혹은 3D 프린터를 활용하는 역량을 갖춘 경우 소비자들은 단순히 제품을 소비하는 역할에 머무르는 것이 아니라 제작자 혹은 신제품 개발자로서의 역할을 수행할 수 있다.

이러한 기술이 발전함에 따라서 대중들은 신제품을 만들어 낼 능력과 기존 제품을 재구성(remix)할 능력을 더 쉽게 얻어낼 수 있을 것이고 더 많은 제품 영역에서 이러한 현상이 나타날 가능성이 높다. 그러므로 점점 더 많은 소비자들이 이전에서 기업에서 수행하던 역할(예컨대 제품 디자인, 제조, 유통 등)을 소비자가 수행하게 될 것이다(D'Aveni, 2013). 3D 프린팅은 기존에 기업들이 수익성 때문에 침투하지 못한 시장 혹은 표적시장으로 삼지 못했던 시장에도 적합한 제품을 공급함으로써 해당 시장의 소비자들을 만족시킬 수 있다(de Jong and de Bruijn, 2013).

예를 들면 'Enable the Future'프로젝트는 3D 프린팅 기술을 활용하여 지구상에 있는 저소득층 개인을 위해 의수(prosthetic hand)를 비롯하여 적절한 보철을 디자인하고 제조할 수 있도록 지원하는 소비자들이 주도하는 프로젝트이다.

Chapter 11
SCM과 4차 산업혁명

공급사슬관리(Supply Chain Management: SCM)는 공급원천(sourcing), 조달, 전환(conversion)과 관련된 모든 활동들을 계획하고 관리하는 것과 물류관리 활동을 모두 포함하는 개념이다. 그리고 공급사슬관리에는 채널 파트너(예컨대 공급자, 중간상, 제3자 서비스제공자를 말하며 고객을 포함하기도 함)와의 조정과 협업 등도 포함된다. 공급사슬관리를 포괄적으로 보는 경우 공급사슬관리는 기업 내부 및 기업들 간의 수요관리와 공급관리를 통합적으로 실시하는 것을 말한다.

글로벌화의 진행은 세계에서 전개되는 공급사슬을 관리할 필요성을 증가시켰고, 디지털화에 따른 전자상거래 확대는 채널 간의 공급사슬을 통합할 필요성을 증대시켰다. 정보기술의 발달은 공급사슬을 효과적으로 통합적으로 관리하는데 기여를 하였다.

4차 산업혁명 시대에는 과학기술 요소를 활용하여 효과적이고 효율적으로 공급사슬을 관리하고, 유지하여야 할 필요성이 제고된다.

11.1 빅데이터 분석과 공급사슬관리

4차 산업혁명 시대에는 공급사슬관리 전 분야에서 빅데이터 분석이 적용될 가능성이 높다. 공급사슬관리를 공급원천(sources), 제조(make), 운송(move), 판매(sell)의 4단계로 구분하는 경우 빅데이터 분석은 공급사슬의 모든 단계에서 적용이 가능하다. 공급사슬 분야 중 마케팅 분야에서 빅데이터의 활용이 두드러지게 많아지고 있는데, 빅데이터 적용 분야는 마켓 인텔리전스에 대한 향상된 지식을 얻는 것과 관련되어 있다. 물류 분야에서 빅데이터 분석은 발주(routing) 및 수송스케줄(vehicle scheduling) 분야에 적용된다. 운영(operations) 분야에서 빅데이터는 운영 필요 조건(requirement)을 최적화하는 데 활용되어왔다. 예컨대 재고를 어느 정도 보유할 것인지, 노동력에 대한 스케줄(capacity to labor scheduling) 등이 이러한 예에 속한다. 조달원천 분야에서는 공급자 세분화, 위험 측정, 공급자와의 협상에 대한

그림 11-1 4차 산업혁명 시대 공급사슬관리 주요 이슈

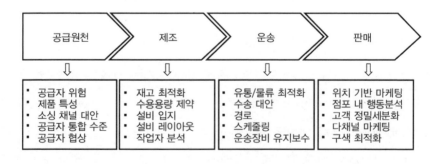

출처: Sanders(2016)

정보제공 등에 있어서 빅데이터 분석이 적용되고 있다. 이하에서는 Sanders(2016)가 분류한 공급사슬관리 구분에 공급원천, 제조/운영, 운송 부분에서 빅데이터가 공급사슬에서 어떻게 활용되고 살펴보고자 한다.

11.1.1 공급원천에서의 빅데이터 활용

빅데이터 분석 적용은 조달원천 부문에서 중요성이 날로 증가하고 있다. 그 이유는 대부분의 제조 기업들은 단일 범주로는 조달원천이 그 기업의 지출에서 차지하는 비중이 높기 때문이다. 조사에 의하면 이 비율은 수입(revenue)의 50%에서 90%에 이르기까지 다양하다. 따라서 조달원천 부문에 빅데이터를 적용하는 경우 절약 효과가 클 가능성이 높다. 다수의 기업들은 빅데이터 분석을 조달원천 채널 선택지(channel options)를 최적화하고 공급자를 자사의 운영 시스템 안으로 통합하는데 활용하고 있다. 적용분야는 공급자들의 핵심적인 특징을 바탕으로 하여 공급자들을 세분화하여 조달원천 전략과 비용 대 위험 간의 균형을 맞추는데 활용되기도 한다. 아마존은 빅데이터 분석을 최적의 조달원천 전략을 결정하고 제조업체로부터 소비자에게 이르기까지 제품에 관한 모든 물류를 관리하는데 활용한다. 빅데이터 분석은 결합 보충(joint replenishment), 협동 보충(coordinated replenishment), 단일의 조달원천 등에 대한 적합한 혼합(mix) 정도를 결정하는데 활용되기도 한다. 실제로 아마존은 공급사슬관리 전 과정을 조직화(coordinate)하기 위해서 주문이행(fulfillment), 수용능력 확장(capacity expansion), 재고관리, 조달(procurement), 물류 기능에 고급의 분석 기법을 적용한다.

빅데이터 분석은 고객 선호도와 고객의 구매행동을 심도있게 분석한 것을 제공함으로써 공급자와의 협상을 지원하는데 활용되기도 한다. 이 정보는 사실에 기반을 둔 영향력을 제공하는 것이므로 공급자와의 협상에 영향을 미치는 데 활용되기도 한다. 예를 들면 기업은 핵심 제품에 대한 양허를 얻어내기 위한 협상에 가격과 거래에 대한 정보를 활용할 수 있다. 빅데이터 분석은 기업이 조달원천 범주를 관리하는 프로세스를 자동화시키는 것이 기업에게 상당한 규모의 금전적 가치를 가져다줌을 더욱 인식할수록 조달원천 프로세스 자동화에 관한 최종적인 지출(tail-end spend)을 위해 활용되기도 한다.

11.1.2 제조/운영에서의 빅데이터 활용

빅데이터 분석 적용은 운영과 관련된 광범위한 의사결정에 활용될 수 있다. 예컨대 재고관리, 재고수준 최적화, 유지보수 최적화, 설비 입지 등과 관련된 운영 의사결정에 빅데이터 분석이 활용될 수 있다. 기업들이 일상적인 성과를 분석하는데 많이 활용되는 것이 생산성과 품질을 측정하는 것이다. 이러한 통계 수치들은 취합되어서 점포단위 매출액, 단품 수준에서의 매출액, 종업원 당 매출액 등과 같은 다양한 수준에서 보고가 이루어질 수 있다. 이러한 분석 적용이 수년 전부터 이루어져왔지만 빅데이터 분석에서의 적용과의 차이점은 그 규모와 속도 측면에서 차이가 있다는 점이다. 빅데이터 분석에서는 생산성과 품질에 있어서의 변화를 실시간에 가깝게 탐지를 하여 기업이 가지고 있는 문제에 대해 경고를 보낼 수 있다. 따라서 관리자들은 실시간으로 문제에 대응할 수 있어진다.

인력 분석은 운영과 관련하여 특히 중요한 분야이다. 현재 기술은 노동인력을 최적화하고, 근태현황을 자동화하며, 노동인력 스케쥴링을 개선함으로써 서비스 수준을 유지하면서 비용은 절감할 수 있다. 소매업체들은 시간 당 거래처리 건수 등과 같이 계산원의 성과를 개인 단위로 분석해 낼 수 있다. 콜센터에서는 관리자들이 고객 불평, 만족도 조사, 한 번의 통화로 고객 문제가 해결된 비율 등과 같은 지표에 근거해서 고객 서비스 품질을 분석해 낼 수 있다. 빅데이터 분석은 예측한 것과 노동인력 최적화를 연결함으로써 직원배치를 최적화시킬 수도 있다. 이러한 것은 인력이 최대로 필요한 시기에 유용하게 활용될 수 있다.

11.1.3 운송에서의 빅데이터 활용

물류 적용은 재화가 공급사슬을 따라서 이동(move)하는 것을 돕는다. 물류 적용은 재고를 최적화하고, 최적의 배송센터 입지와 공급로(supply routes)를 찾아주고, 운송비를 최소화시키는데 활용될 수 있다. 물류 분야에서 빅데이터가 가장 빈번하게 활용되는 분야로는 운송 및 배송경로와 관련된 분야이다. 운송최적화는 위성항법장치(GPS)로 인하여 가능해진 빅데이터 텔레매틱스(telematics)와 운송경로 최적화를 활용하고 있다.

더욱이 빅데이터 분석을 물류에 적용함으로써 연료 효율성, 예방적인 유지보수 활동, 운전자 행동, 차량경로(vehicle routing) 등에 있어서 최적화를 도모함으로써 생산성을 향상시킬 수 있다. 날씨와 같이 변화를 일으키는(disruptive) 이벤트들은 추적함으로써 지속적으로 갱신(update)을 시켜서 실시간으로 경로를 최적화시킬 수 있다. 예를 들면 UPS는 20년 이상 물류에 영향을 미칠 수 있는 데이터들을 수집하였다. 그리고 UPS는 ORION (On-Road Integrated Optimization and Navigation)이라는 분석 도구를 활용하여 운전자들이 자신들이 배송을 하는 지역에서 가장 효율적인 경로를 찾을 수 있도록 해 준다.

빅데이터 분석 적용은 운송로를 세분화하고 제품 유형이 상이한 경우 서로 다른 통행 요소들(transit factors)을 포함하는 것과 같은 개별 단위의 정보를 제공할 수 있다. 재고관리 분야에서 탁월한 사례가 있다.

RFID 기술은 이동(motion) 중에 있는 재고가 안전한지를 모니터링할 뿐 아니라 그 재고의 위치와 양을 포착하여 알고 있음으로써 이동 중인 재고를 추적하는 데 유용하게 활용되어왔다. RFID 기술은 대기의 온도와 체류기간(transit duration)을 추적하는 것이 필요한 콜드체인 시스템을 운영하는 경우 특히 중요한 기술이다. 이러한 것들은 썩기 쉬운 품목들을 운송할 경우 특히 중요한데, 그 이유는 알고리즘이 체류시간(transit times)에 따라 주문 수량과 서비스 수준을 최적화하고 문제가 탐지될 때에는 즉시 경고를 내리도록 되어 있기 때문이다.

11.2 공급사슬관리 우수기업 사례

우수기업들이 공급사슬 측면에서 빅데이터를 활용하는 특징은 공급사슬의 어떤 한 기능에 빅데이터 분석이 적용되는 경우에도 이것은 전사적인 전략과 연계되어 조정되어 전사 전략과 일관성을 이루고 있다는 점이다

(Sander, 2016). 즉, 우수 기업들은 다른 기능과는 별개로 단독으로 자신의 기능만을 최적화시키거나 한 분야만을 최적화시키기 위해 빅데이터 분석을 적용하지는 않는다는 점이다.

공급사슬관리 우수기업들은 공급사슬의 유연성을 갖추고 있다. 실제로 4차 산업혁명 시대에는 공급사슬의 유연성이 요구된다. 예컨대 사물인터넷과 가상물리시스템, 인공지능, 클라우드 컴퓨팅, 증강현실, 블록체인과 같은 과학기술 요소들은 공급사슬을 더 투명하고 유연하게 만들어서 변화하는 환경에 신속하게 반응하도록 구조화될 가능성이 높다. 원재료의 공급에 차질이 생길 가능성이 증대되는 경우 공급사슬의 최적화된 관리를 위해서 원재료 공급을 조기에 확보할 것인지 혹은 원재료 공급자를 전환할 것인지 등에 대한 의사결정을 신속히 할 수 있도록 지원할 것이다.

반면 공급사슬관리는 새로운 도전에 직면할 수도 있다. 데이터 양의 증가 그리고 실시간으로 데이터를 이용하는 것(availability)은 정보를 다루는 새로운 접근방법과 하부구조(infrastructures)가 요구된다. 월마트, Zara, 일본의 세븐일레븐과 같은 공급사슬 우수 기업들은 이러한 문제에 대해 전사적인 시각에서 종합적으로 접근하여 문제를 해결하는 경향이 있다 (Sander, 2016).

11.2.1 월마트의 공급사슬에서의 빅데이터 활용

월마트는 빅데이터 분석이 공급사슬과 어떻게 연결되는지에 대한 훌륭한 예시이다. 월마트는 공급사슬 분석에 있어서 리더의 위치를 차지하고 있다. 월마트가 세계에서 가장 큰 소매업체로서 성공을 거둔 데에는 월마

트가 활용하고 있는 최첨단의 분석 도구들이 부분적으로 기여했을 가능성
이 있다. 이 분석 도구들은 각 기능들을 연결하고 글로벌 공급 네트워크
전체와 조정을 이루도록 한다. 월마트는 매 시간 백만 개 이상의 고객 거
래 내역을 수집하고, 그것을 단일의 통합된 기술 플랫폼으로 가져간다. 그
리고 정교한 분석이 이 거대한 데이터베이스에 적용되고 공급사슬 각각에
활용된다. 수집된 정보는 분석되어져서 관리자가 모든 유형의 공급사슬 의
사결정을 지원하는데 활용된다. 점포 수준에서 볼 때 점포 관리자는 그 시
스템을 활용하여 세부적인 매출 데이터를 분석하여 제품 구색을 최적화하
는 데 활용한다. 그 시스템은 질적 요인들을 포함하는 것도 가능하다. 즉,
모든 점포의 제품 구색을 동일하게 하는 것이 아니라 제품 구색을 현지의
점포별 고객 선호도에 따라 맞춤식으로 구색을 달리할 수도 있다. 이것은
고객들이 그 제품을 원하는 시기에 원하는 장소에서 구매가 가능하도록 지
원한다.

　　월마트는 분석을 활용하여 고객 선호도에 대한 많은 것을 학습해왔다.
그 중 일부는 놀라운 결과를 가져온 것도 있다. 예를 들면 월마트는 소비
자들은 허리케인이 오기 전에 요리를 하거나 냉장보관을 하지 않아도 되는
음식 품목들에 대해 사재기를 한다는 것을 알게 되었다. 알고리즘은 소비
자들이 허리케인이 오기 전에 Kellogg의 Pop Tart, 특히 딸기 Pop Tart를
구매한다는 것을 밝혀냈다. 월마트가 이후에 허리케인이 올 것이 예견되는
경우 이에 대비하기 위해 점포에 Kellogg 제품들을 쌓아놓을 것이라는 점
은 쉽게 상상할 수 있다. 이와 같이 고객 추적이 세부적인 수준에서 이루
어짐으로써 월마트는 고객 선호도와 구매 행동에 대한 깊은 통찰력을 가지

게 되었다. 이러한 실질적인 지식으로 무장한 월마트는 월마트에 공급하는 공급자들로부터 가격과 유통 매장 양허(concession) 부문에서 우위를 점하게 되었다.

월마트의 분석과 데이터 이용도(availability)는 80개 국가의 17,400여 개의 공급자들 모두에게 확대 적용되고 있다. 월마트에 납품하는 공급자들은 공급업자들에게 점포 내 수요 상황에 관란 시각을 제공하는 월마트의 분석 플랫폼을 활용하는 것이 요구된다. 이것이 월마트의 'Retail Link' 시스템이다. 이 시스템은 모든 제품의 이동을 추적하는데 활용할 수 있다. 이 시스템을 활용하여 공급자들은 월마트가 주문을 하기를 기다리기 보다는 점포에서 재고를 보충해야 할 필요가 있는 시기를 실시간으로 알 수 있다. 그 시스템은 공급자들이 매출, 선적, 구매 주문, 송장, 클레임, 예측에 관한 정보를 탐색을 할 수 있도록 해 준다. 그리고 그 시스템은 공급업자들이 시스템을 활용하여 데이터 질의(queries)가 가능하도록 하고 있다. 그 시스템은 공급업자들이 월마트의 구색계획에 접근할 수 있도록 해 주고 있으며, 공급업자들이 매출 데이터와 점포 특성을 고려하여 점포 특유의 모듈화된 레이아웃을 할 수 있도록 한다.

월마트와 같은 선진 기업은 하나의 공급사슬 기능만을 최적화시키는 것으로는 충분하지 않다는 것을 이해하고 있다는 것이다. 월마트는 빅데이터 분석을 조달원천으로부터 판매에 이르기까지 공급사슬 전체와 연결시킨다. 예컨대 판매 측면에서 빅데이터 분석을 적용하는 것은 POS 데이터를 통해 수요를 포착하고 추적하게 된다. 그리고 이 정보는 공급사슬 내의 모든 다른 기능들에게 이 정보를 알려주기 위해 공급사슬을 통해 효율적으로 이동한다. 그래서 POS 데이터를 통해 얻은 판매 측면의 정보는 RFID 센서로부터 얻은 재고 정보와 결합하여 재고를 조정하는데 활용된다. 이것이 전체 공급사슬을 연결하고 조정하며, 공급과 수요를 맞추는 'Retail Link' 플랫폼의 역할이다. 공급사슬 내의 어느 한 지점에서의 정보는 모든 다른 공급사슬 기능들에게 전달되어 조정이 일어나도록 한다. 예컨대 공급 부족, 선적 지연, 생산 중단과 같은 정보들은 공급사슬 내에 다른 기능들에게 실시간으로 전달되어 공급사슬 전체의 흐름을 조정하는 정보로서 역할을 한다. 월마트는 공급자 포털을 통해 소매 점포와 공급자 간의 수요와 공급에 관한 신호를 명확하게 함으로써 고객과의 납기 이행부터 구매 주문 자동화에 의한 재고 추적까지 월마트는 공급사슬 의사결정 전체를 최적화한다.

11.2.2 자라의 공급사슬에서의 빅데이터 활용

Zara는 스페인 소매업체인 Inditex의 주요 사업부이다. 자라는 SPA, 즉 고객의 수요에 맞추어서 신속하게 의류를 제공하는 산업으로서 적절한 가격(affordable price)에 신속하게 제품구성(merchandise)을 재편성(turnover)하는 능력을 갖춘 업태의 글로벌 리더이다. 이 업태에서 요구되는 것은 제품 구색의 신선함과 아울러 제품의 낮은 가격이다. 성공은 신속한 정보 접근과 신속한 공급사슬 반응이 요구되는데, 이것은 데이터에 의해 주도되는 공급사슬의 조정에 달려있다. Zara의 첫 번째 특징(hallmark)은 QR(Quick Response)이다. QR은 정보 교환과 공급사슬관리를 위한 표준들(a set of standard)을 말한다. QR은 주문에서 발주까지 소요되는 시간(lead time)을 크게 줄일 수 있고 신속한 정보 교환으로 인한 효율성을 가져온다. 이것은 품목별 판매, 비축수준(stocking level), 재고 움직임에 관한 실시간 정보를 포함한다. 이것은 생산, 유통, 조달 의사결정을 신속하게 수정하게 하도록 한다. 이 정보는 동태적인 제품 구색을 가능하게 한다. 동태적인 구색은 제품 구색을 신속하게 변경하는 것을 말하는데, 여기서 신속하다는 것은 패션에 관심이 많은(high-fashion) 고객들에게 소구하기 위해서 월간, 주간, 혹은 심지어는 일간으로 제품 구색에 변화를 주는 것을 말한다. 그 결과로는 고객의 요구사항에 대해 신속하게 반응(high responsiveness)할 뿐만 아니라 재고도 낮추는 성과를 가져왔다.

Zara는 이와 같은 역량을 제고하기 위하여 RFID 시스템을 구현하였다. RFID 시스템은 공장으로부터 판매시점에 이르기까지 각 제품 품목에 대해 추적하는 시스템으로 어떤 패션이 판매가 되고 있는지에 대한 실시간 모습(picture)을 알 수 있고, 의복(garment)이 판매되는 시점마다 저장실(stockroom)에 즉각적인 주문을 하도록 알려 주며, 이러한 모든 데이터를 추적하여 보관한다.

월마트와 마찬가지로 데이터와 분석은 각 기능들과 공급사슬에서 실시간으로 공유한다. Zara의 경우에는 공급사슬 내에서의 조정이 수월한데, 그 이유는 Zara는 수직적으로 통합이 되어서 점포를 소유하고 있고 제품 구색을 자체적으로 관리할 수가 있기 때문이다.

11.2.3 일본 세븐일레븐의 공급사슬에서의 빅데이터 활용

일본의 세븐일레븐(Seven-Eleven)도 빅데이터를 활용한 공급사슬관리의 좋은 예이다. 세븐일레븐은 세계에서 가장 큰 편의점 네트워크이다. 세븐일레븐은 신선함에 초점을 맞춘 전략을 구사하고 있다. 세븐일레븐의 JIT (Just-in-Time) 공급사슬은 판매시점 정보(point-of-sale)를 취합하여 공급업체 및 유통업체와 공유하는 정교한 정보시스템에 달려있다. 그 데이터는 미래 트렌드를 예측하는 데에도 활용되고 제품 구색을 찾아내는 데에도 활용된다. 세븐일레븐은 개별 품목에 대한 판매 트렌드를 시간 단위로 분석하여 배송 스케줄을 최적화하고 낭비를 최소화한다. 데이터 분석에 기초하여 세븐일레븐은 개별 제품 구색에도 변화를 준다. 이것은 고객의 변화하는 욕구에 제품의 적합성을 높이려는 시도라고 할 수 있다. 세븐일레븐은 하루에도 몇 차례에 걸쳐서 우유 제품의 배치를 재조정하는데, 이것은 모두 데이터에 근거한 제품 구색 전략에서 나온 것이다. 아침에는 근로자들이 직장에 가는 길에 구매하도록 소량의 용기에 우유가 담긴 제품 구색을 선보인다. 정오쯤에는 학생들에게 권유할 목적으로 점심에 알맞은 크기로 구색에 변화를 준다. 저녁 무렵에는 부모들이 저녁에 집으로 우유를 사가지고 가도록 커다란 용기에 담긴 우유를 배치한다. 이러한 시간, 양, 진열, 배송 등과 같은 제품 구색의 다양한 측면들은 데이터와 공급자와의 조정에 입각하여 최적화된다.

11.3 공급사슬에서 블록체인 기술의 활용

조직체들은 특정 지역 범위를 넘어서서 이루어지는 거래에서 발생하는 문제를 해결하는데 블록체인 기술을 활용하고 있다. 예를 들면 G보석이 A국가 B광산에서 채굴되어 C지역에서 가공되어 D국가로 운송되고 D국가의 E지역의 매장에서 소비자에게 판매될 경우 소비자들은 블록체인 기술에 의해 G보석이 어디에서 채굴되었고, 어디에서 가공되었으며, 그 보석의 이동경로가 어떻게 되었는지를 추적할 수 있다. 즉, 기업들은 제품이 지리적 범위를 넘어서서 이루어지는 복합적인 공급사슬 상에서 블록체인 기술을 활용하여 그 제품의 원산지 등을 비롯한 이력을 추적할 수 있다.

Everledger는 영국에 본사를 둔 회사이다. Everledger는 블록체인의 특징인 분산화와 디지털화를 다이아몬드의 소유권 이력과 위변조 식별에 적용한 것으로 알려져 있다. Everledger는 블록체인의 디지털화 및 분산화 원리를 활용하여 다이아몬드의 거래 내역을 거래의 이해관계자들(예컨대 판매자, 보험사 등)과 분산 하여 저장하여 거래의 위변조를 방지하고 있다. 또한 감정서의 위조를 방지하기 위하여 다이아몬드의 고유한 식별자 정보를 거래 내용과 함께 저장하는 것으로 알려져 있다. 그리고 블록체인에 다이아몬드의 원산지 뿐 아니라 현재 소유권자에게 이르기까지의 다이아몬드 보관이력을 가지고 있어서 다이아몬드의 원산지 추적 그리고 진품 여부에 대한 정보를 디지털 방식을 통해 즉시 확인할 수 있다. Everledger는 블록체인을 통해 보석사기에 들어가는 비용을 연간 20억 달러 절감하는 것을 목표로 하였으며, 보험회사는 연간 50억 달러의 비용 절감효과가 있는 것으로 알려져 있다.

출처: 서영희 등(2017), Felin & Lakhani(2018)

Chapter 12

재무와 4차 산업혁명

12.1 재무의 성격과 4차 산업혁명

　재무 분야는 크게 기업재무와 개인재무로 구분될 수 있다. 기업재무와 개인재무는 그 원리에 있어서는 유사성이 많지만 각각이 다루고 있는 내용 면에서는 상이한 차이가 있다.

　기업재무 분야이든 개인재무 분야이든 재무는 화폐와 돈을 중심으로 자금의 조달(예컨대 기업은 채권과 대출, 개인은 근로소득과 대출)과 활용(예컨대 기업은 설비, 제품 생산과 투자, 개인은 저축과 소비)을 결합하여 성과를 극대화하거나 최적화하고자 하는 목표는 동일할 것이다. 그러나 기업재무는 궁극적으로 기업가치 극대화, 주주 부의 극대화 등을 목표로 한다는 점에서 개인재무와는 다루는 영역에 있어서 상당한 차이를 보인다.

　기업재무를 중심으로 살펴보면 기업에서 재무 분야는 여러 원천으로부터 자금을 조달하고 조달된 자금을 잘 활용하여 기업 가치를 극대화하는

데 기여하는 기능을 수행한다고 할 수 있다. 즉, 가장 낮은 비용으로 자금을 조달하고 가장 성과가 높은 곳에 투자 운용을 함으로써 자금 조달과 활용의 최적화, 투자 성과의 최대화를 도모하는 역할을 수행한다고 할 수 있다.

재무 분야에서는 4차 산업혁명과 관련된 과학기술 요소들이 과거부터 적용되어 활용되어 오고 있었으나(Coakley & Brown, 2000; Krishnaswamy et al., 2000; Lymer, 1997; O'Leary, 1995), 기업의 여타 기능(예컨대 마케팅, 생산/제조)에 비해 덜 활용되어 왔던 것으로 보인다. 이러한 현상이 발생한 이유 중 하나로 기존에 기업 재무가 운영되었던 방식을 들 수 있다. Mearian (2018.07.25.)은 기존에 기업 재무가 운영되었던 방식은 폐쇄적(silo)이고 매뉴얼에 근거해서 이루어져 왔다고 보았다.

그러나 최근에는 재무 분야에서 4차 산업혁명 관련 과학기술 요소들의 활용 방안에 관한 논의가 활발하게 진행되고 있는 상황이다(Demarquet, 2016; Dowdell, 2018; Fisher et al., 2016; Heaton et al., 2017; Joachim, 2018; Mancher et al., 2018: Steinhoff et al., 2018; Sun et al., 2019; Tang et al., 2019; Varma, 2019).

12.2 과학기술 요소와 재무 관리 분야 관계

Mearian(2018.07.25.)은 수년 내에 최고재무책임자(CFO)와 최고재무책임자 소속의 재무 조직에서는 재무 관련 비즈니스 프로세스를 향상시키고,

신속하게 하며, 비용이 적게 들도록 만들기 위해서 블록체인, 챗봇 그리고 인공지능을 기업 재무 분야에 적용하기 위한 검증을 할 가능성이 높음을 지적하였다. 특히 최근에는 블록체인, 챗봇 그리고 인공지능과 같은 4차 산업혁명 관련 과학기술 요소를 재무 분야에 적용시키기 위해서 개념증명 (proof-of-concept)검증을 실시하거나 한제된 범위 내에서 채택하여 활용하기 시작했음을 지적하기도 하였다.

Accenture의 Axson과 Mistry(2017)는 자동화, 미니봇(minibots), 기계학습, 적응지성(adaptive intelligence)이 재무팀에 빠른 시간 내에 합류할 것으로 보고 있다. Axson과 Mistry는 2020년경 재무 조직을 예상해 보았는데, 이들에 의하면 경영에서 재무적 영향력을 배가시키기 위해서 인간과 기계가 공존할 가능성이 높으며, 사람들은 기계가 하지 못하는 판단과 같은 작업을 주로 하게 될 것이라고 예측하였고, Dowdell(2018)도 재무 분야에서 인간과 기계가 공존하는 것이 멀지 않았음을 지적하였다.

딜로이트(Sher et al., 2018)에서는 재무 분야에서 4차 산업혁명 관련 과학기술 요소들이 활성화되어 사용되는 것에 관한 보고서를 발표한 바 있다. 그 보고서에서는 재무 분야의 변화 모습을 8가지로 예측하고 있는데, 그 내용은 다음과 같다(Sher et al., 2018).

첫째, 거래는 자동화로 인하여 서로 연락이 필요 없게(touchless)될 것이며 블록체인은 재무 운영에 더욱 깊숙이 관여될 것이다.

둘째, 재무 운영의 자동화가 증가됨에 따라서 재무 분야에서 비즈니스 통찰력과 서비스에 전념하게(double down) 될 것이다.

셋째, 재무는 실시간으로 처리되어 기간별 보고서는 더 이상 운영 및 의사결정을 이끌지 못할 것이다.

넷째, 셀프서비스가 규범이 될 것이다. 재무 관련 사항들이 자동화됨에 따라서 필요한 질의나 검색은 스스로 해결해야 할 것이다.

다섯째, 로봇과 알고리즘이 재무 분야에 더 참여함으로 인해서 새로운 서비스 전달 모델이 부상할 것이다.

여섯째, 전통적인 전사적 자원관리시스템(ERP) 분야에 특화된 재무 애플리케이션과 마이크로서비스(microservice)와 같은 새로운 도구들이 등장하여 ERP와 경쟁을 벌이게 될 것이다.

일곱째, API(Application Program Interface)의 확산은 데이터를 표준화하도록 이끌 것이므로 재무 분야에서는 재무 관련된 데이터들을 정비해야 할 것이다.

여덟째, 재무 관련 분야에서 종사하는 종업원들은 새로운 방식으로 새로운 직무(예컨대 고객관련 재무 상담 서비스)를 직장에서 수행해야 할 수도 있다.

12.3 재무 분야에서 과학기술 요소의 활용

경영자들이 재무의사결정을 효율적으로 수행하기 위해서는 재무 분야 역시 여러 가지 4차 산업혁명 관련 과학기술 요소들의 지원을 받을 필요가 있다. 재무 분야에서는 자금조달의 최적화, 운전자금 최적화, 투자성과 최적화 등 재무적 의사결정과 관련된 여러 분야에서 4차 산업혁명 관련 과학기술들이 활용되고 있거나 활용을 위해 검증 단계를 거치고 있다.

빅데이터를 비롯한 4차 산업혁명 관련 과학기술 요소들은 재무 관리자들이 재무 관련 의사결정을 효과적으로 수행하는 것을 지원할 수 있다 (Fanning & Grant, 2013; Joachim, 2018). 예컨대 빅데이터는 포트폴리오 관리, 위험 평가, 보험 등과 같은 재무적인 분야에도 적용되어 활용되고 있다 (Grable & Lyons, 2018).

인공지능은 재무와 관련된 여러 분야에서 활용되고 있다. Grable과 Lyons(2018)은 기계학습의 장점을 보여주는 몇 가지 예를 설명하고 있다. 예컨대 신용카드가 벤더의 단말기를 통과할 때 은행은 그 거래가 사기거래에 해당되는지를 발견해 낼 수 있다. 로보 어드바이저(robo-advisors)는 기계학습과 데이터 알고리즘을 결합하여 온라인상에서 재무적 의사결정을 하려는 의뢰인에게 재무적 조언과 포트폴리오 관리를 제공한다.

12.3.1 자금조달 분야에서 과학기술의 활용

기업에서는 전통적으로 자금조달 방법으로 은행 등을 비롯한 금융권에서의 차입 혹은 자본시장을 통한 직접적인 자금조달 방법을 이용해 왔다. 그런데 핀테크를 활용한 크라우드펀딩은 자금조달과 관련한 비즈니스 모델의 변화를 가져왔다. 기존에 자금을 모집하는 방법은 오프라인을 통한 모집이 주를 이루었다. 그러나 온라인 플랫폼 상에서 일반인들을 대상으로 자금을 모집하는 크라우드펀딩 방식이 활성화되면서 온라인 혹은 모바일을 통한 자금 모집도 증가하고 있다(Gábossy, 2016; Langley & Leyshon, 2017).

12.3.2 리스크관리 분야에서 과학기술의 활용

리스크관리 분야에서 4차 산업혁명 관련 과학기술이 활용되고 있다. 하나금융그룹은 하나금융지주와 KEB하나은행에 리스크봇(Risk-Bot), 즉 로봇프로세스자동화 시스템을 통한 리스크관리 업무를 수행한다고 밝힌바 있다. 로봇프로세스자동화 시스템은 리스크 관련 자료 산출을 위한 데이터 검증 업무 등에 활용되는 것으로 알려져 있다(ytn, 2018.10.02.).

12.3.3 과학기술 적용 성공 사례

빅데이터 활용을 통해 경영 성과 (혹은 사람 중심의 인문학적 성과)를 창출한 예를 금융 서비스 분야에서 발견할 수 있다. 금융포용(financial inclusion)이 그 한 예이다(Grable & Lyons, 2018). 금융포용은 정책이 주도하여 모든 소비자들이 가용하고 안전한 금융상품과 금융서비스에 접근하는 것을 보증하도록 설계된 것이다. 미국에서 은행을 이용하지 않는 것(unbanked)과 은행을 덜 이용하는 것(underbanked)은 금융포용에서 제외된 자(금융 배제자)를 묘사하는 용어이다. Grable과 Lyons(2018)은 전국을 대표할 수 있는 소규모 데이터 셋을 활용하여 상당 수 미국인 가정(가구: household)이 왜 은행을 이용하지 않는지를 이해하는 데 초점을 맞춘 보고를 하였다. 상당 수 미국인 가정이 은행을 이용하지 않는 이유는 전통적으로는 자원의 부족, 금융기관에 대한 불신, 문화적 냉담함 등을 들고 있다.

빅데이터가 금융포용 성과를 창출해 낼 수 있다는 점은 아프리카에서 발견할 수 있다(Grable & Lyons, 2018). 마스터카드(MasterCard)와 IFC

(International Finance Corporation) 간의 협업은 금융배제가 가나, 우간다, 잠비아 등과 같은 나라에서는 보편적임을 보여주었다. 이러한 나라에서는 금융이 배제된 지역에 살고 있는 사람들로부터 금융 데이터를 얻을 수 없기 때문에 은행을 이용하지 않는 이유와 은행을 이용하지 않는 문제를 해결하려는 시도들이 성과를 거두기가 어려웠다.

그러나 이러한 지역에서 조차도 빅데이터가 새로운 시장을 식별하고 신제품과 신 서비스 제공물을 창출하며, 고객의 계약(engagement)을 심화시키는데 활용되고 있다.

IFC 연구조사자들은 상당히 관련이 없어 보이는 정보 원천(mobile network operators와 텔레커뮤니케이션 회사)으로부터 미래 금융포용 가능성을 예측하는데 빅데이터를 활용하였다.

연구조사자들은 목소리(voice), 데이터, 지리적 정보 등을 포함하여 4백만 이동전화 가입자(subscriber)의 행동을 추적하였다. 연구조사자들은 그 데이터를 활용하여 이동전화 사용(usage)에 있어서 감추어져있던 패턴을 발견하였고 이러한 사용 패턴이 모바일 뱅킹과 같은 디지털 금융서비스(Digital Financial Service: DFS) 사용과 관련이 있음을 알아냈다.

연구조사자들은 전화 통화 수, 통화 시간, 문자 메시지 수, 고객의 사회 관계망 규모 등이 디지털 금융서비스를 이용하는 사람들이 이용하지 않는 사람들에 비해 더 큼을 발견하였다.

연구조사자들은 이러한 빅데이터 분석을 통해 발견한 사실을 바탕으로 하여 각 국가 내의 디지털 금융서비스 이용자들과 비이용자들의 실제 분포를 보여주는 매핑을 만들었고, 디지털 금융서비스를 이용할만한 새로운 잠재적 사용자들이 가장 집중해서 있을 가능성이 높은 지리적 위치를 식별한 바 있다.

이동전화 데이터의 활용은 디지털 금융서비스 제공자들에게 모바일 뱅킹과 다른 유형의 디지털 금융서비스를 이용할 가능성이 높지만 현재는 은행을 이용하지 않거나 은행을 덜 이용하는 사람들과 같은 정확한 표적 시장을 제공하였다. 동일한 유형의 분석은 미국에도 적용될 수 있다. 즉, 미국인들이 은행에 가서 저축과 투자상품을 획득하는 것을 빅데이터 분석에서 지원할 수 있다.

Chapter 13
회계와 4차 산업혁명

13.1 회계의 성격과 4차 산업혁명

회계는 주요 이해관계자들에게 기업 혹은 기관의 정보를 제공해 주는 것으로 요약해 볼 수 있다. 예를 들면 재무회계 분야, 예컨대 재무제표들은 투자자 혹은 일반인들에게 자사의 자기자본, 타인자본 그리고 자산과 관련된 구성 요인들, 규모, 상태 등을 알려주는 것이라고 볼 수 있다. 그리고 재무와 연관지어 살펴보면 자금의 조달 원천에 대한 정보 그리고 자금의 활용에 대한 정보를 알려주는 것이라고 하겠다. 예를 들면 손익계산서는 조달한 자금을 활용하여 매출, 이익 혹은 손실의 상태를 알려주는 것이다.

회계는 일상적인 거래 처리에 기반을 두고, 이러한 거래 처리 정보가 요약되어 투자자 혹은 일반인에게 제시되는 것으로 볼 수 있다. 따라서 회계는 거래 처리 부분이 4차 산업혁명의 주요 과학기술 요소들과 연관되어 자주 언급되는 분야이다. 예컨대 회계자동화는 이러한 분야에 속한다. 또한 회계 정보들이 제대로 작성이 되어 있는지와 관련하여 회계감사, 세무 부분이 4차 산업혁명과 관련하여 자주 언급된다.

4차 산업혁명 관련 과학기술 요소들 중 회계 분야와 관련해서 언급되는 과학기술들은 인공지능(Dickey et al., 2019; Sun & Vasarhelyi, 2017), 블록체인(Appelbaum & Smith, 2018; Dai & Vasarhelyi, 2017; Dai et al., 2017; Murray, 2018; Rechtman, 2017) 등이 있으나 가장 많이 보고된 분야는 데이터 분석 혹은 빅데이터와 관련된 것이다. 학계와 실무 분야에서 빅데이터 분석 혹은 빅데이터와 회계 감사 간의 관계에 대한 논의가 활발하게 보고되고 있다(Alles, 2015; Appelbaum et al., 2017; Brown−Liburd & Vasarhelyi, 2015; Brown−Liburd et al., 2015; Cao et al., 2015; Crosley & Anderson, 2018; Earley, 2015; Gamage, 2016; Gepp et al., 2018; Gest, 2018; Huerta & Jensen, 2017; Krahel & Titera, 2015; Liddy, 2015; O'Donnell, 2015; Ramlukan, 2015; Richins et al., 2017; Rose et al., 2017; Sun & Vasarhelyi, 2017; Tang & Karim, 2017; Tang et al., 2017; Tysiac, 2017; Vasarhelyi et al., 2015; Wang & Cuthbertson, 2015; Warren Jr. et al., 2015; Yoon et al., 2015; Zhang et al., 2015). 이것은 회계, 특히 회계 감사에서 데이터 분석이 하는 역할에 대한 관심이 최근에 급격히 증대되고 있는 것으로 보인다.

13.2 회계 분야에서 과학기술 요소의 활용

회계는 거래 처리와 관련이 있으므로 4차 산업혁명의 과학기술 요소들 중 데이터 분석, 특히 빅데이터 분야가 자주 언급된다. 회계 분야는 자동화가 크게 적용될 수 있는 분야인 반면 재무 분야는 자동화가 적용되기에 용이하지 않은 분야인 것으로 보인다.

표 13-1 EY가 선정한 CFO가 주목해야 할 키워드

키워드	이유
고급 데이터 분석	의사결정 시 새로운 가치 창출
로봇프로세스자동화	비용절감, 오류발생 감소
클라우드와 SaaS	업무처리의 효율성 제고
인공지능	위기관리에 활용
블록체인	업무프로세스 간소화 및 투명화

출처: 한경(2016.11.30)

AICPA와 Oracle(2019.01.19.)이 글로벌 재무 리더를 대상으로 조사한 바에 따르면 재무 분야에서의 인공지능 활용과 관련된 두 가지 특징을 발견할 수 있다. 먼저 전체적으로 재무 기능에는 인공지능을 적용하지 않고 있다는 점이다. 조사 대상자의 90% 정도가 인공지능을 업무에 활용하지 않는다고 응답한 것으로 나타났다. 다른 하나는 인공지능의 활용과 (매출 정체 혹은 매출 하락 대비) 매출 달성 간의 상관관계가 높다는 점이다.

회계 및 회계 감사 분야에서 자동화는 이미 오래 전부터 언급(Carlson, 1957; Vasarhelyi, 1984; Wilson & Sangster, 1992)되어 왔던 사안이지만 본격적으로 논의가 이루어진 것은 최근의 일이다(Drum & Pulvermacher, 2016; Marshall & Lambert, 2018; Rozario, 2018). 자동화 거래는 회계 등과 같이 정형적이고 일상적으로 발생하는 거래를 자동으로 처리함으로써 생산성을 높이는 작업에 많이 투입된다.

딜로이트는 회계감사 실사를 할 때 인지적 통찰력을 활용하여 계약서로부터 조건들을 추출하고 있다. 이러한 작업은 감사인이 문서들을 읽지 않고도 한 건의 감사에서 상당히 높은 비율의 문서(종종 100%까지)를 검토할 수 있도록 하였다(Davenport & Ronanki, 2018).

미항공우주국(NASA)은 매입채무, 매출채무 업무에 로봇처리자동화를 도입하여 성공적으로 업무 처리를 하였다(Davenport & Ronanki, 2018).

한편 미국 회계학회(American Accounting Association)에서는 회계 분야에서의 데이터 분석의 중요성을 인식하여 대학교의 회계 교육과정과 데이터 분석을 접목시키려는 시도를 하고 있다.

Chapter 14

4차 산업혁명 시대 경영이 나아가야 할 길

  본서의 집필은 4차 산업혁명이 기업 경영에 어떠한 영향을 미칠 것이며, 기업 경영자는 4차 산업혁명을 어떻게 바라보고 대처해 나아갈 것인가에 대한 물음과 이 물음에 대해 어떠한 답변이 기업 경영에 있어서 통찰력(insight)을 제공해 줄 수 있을 것인가로 부터 시작되었다.

14.1 기업 경영에서 변해야 할 것과 변하지 말아야 할 것에 대한 통찰력

  4차 산업혁명 시대에는 환경이 급격하게 변화할 가능성이 높은데, 경영자가 새로운 것만 추구하게 될 경우 기존의 중요한 기반을 잃어서 손실을 볼 수도 있는 반면 기존에 중요하다고 생각한 것만 고수하거나 집착하는 경우 새로운 변화의 물결에 어느 순간 뒤쳐질 수도 있다. 따라서 기업 경영자는 기업 경영에서 변해야 할 것과 변하지 말아야 할 것에 대해 기업의 내부 및 외부 환경과 연계하여 정확한 통찰력을 가지고 있어야 한다.

변하지 말아야 할 것의 핵심으로는 인문학적 가치를 꼽을 수 있다. 즉, 사람 중심의 가치는 놓지 말아야 할 것이다. 또한 기업의 기본 기능들은 사라지지 않을 것이며 오히려 다양한 기능들이 더 생겨날 가능성이 높다. 예컨대 과거에는 생산, 인사, 재무, 회계, 마케팅 등이 주요한 기업의 기능이었다면 지금은 이러한 기능들 이외에도 디지털 전략, e-business, 정보 분석학(data analytics), 공급사슬관리(SCM) 등이 중요한 기능으로 추가되기도 한다. 또한 기업가정신이 여전히 중요하며, 경영의 효율성(efficiency)과 효과성(effectiveness)은 여전히 중요한 경영 판단의 기준으로 작용할 가능성이 높다.

한편 변해야 할 것이 있다. 과거에는 하나의 현상은 하나의 기능 혹은 영역에 주로 영향을 미치는 경우들이 많았다. 그러나 4차 산업혁명 시대에서 하나의 현상이 모든 기능 혹은 영역에 영향을 미치는 경향이 있다. 특히 4차 산업혁명과 관련된 과학기술은 기반기술과 응용기술이 융합(convergence)되어 동시다발적으로 기업의 여러 기능들에 영향을 미친다. 그러므로 하나의 현상이 기능 간에(cross-functional) 어떻게 영향을 미치는지를 신속하게 포착하는 능력이 중요하다. 또한 오프라인과 온라인의 통합 그리고 사물들 간의 연계가 가져올 연결성(connectedness)은 경영자가 알고 있어야 할 메가트렌드라고 보여 진다. 효율성과 효과성 이외에도 유연성(flexibility)은 경영 판단의 기준으로 삼아야 할 중요한 기준이 될 것이다. 이러한 변화들을 기업과 환경이라는 거시적인 관점에서 살펴보면 경영자는 기업 경영의 생태계(ecology)에 대한 통찰력을 가지고 있어야 한다.

한편 변해야 할 것과 변하지 말아야 할 것은 기업 경영자 측면만의 얘기는 아니다. 기업 경영자는 고객 혹은 소비자 입장에서 변하고 있는 것과 변하지 않고 있는 것에 대한 통찰력을 바탕으로 하여 이것이 4차 산업혁명과 어떠한 관계가 있는지를 파악하고, 이에 적절하게 대응을 할 수 있어야 한다. 예를 들면 사람들은 음악을 좋아하는 데, 이것은 사람들의 음악에 대한 욕구(needs와 wants를 합한 개념)가 있다는 것이다. 그런데 이것을 좀 더 자세히 살펴보는 것이 본서를 이해하는 데 도움이 된다. 즉, 음악을 좋아한다는 것은 음악에 대한 사람들의 니즈(needs: 욕구)는 변하지 않았음을 의미한다. 그러나 사람들이 음악을 듣는 방식, 즉 니즈를 충족하는 방식(wants: 욕구)은 LP판, 카세트테이프, CD, MP3, 스트리밍 등의 방식으로 지속적으로 변화해왔다. 그리고 음악에 대한 니즈가 있어도 이러한 니즈는 음악 장르(팝, 랩, 트로트 등)에 따라 다르며 라이프스타일에 따라서도 달라진다. 본서가 주목하고 있는 점은 바로 이것이다. 아마존 창업자 제프 베조스(Jeff Bezos)가 한 얘기처럼 무엇인가 변하지 않는 것에 대한 통찰력이 필요한 시점임과 아울러 무엇인가 변하는 것에 대한 통찰력도 필요한 시점이다. 경영자는 지금 쉽지 않은 길을 걸어야 하고, 걷는 순간순간 마다 선택의 기로에 놓이게 될 것이다. 선택의 결과는 행복, 번영일 수도 있고 불행, 존폐일 수도 있다.

4차 산업혁명이 화두가 된 건 불과 4~5년 전임에도 불구하고 우리나라에서는 상당히 오래된 주제처럼 들리기도 한다. 4차 산업혁명의 실체에 대한 논쟁은 뒤로 하더라도 지금 일어나고 있는 각종 현상들은 기업을 둘러싸고 있는 환경이 매우 급격하고 빠르게 변화하고 있음은 사실인 것 같다. 그리고 이러한 변화는 과학기술적 요인들이 주도하고 있음을 부인할 수는 없다. 그러나 4차 산업혁명을 과학기술적 요인이 주도하는 것처럼 보이고 있기는 하지만 적어도 현재시점까지는 사람이 주도하고 있다고 보는 것이 맞을 것이다.

기업은 지금까지 경험해 보지 못한 환경 변화에 직면할 가능성이 높으며, 기업에 속한 사람들, 즉 경영자, 종업원으로서의 사람이 감내해야 할 미래에 대한 불확실성이 높아진 것도 사실인 것으로 보인다. 4차 산업혁명에 대한 설문조사에서 기대와 우려가 교차하는 것은 바로 이러한 이유 때문일 것이다. 기계가 사람을 능가하지 못할 것이라는 사람들의 희망 섞인 미래 전망이 알파고의 등장으로 인하여 기계에 의해 사람이 소외될지도 모른다는 막연한 불안감으로 바뀐 것은 그리 오래된 일이 아니다. 그럼에도 불구하고 이런 불확실성을 슬기롭게 개척해 나가는 지혜는 사람들의 몫인 것으로 보인다.

14.2 기업 경영 생태계에 대한 통찰력

기업 경영에서 '생태계'라는 용어는 이미 보편화된 개념이다. 4차 산업혁명 시대에는 산업의 생태계를 구축하고, 그 중심에 자사를 위치시킬 수 있는 역량이 중요하다. 오프라인 시대에는 구매력 혹은 공급능력 혹은 고객을 모으는 집객능력에 따라 산업의 생태계에 중심에 놓이는지의 여부가 결정되었다. 온라인 시대에는 플랫폼 기업들이 산업 생태계의 중심에 서

있었다. 4차 산업혁명 시대에는 온라인과 오프라인이 함께 움직이는 가상 물리시스템의 환경이 조성되고 있다. 이때 산업 생태계의 중심에 지금과 같이 공급능력, 구매력, 집객능력, 플랫폼 기업들이 있을 것인지 혹은 사물 인터넷으로 무장을 한 강력하고도 매력적인 제품이 산업 생태계의 중심에 위치할지 혹은 이들이 함께 산업 생태계를 균점할지에 대해서는 예견하기가 쉽지 않다. 강력하고 매력적인 제품으로 무장을 한 제조업체들은 4차 산업혁명 시대에 산업 생태계의 중앙에 위치할 좋은 기회를 맞이한 것만은 사실인 것으로 보인다.

14.3 유연성

경영자가 가져야 할 통찰력에는 환경변화에 유연하게 대응할 수 있는 역량이 포함되어 있어야 한다. 4차 산업혁명은 현재 있는 것에 4차 산업혁명 관련 과학기술을 덧입혀서 4차 산업혁명 시대에 맞게 변환되는 것이 있는 반면 4차 산업혁명 관련 과학기술이 현재 있는 것을 완전히 대체해 버리는 경우도 발생할 것이다. 그런데 현재 시점에서 이것을 완전하고도 정확하게 예측하기란 매우 어렵다. 따라서 기업은 환경변화에 유연하게 대처할 수 있는 역량을 늘 갖추고 있어야 한다.

유연성을 기반으로 환경변화에 적극적으로 대처하는 경영 방식이 필요하다. 기업은 전통적인 제조업의 모습을 그대로 갖추고 있을 수도 있고, GE와 같이 완전히 다른 비전을 가지고 새로운 모습으로 새로운 세상에 도전을 할 수도 있다. 그런데 기존의 전통적인 제조업의 모습을 가지고 있더라도 변화하는 환경에 적응해야 하는 것은 기업 경영의 신조에 해당된다. 이러한 모습을 갖추기 위해서는 전통적인 제조업을 모습을 가지고 있지만 3D프린팅과 같은 새로운 과학기술을 소비자 입장에서 도입할 필요가 있을 것이다. 전통적인 제조에서 소비자의 욕구를 충족시키지 못하는 것을 3D 프린팅은 충족을 시켜 줄 수 있을 가능성이 높기 때문이다.

14.4 집단지성과 팀 정신을 바탕으로 한 시너지 효과

산업혁명은 누구 혼자의 힘으로 이루어지는 것은 아닌 것으로 보인다. 4차 산업혁명은 그 성격이 이전의 산업혁명과 어쩌면 다를지도 모르겠다. 4차 산업혁명의 기초가 되는 데이터는 사실은 대부분 일반인들이 보여주거나 남겨놓은 흔적을 통해 수집된다. 그리고 이러한 데이터들은 모아져서 정보가 되고 자산이 된다. 즉, 수요자와 공급자가 협력을 통해 4차 산업혁명을 이끌어간다는 점이다.

14.5 과학기술 요소와 환경 간의 연계성에 대한 통찰력

4차 산업혁명에서 언급되는 많은 과학기술들이 현재 티핑포인트에 도달하지는 못하였으나 개념 검증 혹은 실제 적용 단계에 있는 것도 있으므로 4차 산업혁명은 현재 진행형이라고 보는 것이 타당할 것이다.

4차 산업혁명 관련 과학기술이 덧입혀져서 새롭게 변모하는 경우에도 이와 관련된 하부구조가 제대로 갖추어져 있어야 제 기능을 발휘할 수 있다.

실무자들은 하나의 과학기술에 집중하여 이것이 실행력을 갖추도록 하는 한편 실행력을 얻도록 조정하는 역할을 수행할 수 있다. 그런데 정책 입안자 혹은 기업 경영자는 4차 산업혁명 관련 과학기술들을 단편적으로 보기보다는 종합적으로 보아 통찰력을 함양하는 역량을 갖출 필요가 있다.

현재 우수한 과학기술도 하부구조가 갖추어지지 않아서 각광을 받지 못하는 경우들이 있으며, 하부구조를 갖추고 있더라도 비즈니스 측면에서 효율적 혹은 효과적이지 못하기 때문에 활용이 되지 않는 경우들을 볼 수 있다. 과거의 인공지능을 생각해 보자. 인공지능은 이미 1950년대부터 단편적이지만 세상을 바꿀 개념으로 회자되기도 하였다. 먼 과거가 아니더라도 1980년와 1990년대 인공지능 교과목이 존재하였다. 어떤 사람은 인공지능에 대해 많이 알고 있었으나 과거에는 바쁘지 않았는데 지금은 매우 바쁘고 자신의 가치가 매우 높아졌다고 한다. 그 이유는 인공지능이 있기는 하였으나 인공지능이 위력을 발휘하기 위해서는 다량의 양질 데이터가 필요한데, 과거에는 이러한 데이터를 얻기가 쉽지 않았다. 데이터가 부족하면 예측 정확도가 떨어질 가능성이 높다. 그러면 예측 무용론이 제기되고, 그 결과 인공지능이 있지만 사용하지 않게 되는 것이다. 그러나 디지털 변혁(transformation)으로 인해서 양질의 데이터가 많이 축적된 상황에서는 말이 달라진다. 인공지능이 위력을 발휘할 수 있다. 인공지능이 위력을 발휘하니까 많은 사람들이 관심을 가지고 인공지능을 연구하고, 이에 따라 인공지능 기술도 급속하게 발전하는 것이다.

많은 경우 때, 즉 타이밍이 있는 것 같다. 여기서 타이밍이라는 것은 환경 혹은 상황과의 적합성을 말한다.

마케팅에서도 마찬가지다. 아무리 좋은 제품도 때를 만나지 못하면 히트 제품이 되지 못하고 시장에서 사라지거나 명맥만 유지되는 상황에 처한다. 경영자의 통찰력은 이러한 때, 즉 자사 제품이 히트 제품이 될 수 있는 상황, 환경, 조건이 무엇인지에 대한 통찰력을 가지고 있어야 한다. 그리고 수동적으로는 그러한 상황이 올 때까지 기다릴 수도 있고, 적극적으로는 그러한 상황을 조성할 수도 있다.

국문색인

영문색인

A

additive manufacturing 74

agile 129

algorithm 55

artificial intelligence 53

artificial neural network 54

augmented intelligence 60

augmented reality 83

automation 98

B

big data 49

blockchain 64

C

connectivity 28

convergence 222

crowdfunding 89

customer engagement 173

cyber-physical system 27

D

data analytics 54

data mining 54

D

deep learning 127

digital materiality 58

digital transformation 227

digitalization 117

E

ecology 222

economy of scale 94

economy of scope 94

effectiveness 222

efficiency 222

F

fintech 86

flexibility 222

I

Industry 4.0 12

insight 61

interface 63

internet-of-things (IoT) 58

참고문헌

4차산업혁명위원회(2018.03.08.), '스마트 공장 확산 및 고도화 전략'

　https://www.4th−ir.go.kr

4차산업혁명위원회(2018.06.14.), 과학기술, 그리고 4차 산업혁명 시대,

　www.4th−ir.go.kr

강동철(2018.07.09.), 삼성전자 IoT 기술 접목…식재료 보관부터 쇼핑까지 한번

　에…LG전자 냉장고 문 두드리면 내부 보여줘…편의성 대폭 강화,

　http://news.chosun.com/site/data/html_dir/2018/07/08/2018070800944.html

경향신문(2018.09.17.), AI채용, 인사담당자 70%가 반대,

　http://news.khan.co.kr/kh_news/khan_art_view.html?art_id=201809171510001

고석택(2019.03.22.), 보잉사 등에 항공전자 장비 독점 공급…3D 프린팅 혁신센터

　설립, http://news.chosun.com/site/data/html_dir/2019/03/21/2019032101786.html

고재연(2017.06.20.), 항공기 엔진에 iOt결합…제조기업 롤스로이스, AS로 돈 더

　번다, https://www.hankyung.com/it/article/2017061961891

과학기술정보통신부(2017.11.30.), 혁신성장을 위한 사람 중심의 4차 산업혁명 대

　응계획, https://www.msit.go.kr/web/msipContents/contentsView.do?cateId=mssw

　311&artId=1369857

과학기술정보통신부(2019.02.21.), 2019년도 3D프린팅산업 진흥 시행계획,

　https://www.msit.go.kr/web/msipContents/contentsView.do?cateId=mssw4

　0b&artId=1601854

곽노필(2019.05.16.), 세계 첫 3D프린팅 주택단지 만든다,

　　http://www.hani.co.kr/arti/science/future/894192.html

권경원(2019.05.30.), KT "스마트팩토리로 5G B2B시장 선점,

　　https://www.sedaily.com/NewsView/1VJCD8R8R5

기획재정부 시사경제용어, http://www.moef.go.kr

김대영(2018), 4차 산업혁명 시대 정보연계성의 함의와 환경인문학의 역할, 문학

　　과환경, 17(2), 35−77.

김동수(2017.09.25.), 4차 산업혁명 시대에 걸맞은 기업가 정신, 아시아경제,

　　https://www.asiae.co.kr/article/2017092510380163834

김동윤(2018), '4차 산업혁명'과 NBIC 기술융합 시대의 인문학적 차원 연구, 영상

　　문화, 32, 42−82.

김상윤(2017), 한국형 4차 산업혁명 Framework과 3대 추진역량, 포스코경영연구

　　원 POSRI 이슈리포트, 2017권5호, 1−13.

김선우, 김영환, 이정우, 손하늬(2017), 4차 산업혁명 시대 기업가정신의 의의와

　　방향, STEPI Insight, 218, 과학기술정책연구원.

김성훈(2018.08.09.), 집밖에서 에어컨 켜고 현관 잠금확인…'스마트홈'으로 일상

　　바꾼다, http://www.munhwa.com/news/view.html?no＝20180809010320391

　　76002

김승민(2019.01.21.), "3D 프린팅·AI, 의료산업 패러다임 바꿀 수 있다"[인터뷰]

　　김남국 서울아산병원 융합의학과 교수,

　　http://www.zdnet.co.kr/view/?no＝20190116151455

김승민(2019.04.17.), 3D시스템즈, 노키아·알엠에스에 3D프린터 공급,

http://www.zdnet.co.kr/view/?no=20190417101820

김승민(2019.04.18.), HP "3D프린터 판매량 2배 늘어날 것으로 기대",

http://www.zdnet.co.kr/view/?no=20190417192629

김승현, 김명곤(2018), 4차 산업혁명과 인문예술교육 - 의료 분야를 중심으로 -,

인문과학, 69, 77-98.

김유태(2016.12.05.), 한번만 누르면 주문·결제…'IoT 쇼핑'에 빠진 30대남,

https://www.mk.co.kr/news/business/view/2016/12/842616/

김인숙, 남유선(2017), 문제해결을 위한 인문학과 사회과학의 협력방안 - 독일 제

4차 산업혁명 정책방향 설정 사례를 중심으로, 독일언어문학, 75권, 137-155.

김준철(2014), 3D 프린팅산업과 기업의 대응 전략, Deloitte Anjin Review,

2014(2), 25-37.

김진영, 허완규(2018), 제4차 산업혁명시대 인문사호학적 쟁점과 과제에 관한 연

구, 디지털융복합연구, 16(11). 137-147.

김현정(2017), 4차 산업혁명 시대의 인문교양교육의 역할과 방향, 5, 95-122.

김희복, 김희주(2019), 4차산업혁명 시대의 인문학과 인문역량 모색, 인문사회과학

연구, 20(1), 183-207.

김희연(2015), 새계경제포럼(WEF)의 미래기술과 사회적 영향 분석 동향, 정보통

신방송정책, 27(18), 24-31.

문지웅(2019.03.22.), [청년이 미래다] 현대·기아차 "4차 산업혁명시대 걸맞게…"

정기공채 없애고 수시 선발,

https://www.mk.co.kr/news/special-edition/view/2019/03/172475/

박가열, 김동규, 김중진, 이랑, 최기성, 최영순, 김진관, 이은수, 최화영, 김창환, 박

문수, 오민홍(2018), 2019 한국직업전망, 한국고용정보원.

박병준(2017), 4차 산업혁명 시대의 인문학, 문학과 종교, 22(3), 1 - 21.

반성택(2017), 산업혁명을 바라보는 인문학의 눈, 현대유럽철학연구, 46, 285 - 312.

박용민, 권기백, 이나영(2018), 경제활동참가율 변화에 대한 평가: 핵심 노동연령
층 남성을 중심으로, BOK 이슈노트, 제2018 - 9호.

배미정, 이미영(2017.12.07.), 코틀러 교수 "4차 산업혁명 열쇠는 기업가정신…민
관 함께 파괴적 변화를", 동아일보,
http://www.donga.com/news/article/all/20171207/87618461/1

배석준(2019.05.21.), 로봇 80대가 조립 - 용접…초정밀 항공엔진 핵심은 '스마트공
장', http://www.donga.com/news/article/all/20190520/95615738/1

백종현(2017), '제4차 산업혁명'시대, 인문학의 역할과 과제, 철학사상, 65, 117 - 148.

산업통상자원부(2014.06.27.), 민관 공동 '제조업 혁신 3.0 전략' 추진 보도자료,
https://www.motie.go.kr

산업통상자원부(2015.03.19.), '제조업 혁신 3.0 전략으로 2024년 제조업 4강 도약'
보도자료, https://www.motie.go.kr

산업통상자원부(2017), 산업부가 바라본 4차 산업혁명 코리아루트

산업통상자원부(2017.04.20.), '스마트 제조혁신 비전 2025' 보도자료,
https://www.motie.go.kr

산업통상자원부(2018.12.13), '22년까지 스마트공장 3만개 구축으로 중소기업 제조
강국 실현 - 「중소기업 스마트 제조혁신 전략(관계부처 합동)」발표 -,
http://www.motie.go.kr

서영희, 송지환, 공영일(2017), 블록체인(Blockchain) 기술의 산업적·사회적 활용

전망 및 시사점, 2017-4호, 정책연구소

서욱진(2019.04.15.), 이스라엘 연구팀, 3D프린팅으로 인공심장 제조 성공, https://www.hankyung.com/international/article/201904157782i

서진영(2017), 4차 산업혁명 기술과 인문학, 자의누리.

서진욱(2018.01.24.), "AI 기기·서비스, 마케팅 채널로 부상할 것", 머니투데이, http://news.mt.co.kr/mtview.php?no=2018012415103565110

송봉섭, 정우영(2017), 자율주행자동차, 딥러닝 기술을 탑재하다, 융합연구리뷰, 3(10), 4-53.

송영조, 최남희(2017), 시스템 사고를 통한 4차 산업혁명의 동태성 분석과 정책지 렛대 탐색, 한국시스템다이내믹스 연구, 18(1), 57-82.

송은주(2019), 인문학적 관점에서 본 4차 산업혁명 담론과 교육의 방향 - 일본과 독일의 사례를 중심으로 -, 인문콘텐츠, 52. 87-112.

송지혜(2018), "온·오프라인 통합 기반의 고객경험 혁신" 마윈 구상 현실로…우리 의 전략은?, 동아비즈니스리뷰, 247, 56-64.

신현주, 김문주(2018), 4차 산업혁명 시대의 로봇 경찰의 역할에 관한 인문학적 고 찰, 한국범죄정보연구, 4(1), 43-55.

심덕영(2017), 4차 산업혁명 시대 인문학의 융합 가능성 모색, 한민족어문학, 78, 365-393.

심혜령(2018), 디지털 인문학의 새 지평을 열며: 제4차 산업혁명 시대의 언어교육 을 중심으로, 한국콘텐츠학회지, 16(3), 14-18.

안하늘(2019.06.19.), 삼성, 구글처럼 '다면 인사평가제' 도입한다, https://view.asiae.co.kr/article/2019061911215651290

우은정(2018.12.07.), 미국, 증강형실(AR)로 색다른 '소비자 경험' 강화 중, http://news.kotra.or.kr/user/globalAllBbs/kotranews/album/2/globalBbsData AllView.do?dataIdx=171522

위행복(2018), 4차산업혁명 시대 人文學의 展望 - '材'와 '不材'의 사이 -, 한중 언어문화연구, 47, 139-161.

유거송, 김경훈(2018), 블록체인, 한국과학기술기획평가원.

윤덕환(2017), 4차산업혁명에 대한 소비자의 인지도와 체감도 및 미래이미지(表象)에 대한 연구, 소비자학연구, 28(4), 179-198.

이경탁(2019.03.25), '일자리 미스매치' AI면접으로 해결한다, http://www.dt.co.kr/contents.html?article_no=2019032602101431041001

이상길(2018), 국내외 AI 활용 현황과 공공 적용, 정보통신진흥기술센터.

이상욱(2017), 4차 산업혁명 시대의 사람 중심 과학기술 연구와 미래인재상, KISTEP InI, 제21호, 16-25.

이웅규, 김용완(2017), 제4차 산업혁명에 따른 관광산업의 일자리 창출 방안 연구, 호텔리조트연구, 16(2), 53-76.

이은미(2016), 4차 산업혁명과 산업구조의 변화, 정보통신방송정책, 28(15), 1-22.

이장균(2017), 국내 ICT 산업의 추세상 특징과 시사점 - 제4차 산업혁명을 맞이해 ICT 재도약이 시급하다, 현대경제연구원 VIP Report, 675권, 1-15.

이재영(2017), 4차 산업혁명을 이끌 IT 과학이야기: 인공지능, 로봇공학, 스마트카, 소프트웨어 (누구나 읽을 수 있는 IT 과학이야기 2), 로드북.

이재은(2019.03.25.), 아디다스, 4D 프린팅 기술 적용한 운동화 출시,

http://biz.chosun.com/site/data/html_dir/2019/03/25/2019032502053.html

이종호, 김영남(2017.04.25), Can AI, big data help humans be happier, http://koreajoongangdaily.joins.com/news/article/Article.aspx?aid=3032655.

이지연(2019.05.22.), [4차 산업혁명 시대의 유망 직업] 디지털라이프 시대 웰빙·친환경 일자리가 뜬다, https://www.mk.co.kr/news/economy/view/2019/05/336043/

이지용, 최재원, 박인혜, 전범주, 손동우, 정지성, 추동훈, 박윤예(2019.03.21.), [진화하는 스마트홈] 제로에너지·미세먼저 차단…첨단과학 옷 입은 주택, https://www.mk.co.kr/news/realestate/view/2019/03/169456/

임소형(2018.09.15.), "인공지능이 나를 심사한다고? 어떻게?", 한국일보, https://www.hankookilbo.com/News/Read/201809131451337095

장시복(2019.02.13.), 현대·기아차, 재계 첫 직무중심 상시공채로 전환…"4차 산업혁명 대응", https://news.mt.co.kr/mtview.php?no=2019021314215500547&vgb=autom

장윤종(2017), 한국 제조업의 4차 산업혁명 대응실태 특징과 시사점, KIET 산업경제, 2017년12월호, 39-52.

장재진(2019.05.22.), 2배 늘어난 동산담보대출…일등공신은 사물인터넷, https://www.hankookilbo.com/News/Read/201905211693087312?did=NA&dtype=&dtypecode=&prnewsid=

전예진(2019.03.05.), "화장품이야 꽃이야?"…세계 최초 3D 프린팅 화장품 나왔다, https://www.hankyung.com/it/article/201903052228f

정보통신산업진흥원(2018), 2017 3D프린팅 산업 실태 및 동향 조사, 정보통신산업진흥원.

정보통신산업진흥원(2019), 2018 3D프린팅 산업 실태 조사, 정보통신산업진흥원.

정혁 (2017), 4차 산업혁명과 일자리, 정보통신정책연구원.

조선일보(2018.10.11.), 이력서에 '여성'들어가면 감점…아마존 AI 채용, 도입 취소,
　　http://news.chosun.com/site/data/html_dir/2018/10/11/2018101101250.html

조우호(2017), 4차 산업혁명 시대의 경제와 인문정신, 괴테연구, 30, 183 – 203.

조진서, 박병호(2018), 쇼핑 검색 엔진 '지그재그'의 플랫폼 전략: "이용자가 편한
　　검색이 생명" 초심 지켜 '여성 패션의 구글' 꿈꾸다, 동아비즈니스리뷰, 249,
　　82 – 113.

채행석(2017), 4차 산업혁명시대의 인문학의 역할: 인간 중심의 서비스 디자인 공
　　학을 중심으로, 인문언어, 19(2), 233 – 245.

최재경(2016), 빅데이터 분석의 국내외 활용 현황과 시사점, KISTEP InI, 14호,
　　33 – 43.

최창희, 홍민지(2018), 빅데이터 활용 현황과 개선 방안, 보험연구원.

최현주, 이준하(2018), 4차산업혁명의 인문 디지털 콘텐츠에 대한 연구, 디지털콘
　　텐츠학회논문지, 19(6), 1097 – 1103.

클라우스 슈밥 지음, 송경진 옮김(2016), 클라우스 슈밥의 제4차 산업혁명, 새로운
　　현재.

파이낸셜뉴스(2019.03.24.), 3D프린터로 만든 전기차…내년 제주도서 본격 생산,
　　http://www.fnnews.com/news/201903231946572686

한경(2016.11.30.), 블록체인·AI…재무경쟁력 뒤바꿀 5가지 기술,
　　https://www.hankyung.com/finance/article/2016112957561

한경(2018.10.14), 면접관이 된 인공지능…기업 채용 'AI 면접 바람' 거세진다,

  https://www.hankyung.com/economy/article/201810142348b

한경머니(2019), [big story] 기술 혁신 봇물…성공 법칙도 변한다, 164,

  http://magazine.hankyung.com/money/apps/news?popup＝0&nid＝02&c1

  ＝2001&nkey＝2019010200164100532&mode＝sub_view

한광택(2018), 4차 산업혁명과 인문학 교육의 미래, 비평과이론, 23(1), 37－60.

한상근(2018.09.13), [4차 산업혁명 시대의 유망 직업] 멋진 신세계로 이끌 미래직

  업 7대 트렌드, 매경, https://www.mk.co.kr/news/economy/view/2018/09/577081/.

한정곤(2005.03.01), '웰빙·고령화·디지털' 3대 키워드 업종 급부상 2010년 유망

  직업 지도, 이코노미플러스,

  http://economy.chosun.com/client/news/view.php?boardName＝C05&t_num＝479

황민규(2019.03.26.), 4차산업혁명 기폭제라던 3D 프린팅…품질·소재 한계에 피

  지도 못했다, http://biz.chosun.com/site/data/html_dir/2019/03/25/20190325

  01858.html

황이화(2019.05.21.), SKT 스마트팩토리, 아시아 최고 5G 혁신사례로 선정,

  http://www.newsprime.co.kr/news/article/?no＝460438

황준호(2017.03.25.), 미 재무 "AI·로봇의 일자리 대체…100년은 걸린다," 아시아

  경제, https://www.asiae.co.kr/article/2017032511270365297

AICPA & Oracle(2019.01.19.), 기업 10곳 중 9곳 재무에 AI 활용 안 한다, 헤럴드

  경제, http://biz.heraldcorp.com/view.php?ud＝20190119000012

Coombs, D.(2018.06.05.), 음성 마케팅은 향후 시장을 어떻게 이끌어 갈까?, Cheil

  Magazine, http://blog.cheil.com/magazine/31673

KT경제경영연구소 (2017), 한국형 4차 산업혁명의 미래: KT경제경영연구소가 찾아낸 미래 한국의 7가지 성장전략, 한스미디어.

Saito Masanori 지음, 이영란 옮김 (2017), 4차 산업혁명 미래를 바꿀 IT 트렌드: 미래를 내 편으로 만드는 기술, 정보문화사.

ytn(2018.10.02.), 하나금융, 리스크관리에 로봇자동화 시스템 도입,

https://www.yna.co.kr/view/AKR20181002111600008

Agrawal, A., Gans, J., & Goldfarb, A.(2016.11.17.), *The simple economics of machine intelligence,*

https://hbr.org/2016/11/the−simple−economics−of−machine−intelligence

Alles, M. G.(2015), Drivers of the use and facilitators and obstacles of the evolution of big data by the audit profession, *Accounting Horizons*, 29(2), 439−449.

Alstyne, M. W. V.; Parker, G. G., & Choudary, S. P.(2016), Pipelines, platforms, and the new rules of strategy, *Harvard Business Review*, 94(4), 54−62.

Antón, P., Silberglitt, R., & Schneider, J.(2011), *The global technology revolution: bio/nano/materials trends and their synergies with information technology by 2015*, RAND,

https://www.rand.org/content/dam/rand/pubs/monograph_reports/2005/MR 1307.pdf

Appelbaum, D. & Smith, S. S.(2018), Blockchain basics and hands−on guidance: taking the next step toward implementation and adoption, *CPA*

Journal, 88(6), 28−37.

Appelbaum, D., Kogan, A., & Vasarhelyi, M. A.(2017), Big data and analytics in the modern audit engagement: research needs, *Journal of Practice & Theory*, 36(4), 1−27.

Axson, D. A. J. & Mistry, S.(2017), *Meet the finance 2020 workforce*, Accenture.

Azuma, R. T.(1997), A survey of augmented reality, *Presence*, 6(4), 355−385.

Baldassari, P. & Roux, J. D.(2017), Industry 4.0: preparing for the future of work, *People & Strategy*, 40(3), 20−23.

Baldwin, C. Y.(2008), Where do transactions come from? modularity, transactions, and the boundaries of firms, *Industrial & Corporate Change*, 17(1), 155−195.

Barton, D., Carey, D., & Charan, R.(2018), One bank's agile team experiment, *Harvard Business Review*, 96(2), 59−61.

Ben−Ner, A. & Siemsen, E.(2017), Decentralization and localization of production: the organizational and economic consequences of additive manufacturing (3D printing), *California Management Review*, 59(2), 5−23.

Berger, A. N.(2003), The economic effects of technological progress: evidence from the banking industry, *Journal of Money, Credit and Banking*, 35, 141−176.

Boone, T., Ganeshan, R., Jain, A., & Sanders, N. R.(2019), Forecasting sales in the supply chain: consumer analytics in the big data era, *International*

Journal of Forecasting, 35(1), 170−180.

Božič, K. & Dimovski, V.(2019), Business intelligence and analytics for value creation: The role of absorptive capacity, *International Journal of Information Management,* 46, 93−103.

Brettel, M., Friederichsen, N. Keller, M., & Rosenberg. M.(2014), How virtualization, decentralization and network building change the manufacturing landscape: an industry 4.0 perspective, *International Journal of Mechanical, Industrial Science and Engineering,* 8(1), 37-44.

Brinch, M., Stentoft, J., Jensen, J. K., & Rajkumar, C.(2018). Practitioners understanding of big data and its applications in supply chain management, *International Journal of Logistics Management,* 29(2), 555−574.

Brown−Liburd, H. & Vasarhelyi, M. A.(2015), Big data and audit evidence, *Journal of Emerging Technologies in Accounting,* 12, 1−16.

Brown−Liburd, H., Issa, H., & Lombardi, D.(2015), Behavioral implications of big data's impact on audit judgment and decision making and future research directions, *Accounting Horizons,* 29(2), 451−468.

Brynjolfsson, E. & Mcafee, A.(2017.07.01.), *The business of artificial intelligence: what it can − and cannot − do for your organization,* https://hbr.org/cover−story/2017/07/the−business−of−artificial−intelligence

Brynjolfsson, E. & McAfee, A.(2017.07.18.), *What's driving the machine learning explosion,* https://hbr.org/2017/07/whats−driving−the−machine−learning−explosion

Cao, M., Chychyla, R., & Stewart, T.(2015), Big data analytics in financial statement audits, *Accounting Horizons*, 29(2), 423−429.

Cappelli, P. & Tavis, A.(2018), HR goes agile, *Harvard Business Review*, 96(2), 46−52.

Carlson, A. E.(1957), Automation in accounting systems, *Accounting Review*, 32(2), 224−228.

Chan, H. K., Griffin, J., Lim, J. J., Zeng, F., & Chiu, A. S. F.(2018), The impact of 3D printing technology on the supply chain: manufacturing and legal perspectives, *International Journal of Production Economics*, 205, 156−162.

Chen, M., Mao, S., & Liu, Y. (2014). Big data: a survey, *Mobile Networks and Applications*, 19, 171−209.

Chiu, I. H.−Y.(2016), Fintech and disruptive business models in financial products, intermediation and markets: policy implications for financial regulators, *Journal of Technology Law & Policy*, 21, 55−112.

Chui, M., Manyika, J., & Miremadi, M.(2015), *Four fundamentals of workplace automation*,

https://www.mckinsey.com/business−functions/digital−mckinsey/our−insights/four−fundamentals−of−workplace−automation

Chui, M., Manyika, J., & Miremadi, M.(2016), *Where machines could replace humans−and where they can't (yet)*, https://www.mckinsey.com/business−functions/digital−mckinsey/our−insights /where−machines−could−replace−humans−and−where−they−cant−yet

Choudary, S. P., Van Alstyne, M. W., & Parker, G. G.(2019.06.19.), *Platforms and blockchain will transform logistics*, https://hbr.org/2019/06/platforms−and−blockchain−will−transform−logistics

Coakley, J. R. & Brown, C. E.(2000), Artificial neural networks in accounting and finance: modeling issues, *International Journal of Intelligent Systems in Accounting Finance & Management*, 9(2), 119−144.

Collins, V. & Lanz, J.(2019), Managing data as an Asset, *CPA Journal*, 89(6), 22−27.

Crosley, G. & Anderson, A.(2018), The audit of the future: daring, disruptive and data−driven but poised to add significant value to firms and clients, *Public Accounting Report*, 42(2), 5−8.

D'Aveni, R. A.(2018), Business models for additive manufacturing, *Harvard Business Review*, 96(4), 106−113.

da Silva Momo, F., Sordi Schiavi, G., Behr, A., & Lucena, P.(2019), Business models and bockchain: what can change?, *RAC − Revista de Administração Contemporânea*, 23(2), 228−248.

Dai, J. & Vasarhelyi, M. A.(2017), Toward blockchain−based accounting and assurance, *Journal of Information Systems*, 31(3), 5−21.

Dai, J., Wang, Y., & Vasarhelyi, M. A.(2017), Blockchain: an emerging solution for fraud prevention, *CPA Journal*, 87(6), 12−14.

Dallemule, L. & Davenport, T. H.(2017), What's your data strategy?, *Harvard Business Review*, 95(3), 112−121.

D'Aveni, R. A.(2013), 3−D printing will change the world, *Harvard Business Review*, 91(3), 34−34.

D'Aveni, R. A.(2015), The 3−D printing revolution, *Harvard Business Review*, 93(5), 40−48.

Davenport, T. H. & Bean, R.(2017.08.03.), How machine learning is helping Morgan Stanley better understand client needs, https://hbr.org/2017/08/how−machine−learning−is−helping−morgan−stanley−better−understand−client−needs

Davenport, T. H. & Ronanki, R.(2018), Artificial intelligence for the real world, *Harvard Business Review*, 96(1), 108−116.

Davenport, T. H.(2019.04.18.), *Is HR the most analytics−driven function?*, https://hbr.org/2019/04/is−hr−the−most−analytics−driven−function

Davis, J., Edgar, T. F., Porter, J., Bernaden, J., & Sarli, M.(2012), Smart manufacturing, manufacturing intelligence and demand−dynamic performance, *Computers and Chemical Engineering*, 47, 145−156.

de Jong, J. P. J. & de Bruijn, E.(2013), Innovation lessons from 3D printing, *MIT Sloan Management Review*, 54(2), 43-52.

De Young, R.(2005), The performance of internet based business models: evidence from the banking industry, *Journal of Business*, 78, 893−948.

Demarquet, G.(2016), Five key reasons enterprise data governance matters to finance...and seven best practices to get you there, *Journal of Corporate Accounting & Finance*, 27(2), 47−51.

Dickey, G., Blanke, S., & Seaton, L.(2019), Machine learning in auditing: current and future applications, *CPA Journal*, 89(6), 16−21.

Diderich, J.(2019.05.16.), *LVMH to create first global luxury blockchain*, https://wwd.com/business−news/technology/lvmh−launches−first−glob al−luxury−blockchain−louis−vuitton−parfums−christian−dior−consen sys−microsoft−1203132695/

Ding, J., Lannes, B., Zhu, L.(2017.12.05.), *Delivering China's 'new retail' future: how brands are redefining consumers, merchandise and stores for retailing's next revolution*, https://www.bain.com/insights/delivering−chinas−new−retail−future/

Dowdell, E.(2018), Future finance: humans and machines unite, *CFO*, 34(3), 18−19.

Dowdell, E.(2018), Future finance: humans and machines unite, *CFO*, 34(3), 18−19.

Drath, R. & Horch, A.(2014), Industrie 4.0: hit or hype?, *IEEE Industrial Electronics Magazine*, 8(2), 56-58.

Drum, D. M. & Pulvermacher, A.(2016), Accounting automation and insight at the speed of thought, *Journal of Emerging Technologies in Accounting*, 13(1), 181−186.

Earley, C. E.(2015), Data analytics in auditing: opportunities and challenges,

Business Horizons, 58(5), 493−500.

Fanning, K. & Grant, R.(2013), Big data: implications for financial managers, *Journal of Corporate Accounting & Finance*, 24(5), 23−30.

Felin, T. & Lakhani, K.(2018), What problems will you solve with blockchain?, *MIT Sloan Management Review*, 60(1), 32−38.

Feloni, R.(2017.06.28), Consumer−goods giant Unilever has been hiring employees using brain games and artificial intelligence−and it's a huge success, https://www.businessinsider.com/unilever−artificial−intelligence−hiring−process−2017−6

Fisher, I. E., Garnsey, M. R., & Hughes, M. E.(2016), Natural language processing in accounting, auditing and finance: a synthesis of the literature with a roadmap for future research, *Intelligent Systems in Accounting, Finance & Management*, 23(3), 157−214.

Gábossy, A.(2016), New directions in crowdfunding, *Public Finance Quarterly*, 61(4), 533−544.

Gamage, P.(2016), Big data: are accounting educators ready?, *Accounting and Management Information Systems*, 15(3), 588−604.

Garmulewicz, A., Holweg, M., Veldhuis, H., & Yang, A.(2018), Disruptive technology as an enabler of the circular economy: what potential does 3D printing hold?, *California Management Review*, 60(3), 112−132.

Garrett, B.(2014), 3D printing: new economic paradigms and strategic shifts,

Global Policy, 5(1), 70−75.

Gepp, A., Linnenluecke, M. K., O;Neil, T. J., & Smith, T.(2018), Big data techniques in auditing research and practice: current trends and future opportunities, *Journal of Accounting Literature*, 40, 102−115.

Gest, J.(2018), The tools for the job: data analytics and AI are the future of internal audit and fraud investigation, *Smart Business Akron/Canton*, 27(9), 24−24.

Ghasemaghaei, M. & Calic, G.(2019), Can big data improve firm decision quality? the role of data quality and data diagnosticity, *Decision Support Systems*, 120, 38−49.

Gilmore, J. H. & Pine II, B. J.(1997), The four faces of mass customization, *Harvard Business Review*, 75(1), 91−101.

Global Agenda Council on the Future of Software & Society(2015), *Deep shif t: technology tipping points and societal impact*, World Economic Forum, http://www3.weforum.org/docs/WEF_GAC15_Technological_Tipping_Points _report_2015.pdf

Gomber, P., Koch, J, A., & Siering, M.(2017), Digital finance and fintech: current research and future research directions, *Journal of Business Economics*, 87, 537−580.

Grable, J. E. & Lyons, A. C.(2018), An introduction to big data, *Journal of Financial Service Professionals*, 72(5), 17−20.

Hagiu, A. & Altman, E, J.(2017), Finding the platform in your product: four strategies that can reveal hidden value, *Harvard Business Review*, 95(4), 94－100.

Hannibal, M. & Knight, G.(2018), Additive manufacturing and the global factory: Disruptive technologies and the location of international business, *International Business Review*, 27(6), 1116－1127.

Heaton, J. B., Polson, N. G., & Witte, J. H.(2017), Deep learning for finance: deep portfolios, *Applied Stochastic Models in Business & Industry*, 33(1), 3－12.

Helu, M., Libes, D., Lunell, J., Lyons, K., & Moris, K. C.(2016), Enabling smart manufacturing technologies for decision－making support, *Proceedings of the ASME 2016 International Design Engineering Technical Conferences & Computers and Information in Engineering Conference IDETC/CIE*, 1-10.

Hofmann, E. & Rüsch, M.(2017), Industry 4.0 and the current status as well as future prospects on logistics, *Computers in Industry*, 89, 23－34.

Huang, G. Q., Wright, P. K., & Newman, S. T.(2009), Wireless manufacturing: a literature review, recent developments, and case studies, *International Journal of Computer Integrated Manufacturing*, 22(7), 579－594.

Huerta, E. & Jensen, S.(2017), An accounting information systems perspective on data analytics and big data, *Journal of Information Systems*, 31(3), 101－114.

Iansiti, M. & Lakhani, K. R.(2017), The truth about blockchain, *Harvard Business Review*, 95(1), 118−127.

Ibrahim, N. F. & Wang, X.(2019), A text analytics approach for online retailing service improvement: evidence from twitter. *Decision Support Systems*, 121, 37−50.

Ivanov, D., Dolgui, A., Sokolov, B., Werner, F., & Ivanova, M.(2016), A dynamic model and an algorithm for short−term supply chain scheduling in the smart factory industry 4.0, *International Journal of Production Research*, 54(2), 386−402.

Jerman, A. & Dominici, G.(2018), Smart factories from business, management and accounting perspective: a systemic analysis of current research, *Management*, 13(4), 355−365.

Joachim, A.(2018), Transformative times: big data, analytics, AI and the finance professional, *California CPA*, 86(8), 16−17.

Kang, H. S., Lee, J. Y., Choi, S. S., Kim, H., Park, J. H., & Son, J. Y.(2016), Smart manufacturing: past research, present findings, and future directions, *International Journal of Precision Engineering and Manufacturing−Green Technology*, 3(1), 111-128.

Kaplan, A. M. & Haenlein, M.(2006), Toward a parsimonious definition of traditional and electronic mass customization, *Journal of Product Innovation Management*, 23(2), 168−182.

Kauflin, J.(2019.05.30.), *Vanguard is now using blockchain technology to*

help manage $1.3 trillion in index funds,
https://www.forbes.com/sites/jeffkauflin/2019/05/30/vanguard－is－now－u
sing－blockchain－technology－to－help－manage－13－trillion－in－inde
x－funds/#29f1caa48dfe

Keller, S. & Meaney, M. (2017), *Attracting and retaining the right talent*,
https://www.mckinsey.com/business－functions/organization/our－insights/
attracting－and－retaining－the－right－talent

Kiao, Y., Deschamps, F., de Freitas Rocha Loures, E., & Ramos, L. F.
P.(2017), Past, present, and future of industry 4.0 － a systematic literature
review and research agenda proposal, *International Journal of Production
Research*, 55(12), 3609－3629.

KPMG Capital (2014.01), *Going beyond the data: achieving actionable
insights with data and analytics*, KPMG International Cooperative.

Krahel, J. P. & Titera, W. R.(2015), Consequences of big data and
formalization on accounting and auditing standards, *Accounting Horizons*,
29(2), 409－422.

Krishnaswamy, C. R., Gilbert, E. W., & Pashley, M. M.(2000), Neural network
applications in finance: a practical introduction, *Financial Practice &
Education*, 10(1), 75－84.

Kusiak, A.(2018), Smart manufacturing, *International Journal of Production
Research*, 56(1/2), 508－517.

Laney, D. (2001). *3D data management: controlling data volume, velocity and variety*. Meta Group Research Note.

Langley, P. & Leyshon, A.(2017), Capitalizing on the crowd: the monetary and financial ecologies of crowdfunding, *Environment and Planning*, A49, 1019−1039.

Lee, H.−J. & Kim, Y.−N.(2017.04.25.), *Can AI, big data help humans be ha ppier?*, http://koreajoongangdaily.joins.com/news/article/Article.aspx?aid= 3032655

Li, D. & Wang, X. (2017), Dynamic supply chain decisions based on networked sensor data: an application in the chilled food retail chain, *International Journal of Production Research*, 55(17), 5127−5141.

Liao, Y., Deschamps, F., Loures, E. de F. R,, & Ramos, L. F. P.(2017), Past, present and future of Industry 4.0 − a systematic literature review and research agenda proposal, *International Journal of Production Research*, 55(12), 3609−3629.

Liddy, J. P.(2015), How data and analytics are enhancing audit quality and value, *CPA Journal*, 85(5), 80−80.

Lu, Y., Morris, K. C., & Frechette, S.(2016), *Current standards landscape for smart manufacturing systems, National Institute of Standards and Technology*, Report No: NISTIR 8107.

Lymer, A.(1997), Second international meeting on artificial intelligence in accounting, finance and tax, Punta Umbria, Spain, 27−28 September 1996, *International Journal of Intelligent Systems in Accounting Finance &*

Management, 6(3), 265 – 267.

Mancher, M., Huff, C., Grabowski, R., & Thomas, J.(2018), Digital finance: the robots are here, *Journal of Government Financial Management*, 67(1), 34 – 41.

Manski, S.(2017), Building the blockchain world: technological commonwealth or just more of the same?, *Strategic Change*, 26(5), 511 – 522.

Manyika, J., Chui, M., Miremadi, M., Bughin, J., George, K., Willmott, P., & Dewhurst, M.(2017), *A future that works: automation, employment, and productivity*, McKinsey Global Institute.

Manyika, J., Lund, S., Chui, M., Bughin, J., Woetzel, J., Batra, P., Ko, R., & Sanghvi, S.(2017), *Jobs lost, jobs gained: workforce transitions in a time of automation*, Mckinsey Global Institute.

Marshall, T. E. & Lambert, S. L.(2018), Cloud – based intelligent accounting applications: accounting task automation using IBM Watson cognitive computing, *Journal of Emerging Technologies in Accounting*, 15(1), 199 – 215.

McAfee, A. & Brynjolfsson, E.(2012), Big data: the management revolution, *Harvard Business Review*, 90(10), 60 – 68.

McKone, D., Haslehurst, R., & Steingoltz, M.(2016.09.09.), *Virtual and augmented reality will reshape retail*, https://hbr.org/2016/09/virtual – and – augmented – reality – will – reshape – retail

McNally, J. S.(2019), Blockchain technology: answering the whos, whats, and whys, *Pennsylvania CPA Journal*, Special Issue, 1−6.

Mearian, L.(2018.07.25.), *Blockchain, chatbots, and AI could reinvent corporate finance, Computerworld*,
https://www.computerworld.com/article/3292539/blockchain−chatbots−and−ai−could−reinvent−corporate−finance.html

Milian, E. Z., de Mesquita Spinola, M., & de Carvalho, M. M.(2019), Fintechs: a literature review and research agenda, *Electronic Commerce Research and Applications*, 34, 100833.

Mittermair, M.(2015), Industry 4.0 Initiatives, *SMT Magazine*, 30(3), 58−63.

Moldoveanu, M. & Narayandas, D.(2019), The Future of Leadership Development, *Harvard Business Review*, 97(2), 40−48.

Mosterman, P. J. & Zander, J.(2016). Cyber−physical systems challenges: a need analysis for collaborating embedded software systems, *Software System Model*, 15(1), 5−16.

Murray, J.(2018), The coming world of blockchain: a primer for accountants and auditors, *CPA Journal*, 88(6), 20−27.

Ng, I. C. L. & Wakenshaw, S. Y. L.(2017), The internet−of−things: review and research directions, *International Journal of Marketing Research*, 31(1), 3−21.

O'Donnell, R.(2015), Data, analytics and your audit: what financial executives need to know, *Financial Executive*, 31(3−4), 24−29.

O'Donovan, P., Bruton, K., & O'Sullivan, D. T. J.(2016), Case study: the implementation of a data−driven industrial analytics methodology and platform for smart manufacturing, *International Journal of Prognostics and Health Management*, 7, 026.

O'Leary, D.(1995), Al in Accounting, Finance and Management, *International Journal of Intelligent Systems in Accounting Finance & Management*, 4(3), 149−153.

Pavlou. P. A.(2018). Internet of things − will humans be replaced or augmented?, *GfK−Marketing Intelligence Review*, 10(2), 42−47.

Pedersen, A. B., Risius, M., & Beck, R.(2019), A ten−step decision path to determine when to use blockchain technologies, *MIS Quarterly Executives*, 18(2), 1−17.

Pine II, B. J., Victor, B., & Boynton, A. C.(1993), Making mass customization work, *Harvard Business Review*, 71(5), 108−118.

Porter, M. E. & Heppelmann, J. E.(2014), How smart, connected products are transforming competition, *Harvard Business Review*, 92(11), 64−88.

Porter, M. E. & Heppelmann, J. E.(2015), How smart, connected products are transforming companies, *Harvard Business Review*, 93(10), 96−116.

Porter, M. E. & Heppelmann, J. E.(2017), Why every organization needs an augmented reality strategy, *Harvard Business Review*, 95(6), 46−57.

Raman, S., Patwa, N., Niranjan, I., Ranjan, U., Moorthy, K., & Mehta, A.(2018), Impact of big data on supply chain management, *International*

Journal of Logistics: Research & Applications, 21(6), 579−596.

Ramlukan, R.(2015), How big data and analytics are transforming the audit, *Financial Executive*, 31(3−4), 14−19.

Rangaswamy, A., Eliashberg, J., Burke, R. R., & Wind, J.(1989), Developing marketing expert systems: an application to international negotiations, *Journal of Marketing*, 53(4), 24−39.

Rechtman, Y.(2017), Blockchain: the making of a simple, secure recording concept, *CPA Journal*, 87(6), 15−17.

Richins, G., Stapleton, A., Stratopoulos, T. C., & Wong, C.(2017), Big data analytics: opportunity or threat for the accounting profession?, *Journal of Information Systems*, 31(3), 63−79.

Rigby, D. K., Sutherland, J., & Noble, A.(2018), Agile at scale, *Harvard Business Review*, 96(3), 88−96.

Rindfleisch, A., O'Hern, M., & Sachdev, V.(2017), The digital revolution, 3D printing, and innovation as data, *Journal of Product Innovation Management*, 34(5), 681-690.

Rose, A. M., Rose, J. M., Sanderson, K., & Thibodeau, J. C.(2017), When should audit firms introduce analyses of big data into the audit process, *Journal of Information Systems*, 31(3), 81−99.

Rozario, A. M.(2018), How robotic process automation is transforming accounting and auditing, *CPA Journal*, 88(6), 46−49.

Sanders, N. R.(2016), How to use big data to drive your supply chain,

California Management Review, 58(3), 26−48.

Schwab, K.(2015.12.12.), *The fourth industrial revolution: what it means and how to respond*, https://www.foreignaffairs.com/articles/2015−12−12/fourth −industrial−revolution

Schwab, K.(2016), Welcome to the fourth industrial revolution, *Rotman Management*, 2016Fall, 18−24.

Schwab, K.(2017), The fourth industrial revolution − its meaning and how to respond, *Logistics & Transport Focus*, 19(2), 40−41.

Sher, A., Ehrenhalt, S., & Englert, J.(2018), *Crunch time V: Finance 2025*, https://www2.deloitte.com/content/dam/Deloitte/us/Documents/finance−tr ansformation/us−ft−crunch−time−V−finance−2025.pdf

Shim, Y. & Shin, D. H.(2016), Analyzing China's fintech industry from the perspective of actor−network theory, *Telecommunications* Policy, 40, 168−181.

Smart Manufacturing Leadership, *Smart Manufacturing Leadership Coalition 2011*, https://www.smartmanufacturingcoalition.org/about−2/

Steinhoff, J. C., Lewis, A. C., & Everson, K. E.(2018), The march of the robots, *Journal of Government Financial Management*, 67(1), 26−33.

Steuer, J.(1992), Defining virtual reality: dimensions determining telepresence, *Journal of Communication*, 42(4), 73‑93.

Strozzi, F., Colicchia, C., Creazza, A., & Noè, C.(2017). Literature review on the 'smart factory' concept using bibliometric tools, *International Journal of Production Research*, 55(22), 6572−6591.

Sun, T. & Vasarhelyi, M. A.(2017), Deep learning and the future of auditing: how an evolving technology could transform analysis and improve judgment, *CPA Journal*, 87(6), 24−29.

Sun, Y., Shi, Y., & Zhang, Z.(2019), Finance big data: management, analysis, and applications, *International Journal of Electronic Commerce*, 23(1), 9−11.

Tabesh, P., Mousavidin, E., & Hasani, S.(2019), Implementing big data strategies: a managerial perspective, *Business Horizons*, 62(3), 347−358.

Tang, F., Norman, C. S., & Vendrzyk, V. P.(2017), Exploring perceptions of data analytics in the internal audit function, 36(11), *Behaviour & Information Technology*, 36(11), 1125−1136.

Tang, J. & Karim, K. E.(2017), Big data in business analytics: implications for the audit profession, *CPA Journal*, 87(6), 34−39.

Tang, Y., Xiong, J. J., Luo, Y., & Zhang, Y.−C.(2019), How do the global stock markets influence one another? evidence from finance big data and granger causality directed network, *International Journal of Electronic Commerce*, 23(1), 85−109.

Theorin, A., Bengtsson, K., Provost, J., Lieder, M. Johnsson, C., Lundholm, T., & Lennartson, B.(2017), An event−driven manufacturing information system architecture for Industry 4.0, *International Journal of Production Research*, 55(5), 1297−1311.

Thoben, K.−D., Wiesner, S., & Wuest, T.(2017). 'Industrie 4.0' and smart manufacturing − a review of research issues and application examples, *International Journal of Automation Technology*, 11(1), 4-16.

Tysiac, K.(2017), How financial statement audits deliver key business insights: increased use of data analytics is helping auditors find more information that could be helpful to clients, *Journal of Accountancy*, 223(6), 44−45.

Trend Magazine(2017), Autonomous car industry emerges, *Trend Magazine*, 172, 29−36.

Unruh, G.(2018), Circular economy, 3D printing, and the biosphere rules, *California Management Review*, 60(3), 95−111.

Varma, J. R.(2019), Blockchain in finance, *Vikalpa: The Journal for Decision Makers*, 44(1), 1−11.

Vasarhelyi, M. A.(1984), Automation and changes in the audit process, *Auditing: A Journal of Practice & Theory*, 4(1), 100−106.

Vasarhelyi, M. A., Kogan, A., & Tuttle, B. M.(2015), Big data in accounting: an overview, *Accounting Horizons*, 29(2), 381−396.

Verma, S. & Chaurasia, S.(2019, in press), *Understanding the determinants of big data analytics adoption*, Information Resources Management Journal.

Wang, T. & Cuthbertson, R.(2015), Eight issues on audit data analytics we would like researched, *Journal of Information Systems*, 29(1), 155−162.

Warren, Jr., J. D., Moffitt, K. C., & Byrnes, P.(2015), How big data will change accounting, *Accounting Horizons*, 29(2), 397−407.

White, G. R. T.(2017), Future applications of blockchain in business and management: a delphi study, *Strategic Change*, 26(5), 439−451.

Wilson, H. J. & Daugherty, P. R.(2018), Collaborative intelligence: humans and ai are joining forces, *Harvard Business Review*, 96(4), 114−123.

Wilson, R. A. & Sangster, A.(1992), The automation of accounting practice, *Journal of Information Technology*, 7(2), 65−75.

Woodside, J. M., Augustine Jr., F. K., & Giberson, W.(2017), Blockchain technology adoption status and strategies, *Journal of International Technology & Information Management*, 26(2), 65−93.

World Economic Forum(2012), *The global information technology report 2012: living in a hyperconnected world*,

http://www3.weforum.org/docs/Global_IT_Report_2012.pdf

World Economic Forum(2016), *Fourth industrial revolution*, https://www.wef orum.org/agenda/2016/01/ the−fourth−industrial−revolution−what−it−m eans−and−how−to−respond

World Economic Forum(2019.01.22.), *Inclusive globalization must work for all*, https://www.weforum.org/press/2019/01/inclusive−globalization−must− work−for−all/

Wuest, T.(2019), Smart manufacturing builds opportunities for ISEs: engineering expertise is needed to manage challenges posed by Industry 4.0 innovations, *ISE Magazine*, 51(4), 40−44.

Yin, Y., Stecke, K. E., & Li, D.(2018), The evolution of production systems from Industry 2.0 through Industry 4.0, *International Journal of Production Research*, 56(1-2), 848-861.

Yoon, K., Hoogduin, L., & Zhang, L.(2015), Big data as complementary audit evidence, *Accounting Horizons*, 29(2), 431−438.

Zang, S. & Ye, M.(2015), Human resource management in the era of big data, *Journal of Human Resource and Sustainability Studies*, 3, 41−45.

Zawadzki, P. & Żywicki, K.(2016), Smart product design and production control for effective mass customization in the industry 4.0 concept, *Management and Production Engineering Review*, 7(3), 105−112.

Zhang, J., Yang, X., & Appelbaum, D.(2015), Toward effective big data analysis in continuous auditing, *Accounting Horizons*, 29(2), 469−476.

Zhang, L., Luo, Y.−L., Tao, F., Li, B.−H., Ren, L., & Zhang, X.(2014), Cloud manufacturing: a new manufacturing paradigm, *Enterprise Information Systems*, 8(2), 167-187.

Zhong, R. Y., Xu, C., Chen, C., & Huang, G. Q.(2017), Big data analytics for physical internet−based intelligent manufacturing shop floors, *International Journal of Production Research*, 55(9), 2610-2621.

Zipkin, P.(2001), The limits of mass customization, *MIT Sloan Management Review*, 42(3), 81−87.

Zhu, F. & Furr, N.(2016), Products to platforms: making the leap, *Harvard Business Review*, 94(4), 72−78.

Zhu, F. & Iansiti, M.(2019), Why some platforms thrive and others don't, *Harvard Business Review*, 97(1), 118−125.

http://www.law.go.kr

https://history.computer.org/pioneers/simon.html

https://www.4th−ir.go.kr

https://www.ingeniummanufacturing.com

https://www.manufacturing.gov

https://www.manufacturingusa.com

저자소개

김영두는 서강대학교 경영학과를 졸업하고 동 대학원에서 경영학석사(마케팅 전공) 그리고 마케팅 전공으로 경영학박사를 취득하였다. 대우증권에서 마케팅을 담당하였고 CRM 파트장을 역임한 바 있다. 서강대학교 경영전문대학원 경영컨설팅학과 겸임교수, 서강대학교 경영전문대학원 연구교수, 동양미래대학교 경영학부 겸임교수와 조교수를 거쳐 현재 한세대학교 국제경영학과 조교수로 재직하고 있다. 소비자행동, 마케팅관리론(마케팅원론), 마케팅조사, 촉진관리, 판매촉진론, 소매업경영, 고객관계관리 등의 과목을 강의하고 있거나 강의한 경험이 있다. 학창시절에는 광고회사에서 주최한 광고제에서 입상을 한 바 있고, 산업체 근무 시절에는 장관 표창을 수상한 바 있으며, 학술분야에서는 한국소비자원의 소비생활지표공모에서 우수상을 받은 바 있다. 저서로는 중소기업을 위한 컨설팅방법론 입문서(공저)가 있다. 저자가 쓴 논문은 Marketing Letters, Asia Marketing Journal, 경영학연구, 소비자학연구, 고객만족경영연구, 마케팅관리연구, 소비자문제연구, Financial Planning Review, 경영교육연구, 대한경영학회지 등에 게재된 바 있다.

4차 산업혁명과 경영

초판발행	2019년 6월 30일
중판발행	2020년 8월 10일
지은이	김영두
펴낸이	안종만 · 안상준
편 집	전채린
기획/마케팅	김한유
표지디자인	조아라
제 작	우인도 · 고철민
펴낸곳	(주) **박영사**
	서울특별시 종로구 새문안로3길 36, 1601
	등록 1959. 3. 11. 제300-1959-1호(倫)
전 화	02)733-6771
f a x	02)736-4818
e-mail	pys@pybook.co.kr
homepage	www.pybook.co.kr
ISBN	979-11-303-0827-2 93320

copyright©김영두, 2019, Printed in Korea

정 가   17,000원